삼국지 경영학 수업

하루 10분
삼국지에서 배우는
리더십의 100가지 원칙

삼국지 경영학 수업

다케우치 요시오·가와사키 아쓰시 지음
박재영 옮김

현익출판

한국어판 서문

이 책이 한국에서 출판되다니 참으로 명예로운 일이라서 대단히 기쁩니다. 한편으로는 한국에 훌륭한 연구자와 경영인들이 많은데 일본의 사제 콤비가 개인적 견해를 선보이게 되어 외람되고 송구스럽습니다. 한국의 선조들 덕택에 일본인들이 중국의 고전을 지금까지 오랫동안 즐길 수 있었습니다. 특히 백제에서 일본으로 건너온 왕인 박사가 《논어》와 《천자문》을 가져오지 않았더라면 일본인들이 《삼국지》를 현대에 읽지 못했을 수도 있습니다. 왕인 박사를 비롯해 중화 문명을 일본에 전해준 한국의 여러 선조의 은혜에 진심으로 감사합니다.

동아시아에서 경영은 전통적으로 그 수법이나 교묘함보다 리더의 인격, 즉 인덕과 청렴함, 품행을 가장 중시해 왔습니다. 또한 그 조직에서 유능한 '인재(人財 조직에 꼭 필요한 중요한 사람. 돈이 되는 인재)'에게 능력을 발휘하도록 하고 능력이 부족한 '인재(人材 조직을 이끌 만한 능력이 있는 사람. 쓸 만한 인재)'도 조직에서 나름대로 활용하는 것이야말로 훌륭한 리더의 참모습으로 여깁니다. 리더의 삶이나 가치관은 조직 전체에 큰 영향을 미칩니다. 리더의 방식이 조직의 활력과 경영 스타일의 토대가 되어 각 조직의 특징과 성격을 형성하게 되지요. 따라서 조직을 대표하는 리더라면 자신만의 신념, 즉 자신만의 '리더십 철학'을 반드시 연마해야 합니다.

《삼국지》에는 현대 동아시아에 사는 사람들에게 공통으로 적용되는 인간의 갈등과 고뇌의 흔적, 위기를 맞닥뜨렸을 때 취해야 할 행동과 전략, 리더십과 경영의 지혜, 그리고 다채로운 가치관이 담겨 있습니다. '리더십 철학'에 관한 사례 연구가 가득 담긴 보고寶庫《삼국지》를 해설한 이 책을 통해 경영의 힌트를 얻는 계기가 되길 바랍니다. 또한 한국과 일본의 리더들이 이 책을 계기로 《삼국지》에 관하여 서로 논하는 일이 늘어나면 저자들에게는 그보다 더 기쁜 일이 없을 것입니다. 이 한국어판을 출판하는 데 도움을 주신 유엑스리뷰 출판사 현호영 대표님을 비롯한 많은 분께 감사를 전합니다.

《삼국지》의 매력

다케우치 요시오

삼국정립三國鼎立

중국 역사에서 특히 널리 알려진 시대라고 하면 후한 말기부터 진 왕조 성립까지의 삼국지 시대가 아닐까?

위나라 조조의 무덤이 발견되며 최근 일본 국립박물관 등에서 전시되었는데 견학하려는 사람들이 장사진을 쳤다고 한다. 남다른 관심을 가졌다는 증거일 것이다.

중국의 역사는 인물을 중심으로 쓰여 있다. 잘 알다시피 이 시대에도 의리 넘치는 리더, 전쟁에서 대활약하는 리더, 침착하고 냉정한 리더 등 흥미로운 인물이 배출되었다.

또한 솥발 세 개로 안정을 유지하는 것과 마찬가지로 삼국지 시대는 위, 촉, 오, 이 세 나라가 서로 견제하며 미묘한 안정을 이뤘다. 그렇지만 시대라는 것이 세 나라가 계속 안정을 유지하도록 가만히 두지 않았다. 어떻게든 중국을 통일하기 위하여 먼저 한 나라에 손을 써서 동맹을 맺고 나머지 한 나라를 쓰러뜨리려고 꾀를 썼다. 남겨진 한 나라는 당연히 고립되면 불리하므로 두 나라의 동맹을 깨뜨리려고 계략을 꾸몄다. 거기에 허허실실의 외교와 전쟁이 일어났다. 결국은 한 나라가 중국 전역을 지배할 때까지 그 움직임은 멈추지 않았다. 삼국지 시대는 이러한 역학이 지배하는 시대였다. 두 나라만의 전쟁보다 더 복잡해진 것이 재미가 있는 이유일 것이다.

현재 세계의 정세를 보면 미국, 중국, 러시아 3개국이 좌지우지하고 있다. 한때 미국, 중국, 소련이 좌우했을 당시에는 중국이 그중에서 가장 약한 나라였다. 하지만 소련이 붕괴되고 미국이 1강이 되며 안정이 지속될 줄 알았더니 이제는 중국이 힘을 키워서 3개국의 분쟁에 커다란 움직임이 생겼다. 그야말로 현대의 삼국지이니 그 속에서 살아온 사람에게 역시 삼국지가 친근하게 느껴지는 것이 아닐까?

우리가 삼국지에 친밀감을 느끼는 이유는 무엇일까? 나는 《삼국지》라는 책 제목이 큰 영향을 줬다고 본다. 알고 있겠지만 《삼국지三國志》의 '지(志 뜻 지)'는 '지(誌 기록할 지)'와 같아서 잊지 않게 적어둔다는 의미다. 그러나 '志'라는 단어를 '어떤 목표를 지향한 바람. 또한 어떤 일을 의도한 마음'(《각켄한일대자전學研漢和大字典》에서)이라는 의미로 파악해 '세 나라의 마음'으로 이해하면 조조, 유비, 손권을 대표로 그들의 마음을 실현한 역사로 읽을 수 있다. 이 점에서 낭만을 느끼는 사람이 있지 않을까? 이 정도로 우리의 마음에 어필하는 단어는 없을 것이다. 게다가 중국의 저명한 역사서 중에서 '지志'를 사용하는 것은 《삼국지》뿐이다.

이 《삼국지》가 《삼국지연의》가 되어 사람들의 마음을 뒤흔든 것은 분명하다. 이에 관해서는 뒤에서 다시 말해 보겠다.

그런데 중국에는 정사라고 불리는 역사서가 있다. 왕조가 성립하면 자신의 왕조가 정통한 왕조라고 증명하기 위해서 이전 정통 왕조의 역사를 쓰고 그 왕조를 쓰러뜨려 성립한 내용을 기록하는 역사서다. 중국에서는 이를 기록하는 역사서가 중요해지면서 역사가 중시되었다. 그리고 왕조사를 쓴 여러 역사서가 생겼는데 그중에서 뛰어난 왕조사가 정사로 선택되었다. 고대에서 한나라 중기까지 기록한 《사기》부터 명 왕조를 기술한 《명사》까지 정사로 24개 역사서가 인정받고 있다.

삼국지의 작가 진수陳壽

《삼국지》의 저자인 진수(233~297년)는 촉의 파서군巴西郡 안한安漢 출신의 인물이다. 어려서부터 학문을 좋아해서 같은 고향의 유학자 초주譙周를 스승으로 섬겼다. 어느 날 초주는 진수를 평가하며 다음과 같이 말했다.

"너의 재능과 학식으로 보면 분명히 이름을 떨칠 것이다. 그만큼 비난이 심할 테지만 이는 불행이 아니다. 세심한 주의를 기울여 살아가야 한다."

그는 곧 관각영사觀閣令史가 되었다. 관각영사는 황실 도서관원이다.

그런데 진수는 권력자에게 굴복하는 것을 싫어한 탓에 자주 좌천되는 쓰라린 경험을 했다. 또한 부친의 죽음으로 고향에 돌아가 상을 치렀는데 병에 걸려서 하녀에게 환약을 만들게 했다. 하필 우연히 조문객이 그 모습을 보고 말았는데 당시의 예법에서는 부모의 상중에 쇠약해질수록 효심이 깊다고 간주했다. 그런데 진수는 약을 먹고 요양한다며 고향 사람들에게 규탄을 받아서 관리의 자격을 잃었다. 당시에는 고향에서 추천받아야 관리가 되었기 때문이다.

현재 우리의 관점에서 볼 때 병에 걸리면 약을 먹는 것이 당연하지만 당시 생각으로는 효도가 부모의 사후에도 관계가 있어서 절대로 용납할 수 없었다. 이러한 고정관념은 각 시대의 규칙이자 정의다. 현재 우리도 현재의 고정관념으로 매사를 판단하기에 진수의 고향 사람들을 비웃을 수는 없다. 아무튼 그 후로 얼마 지나지 않아 촉이 멸망하고 진수는 떠돌이 생활을 한동안 지속해야 했다. 그러나 그의 글재주는 멀리 수도까지 명성을 떨쳤다.

진의 고관 장화張華는 진수의 재능을 높이 평가했다.

"진수의 불효 죄는 피하기 어렵지만 관직을 박탈할 정도는 아니다."

이렇게 말하고 진수를 추천해 편사관 보좌로 임명하고 양평陽平현의 지사도 겸임하게 했다.

진수는 재임 중 제갈량의 문집을 엮고 주상해서 편사관으로 승격했다. 그 후 《삼국지》 65편을 편찬했다. 다만 이때는 《위서》, 《오서》, 《촉서》로 불렸으며 그것들이 포괄적으로 《삼국지》라고 불리게 된 것은 훗날의 일이다.

당시 사람들은 진수의 사관으로서의 재능을 높이 칭찬했다. 그 무렵 하후담夏侯湛이라는 인물이 《위서》를 썼는데 진수가 쓴 책을 읽고 자신의 책을 찢어버렸다고 한다. 장화도 '앞으로 진의 역사는 이 책에 이어서 쓰여야 한다'라고 절찬했다.

물론 비판이 없었던 것은 아니다. 그중 하나로 다음과 같은 내용이 있다.

진수의 부친이 마속馬謖의 참모였다는 점에서 마속이 제갈량에게 처형당했을 때 부친도 연좌되어 곤형을 당했다(고사성어 '읍참마속'의 출전). 그래서 진수가 제갈량을 평가했을 때 다음과 같이 엄격하게 판단했다고 한다.

'제갈량은 임기응변의 전략이 부족했다.'

그래서 식자 중에 이는 개인적인 원한에 따른 것이라며 《삼국지》를 읽지 않는 사람도 있었다.

그 후 얼마 지나지 않아 진수의 모친이 돌아가셨다. 진수는 모친의 유언대로 낙양에 안장했다. 그런데 이 행동이 비난을 불렀다. 고향에 장사지내지 않았기 때문이다. 그도 그럴 것이 옛날 중국에서는 돌아가신 부모를 고향에 장사지내는 것이 관례였다. 그 결과 진수는 관직에서 쫓겨나고 말았다. 유언을 지키고 관례를 어긴 셈인데 초주의 걱정대로 진수의 인생에는 비운이 늘 따라다녔다.

그 후 동궁 시종으로 기용되었지만 임명을 받기 전에 65세의 나이로 병사했다.

황제 정무 비서인 범군范頵 등이 황제에게 상주했다.

"진수가 쓴 《삼국지》는 권선징악의 말로 넘쳐나며 일의 잘잘못을 분명히 밝혔기에 사람을 지도하는 데 유익한 책입니다. 문장의 아름다움은 사마상여司馬相如에 미치지 못해도 정직한 점에서는 나으면 낮지 못하지 않습니다. 부디 정사로 인정해주시기 바랍니다."

그 결과 진수의 《삼국지》는 정사로 인정받았다. 진수는 《삼국지》 외에도 수많은 저서를 남겼지만 살아가는 동안에는 비운이었던 사관이라고 할 수 있겠다.

그런데 진수의《삼국지》는 왜《위서》,《오서》,《촉서》와 같이 나눠서 썼을까? 원래 진은 위에서의 왕위를 물려받아 성립했다. 그렇다면《위서》만 쓰고 그 속에 오나 촉의 주요 인물을 언급하면 그만이다. 진수는《위서》에 '본기'를 두었기 때문에 정통 왕조를 위에 둔 것이 분명하다. 물론 이렇게 써야 진 왕조에서 정사로 인정받을 수 있었기 때문이다. 그러나 진수가 위, 오, 촉으로 나눈 점에 촉 출신의 진수가 느끼는 거부감을 이해할 수 있지 않을까? 즉《촉서》,《오서》를 성립시켜 써서 위 왕조를 상대화한 것이다. 또한 이를 부연하자면 명대에 성립하는《삼국지연의》가 촉을 정통으로 해서 쓰인 점도 이상하지 않다. 진수는 포석을 깔았다고 해도 좋을 것이다.

《삼국지연의》

진수의《삼국지》는 간결하며 일화는 거의 채택하지 않았다. 불만스러운 점이라면 이 점일 것이다. 남조 송의 문제는 간결함을 유감스러워해서 황제 비서인 배송지裴松之(372~451년)에게《삼국지》의 주석을 달도록 명령했다. 이렇게 해서 간결했던《삼국지》는 주석이 달리며 상상력을 불어넣어서 이야기성이 좀 더 추가된 역사서로 거듭났다. 이 시대에 배송지가 자료를 수집하지 않았다면 속설을 적어 둔 역사서는 흩어져 없어지고《삼국지》는 간결한 상태로 남아서《삼국지연의》가 탄생하지 않았을 것이다.

그 후《삼국지》의 시대에 활약하는 인물이 수많은 사람들의 마음을 사로잡은 중국 사회에서 서서히 받아들여졌다. 이를테면 당대의 유명한 시인인 두보杜甫는 안사의 난이 일어나 청두成都로 피하는데 그곳에는 제갈공명의 무후사武侯祠가 있고 유비의 묘도 있다.

三顧頻煩天下計(삼고빈번천하계)
兩朝開濟老臣心(량조개제로신심)
出師未捷身先死(출사미첩신선사)
長使英雄淚滿襟(장사영웅루만금)

삼고초려로 천하삼분지계를 논하고
두 왕을 섬기며 신하로서 마음을 다했다.
위를 토벌할 군사를 일으켰으나 승리하지 못하고 먼저 죽으니
길이 영웅들의 눈물로 옷소매를 적시게 하는구나.

(〈촉상蜀相〉에서)

두보는 제갈량을 존경했다. 그래서 청두에 도착한 후 서둘러 제갈량의 사당을 방문했다. 그리고 《삼국지》의 '삼고', '천하계', '출사' 등의 단어를 사용한 점에서 이미 《삼국지》가 많은 사람에게 널리 알려졌다는 사실을 엿볼 수 있다. 또한 만당의 시인 이상은李商隱은 다음과 같은 시를 지었다.

或謔張飛胡(혹학장비호)
或笑鄧艾吃(혹소등애흘)

손님이 장비처럼 수염이 많은 얼굴이라고 놀리고

등애처럼 말을 더듬는다고 흉내 내며 비웃는다.

(〈교아시驕兒詩〉에서)

자기 집의 개구쟁이가 돌아간 손님을 놀리는 장면이다. 이미 아이들은 장비가 수염이 많은 얼굴이거나 등애가 말더듬이었다는 사실을 안다는 점에서 서적을 통해 지식이 아니라 이야기에서 얻은 지식일지 모른다. 즉 《삼국지》 이야기는 사람의 입에 오르내렸다고 할 수 있겠다.

송대가 되자 서민문화가 번성하며 번화가에서는 다양한 예능이 형성되었다. '설화'라고 불리는 야담이 상연되었고 그중에서도 '설삼분(설삼분說三分)'이 인기를 끌었는데 이것이 바로 《삼국지》를 이야기한 것이다.

곧 원대가 되고 책의 윗부분이 그림, 아랫부분이 문장인 《신전상삼국지평화新全相三國志平話》가 출판되며 그때까지의 '이야기'에서 '서적'으로도 변화했다. 또한 원말명초의 나관중이 《삼국지연의》(《삼국연의》, 《삼국지통속연의》라고도 불린다)라는 진기한 책도 저술했다.

○————— 《삼국지연의》의 저자 나관중羅貫中 —————○

나관중(1330년?~1400년?)은 타이위안太原 출신이며 호는 호해산인湖海散人이다. 아버지의 일 관계로 어린 시절에 남방 지역의 항저우杭州로 이주했다. 당시 항저우에서는 설화가 유행했는데 그 역시 이에 큰 영향을 받았다. 나관중은 당시 저명한 학자였던 조보풍趙寶豊의 밑에서 공부하다가 얼마 지나지 않아 원 말기에 일어난 농민 반란군에 참가했다. 그러나 내부 분열 때문에 타이위안으로 피신했으며 그 후 항저우로 돌아와《삼국지연의》를 썼다고 한다.

당시 작가의 전기를 쓴 친구의 말에 따르면 '사람들과 그다지 어울리지 않았다. 그 잡극에는 수수께끼가 숨어 있어서 새로움을 느끼게 했다'고 했는데 이를 통해 나관중이 잡극 작가였다는 사실을 알 수 있다.

《삼국지연의》는 당연하게도 진수의《삼국지》를 바탕으로 쓰였다. 하지만 위를 정통 왕조로 삼아 쓴《삼국지》와 달리《삼국지연의》는 촉의 유비를 후한 왕조의 정통 후계자로 해서 쓰였다. 그래서 후한 왕조로부터 정권을 찬탈하는 조조를 묘사하고 조조상을 만들어내기 위해 조조의 교활함과 악행을 기술한 배송지의 주석을 차용했다. 그러나 본문에서도 언급하듯이 조조는 매우 유능한 리더라는 사실을 알 수 있다. 그와 달리 덕이 있는 사람으로 묘사된 유비가 유비 팬들에게는 미안하지만 어떤 점에서 매우 비겁한 리더라는 점도 알 수 있다.

리더 철학에 관해 살펴보려면《삼국지연의》의 픽션에서 그려낸 리더가 아닌《삼국지》의 실제 리더를 봐야 한다. 그것이야말로 시대를 초월해서 실제로 존재한 뛰어난 리더를 찾아낼 수 있는 방법이며 자신을 리더라는 최고의 자리로 이끄는 길잡이가 될 것이다.

이 책은《삼국지》를 꼼꼼히 읽고 빠뜨릴 만한 주석에서도 적절한 말을 선택해 현대 경영학과 연관 지었다. 독특하고 시사하는 바가 큰 내용을 통해 수많은 독자에게 유익을 안겨주리라 확신한다.

후한 말기, 삼국 시대의 지도

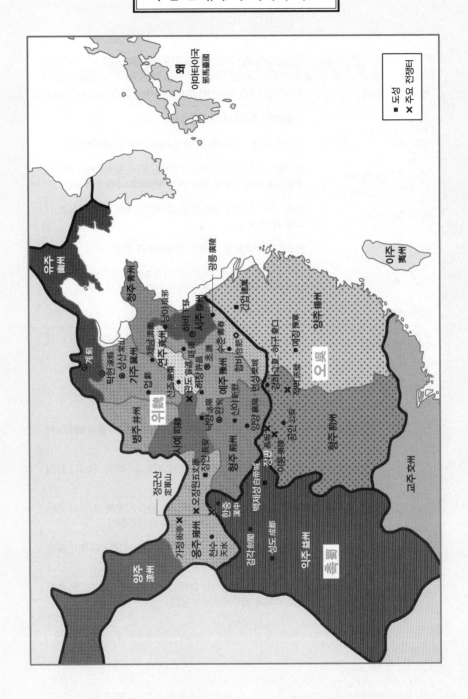

범례
- ■ 도성
- ✕ 주요 전쟁터

야마타이국
邪馬臺國

광릉 廣陵

이주 夷州

오吳

위魏

유주 幽州

계 薊

탁현 涿縣
상산 常山
업 鄴
청주 靑州
여주 袞州
제남 濟南
하비 下邳
서주 徐州
진류 陳留
관도 官渡 여양 官渡
허창 許昌
조조 曹操
예주 豫州
합비 合肥
건업 建業
양주 揚州

기주 冀州
병주 幷州
사예 司隸

낙양 洛陽
신야 新野
완 宛
영양 榮陽
여남 汝南

여릉 廬陵

시상 柴桑
형주 荊州

강하 江夏 하구 夏口
적벽 赤壁
예장 豫章

장안 長安
형주 荊州
이릉 夷陵
강릉 江陵 장판 長坂
공안 公安

정군산 定軍山
옹주 雍州
오장원 五丈原
진양 晉陽

교주 交州

한중 漢中
검각 劍閣
백제성 白帝城
성도 成都
익주 益州

가정 街亭
옹주 雍州
천수 天水

촉蜀

양주 涼州

《삼국지》 연표

서력	관련 주제	사건
184	02 16 42	'황건적의 난'이 일어난다. 하진何進이 후한의 대장군이 된다.
187	01	조숭趙嵩, 후한의 태위가 된다.
188	74	주州에 목牧이 설치된다. 유언劉焉이 익주목 益州牧이 된다.
189	03 04 41 54	영제靈帝가 붕어하고 하진이 암살당한다. 원소袁紹가 환관을 주살하고 헌제가獻帝 즉위한다. 동탁董卓이 상국이 된다.
190	05 16 22	원소, 조조 등이 반동탁으로 결기한다. 동탁이 장안으로 천도를 강행한다.
191		원소가 기주冀州목, 조조가 동군태수가 된다.
192	06 07 26	왕윤王允이 동탁을 암살하고 이각李催이 왕윤을 살해한다. 유표劉表가 형주荊州목, 조조가 연주兗州자사가 된다.
193	칼럼	조숭이 도겸陶謙의 부하에게 살해당한다.
194	39 49 62	원군으로 유비가 서주徐州로 향하지만 도겸이 병사하다. 유장劉璋이 익주목이 된다.
195	33 56	원소가 장흥臧洪을 물리친다. 천하가 매우 혼란해진다.
196	22 37 45	조조가 헌제를 허창許昌으로 모셔온다.
197	07 16 20 38 71	조조가 장수張繡에게 패배한다. 원술袁術이 수춘壽春에서 자신을 황제라고 이른다.
198	40 68	조조가 여포呂布를 물리친다. 조조의 추천으로 유비가 한의 좌장군이 된다.
199	07 31 43 68	원소가 공손찬公孫瓚을 물리친다. 원술이 분에 못 이겨 죽는다. 유비가 소패小沛에서 조조로부터 독립한다.
200	08 09 23 24 27 60	손책孫策이 암살당한다. 조조의 추천으로 손권孫權이 토로장군이 된다. 관도官渡 대전.
201	26	유비가 형주로 도망쳐서 유표의 비호를 받는다. 조조의 추천으로 유비가 예주豫州목이 된다.

서력	관련 주제	사건
202	25	원소가 병사한다.
205	15 57	조조가 원담袁譚을 물리치고 청주靑州를 평정한다. 진림陳琳이 조조의 부하가 된다. 조조가 호화 장례 풍습을 금지시킨다.
207	50 72	곽가郭嘉가 사망한다. 유비가 제갈량이 있는 고융중古隆中을 찾아가 '삼고초려'해서 스카우트한다.
208	16 28 29 46 51 53 50 60 73 83	조조가 승상이 되고 유표가 병사한다. 조조가 형주를 평정한다. 적벽대전.
209	85 86	유비가 손권의 여동생을 아내로 맞아들인다. 방통龐統이 유비를 섬긴다.
210	11 63	조조가 인재 등용은 재능만 중시하겠다고 포고한다. 주유周瑜가 병사한다.
211		조조가 관중關中을 평정한다. 유장이 법정法正의 건의로 유비를 익주로 맞아들인다.
212	37 87 88	조조가 손권을 토벌하고 순욱荀彧이 독을 마시고 자살한다. 유비가 유장을 공격한다.
213		조조가 위공이 된다. 마초馬超가 위에 패배하며 장로張魯에게 의탁한다.
214	41 47 61 74 81 89 94	방통이 전사한다. 마초가 유비에게 항복한다. 유비가 익주를 평정한다. 순유가 사망한다.
215	30 35 65	한중漢中의 장로가 조조에게 항복한다.
216	12	조조가 위왕이 된다.
217	21 53 54 67	유비가 한중으로 파병한다. 왕찬王粲이 사망한다. 조비曹조가 위의 태자가 된다.
218	48	노숙魯肅이 사망한다.
219	16 39 64 65 68	정군산 전투. 하후연夏侯淵이 전사한다. 유비가 한중왕이 된다. 관우關羽가 참수당한다. 여몽呂蒙이 사망한다.
220	01 14 15 16 77	조조가 사망한다. 조비가 한의 헌제를 폐위하고 위의 왕제로 즉위한다. 황충黃忠이 사망한다.
221	74 82	유비가 황제로 즉위한다. 장비張飛가 암살당한다. 손권이 위에 신하로서 따르며 오왕으로 봉해진다.

서력	관련 주제	사건
222	65 90 95	이릉夷陵 대전. 마초, 유파劉巴가 병사한다.
223	44 70 75 77 96	가후賈詡가 사망한다.
226	19 21	위의 문제 조비가 병사한다. 조예曹叡가 즉위한다.
227	07 76	제갈량이 '출사표'를 올리고 북벌에 나선다.
228	19 78 92	가정街亭 전투. 마속馬謖이 처형된다.
229	83	손권이 오의 황제로 즉위한다. 조운趙雲이 사망한다.
230	12	사마의司馬懿가 위의 대장군이 된다.
231	79	제갈량이 기산祁山에서 사마의와 처음으로 대결한다.
234	19	제갈량이 오장원五丈原에서 전사한다.
235	95	위연魏延이 암살당한다. 장완蔣琬이 촉의 대장군이 된다.
238	12	야마타이국邪馬臺國 히미코卑弥呼의 사신이 위에 조공을 바친다. 히미코가 '친위왜왕'으로 봉해진다.
239	12 19	위의 명제 조예가 붕어한다.
241	61	제갈량이 사망한다.
244	99	육손陸遜이 오의 승상이 된다. 비의費禕가 한중에서 위를 요격하는 데 성공한다.
245	98	육손, 장완, 동윤董允이 사망한다.
251	12	사마의가 사망한다.
252		손권이 사망한다.
256	58 100	강유姜維가 촉의 대장군이 된다.
263	100	종회鍾會와 등애鄧艾가 촉을 토벌한다. 촉이 멸망한다.
264	100	종회, 강유가 살해당한다. 사마소司馬昭가 진왕이 된다.
265	12	사마소가 사망한다. 위의 조환曹奐에게서 제위를 물려받은 사마염司馬炎이 진의 황제로 즉위한다.
271		유선劉禪이 사망한다.
280	12	진이 오를 멸망시키고 천하를 다시 통일한다.

차례

▨ 1. 리더의 숙명

2. 리더가 갖추어야 할 기량

3. 조직을 움직이는 원리 원칙

4. 사람을 믿고 육성한다

1

리더의 숙명

01 리더가 보여준 재능의 일면

고세인미지기야.　　　　　　　　　　　　　【위서 무제기】

세상에서 평가하는 사람이 전혀 없었다.

───

[한문] 故世人未之奇也.

[영역] No one thought young Cao Cao was special in those days.

───

《삼국지》에 등장하는 인물 중에서 수많은 영웅의 앞을 가로막은 조조曹操는 말 그대로 거성이라고도 해야 하는 진정한 영웅이다. 그는 155년 전한(기원전 206~기원후 8년)의 건국자인 유방의 고향 근처인 패국沛國 초현譙縣(안후이성安徽省 보저우시亳州市)에서 태어났다.

　유방의 오른팔로 승상을 지낸 조삼曹參의 자손이라고 칭하는 조등曹騰은 환관(황제의 후궁을 시중들기 위해서 남성 생식기를 거세당한 관리)의 최고 자리에 올랐다. 조조의 아버지인 조숭曹嵩은 조등의 양자가 되어 매관매직(관직과 작위를 얻을 때 황제에게 거액의 돈을 바쳐야 했다) 제도를 시작한 후한(25~220년)의 영제靈帝에게 1억 전을 바쳐서 187년 11월 관료의 최고 직위 중 하나인 '태위太尉'에 올랐다. 양조부는 환관의 세계에서, 아버지는 관료의 세계에서 최고가 된 조조는 '환관의 손자'라고 야유를 받았지만 매우 유복하고 풍족한 환경에서 자랐다.

— 太祖少機警(태조소기경), 有權數(유권수), 而任俠放蕩(이임협방탕), 不治行業(불치행업). (태조는 어려서 날래며 재치가 있었고 권모술수가 있었으나 의협심이 있고 방탕하여 덕행과 학업을 닦지 않았다.)

'태조는 어려서부터 기지와 권모가 있었고 임협을 좋아하고 방탕했으며 품행이 좋지 않았다'라고 각색 없이 있는 그대로 정확히 쓰여 있다. 의협심을 다투는 세계를 좋아하는 악동으로 전형적인 부잣집 도련님이었다. 또한 젊은 조조가 훗날 천하를 지배하는 걸출한 인물이 되리라고는 그 누구도 평가하거나 인정한 사람이 없었다고 이 항목의 구절로 기록되어 있다.

하지만 조조는 단순한 바보 도련님과는 조금 달랐던 듯하다. 젊었을 때부터 그 뛰어난 두뇌를 사용해 교묘하게 발뺌하거나 핑계를 댔다고 한다. 후한의 고관이나 유력가의 자제인 원소袁紹, 원술袁術, 장막張邈, 허유許攸와 같은 《삼국지》의 영웅들은 조조와 어릴 때부터 알고 지낸 사이였다고 기록되어 있다. 뛰어난 지혜에 더해 매우 유연한 생각, 즉 '임기응변'의 능력이 강해서 조조는 친구들 사이에서도 높은 평가를 받았다.

220년에 66세로 사망한 조조의 위대한 업적을 기려서 위왕의 자리를 계승한 아들 조비曹丕가 '무武'라는 시호(황제, 왕후, 장군과 재상의 사후에 나라가 제정하는 존칭)를 올린다. 이후 조조는 '위의 무왕' 또는 '위무魏武'로 불리게 되었다.

후한의 헌제獻帝에게서 왕위를 물려받은 조비가 위황제로 즉위하며 조조의 시호는 '무왕'에서 '무황제'로 바뀌었고, 손자인 명제明帝 조예曹叡로부터 '태조'라는 묘호(황제나 왕이 선조를 기릴 때 붙이는 관리명)도 정해졌다. 전부 사후에 결정된 일이므로 조조 본인은 후세에 자신이 '위의 태조 무황제'라고 불렸다는 사실을 모른다. 《삼국지》의 '위서'에 수록된 조조의 전기 제목이 '무제기'가 된 이유다.

조조의 할아버지 조등

조등은 환관으로서 최고의 지위인 중상시, 대장추의 자리까지 올라 비정후라는 작위까지 받고 귀족이 되어서 양자를 두는 것을 허락받았다. 등태후(화제和帝의 황후, 후한의 건국 공신 등우鄧禹의 손녀)의 환심을 얻어서 그의 아들(훗날 순제順帝)을 모시며 4대에 걸친 황제에게 중용받는다.

환관은 황제의 후비가 사는 후궁에서 일하기 때문에 남성 생식기를 직접 제거하거나 형벌로 거세한 관리다. 황제의 사생활 전반을 알기 때문에 그의 신뢰를 얻으면 정치를 마음대로 조종하며 거대한 권력을 얻어 막대한 부를 축적할 수도 있었다.

환관이라고 하면 진나라의 조고趙高를 비롯해 나쁜 인상이 먼저 들기 쉬운데 사마천司馬遷, 채륜蔡倫, 허광한許廣漢, 정화鄭和 등 뛰어난 인물도 중국 역사에는 많이 존재했다. 조등도 그중 한 명이다.

조등은 뛰어난 인재(이 책에서는 훌륭한 인재를 '인재人財'라고 표기)를 추천하면서도 생색을 내거나 자신의 공적을 과시하며 거만을 떨지 않았고, 환관이지만 후한의 조정에서는 인격자로 존경을 받았다.

▲ 조등의 묘 1(안후이성 보저우시)

▲ 조등의 묘 2(안후이성 보저우시)

▲ 조등의 표 3(안후이성 보저우시)　　　▲ 조등의 은루옥의(안후이성 보저우시)

　조등의 고향인 안후이성 보저우시에는 조등의 은루옥의(얇게 깎은 카드 크기의 옥석을 은실로 꿰매 이어 시신을 덮은 수의)가 그의 분묘 안에 전시되어 있다.

02 금전에 현혹되지 않는 자질

치세지능신, 난세지간웅治世之能臣 亂世之奸雄 　　【위서 무제기】

평화로울 때에는 우수한 인재겠지만
난세에는 권모술수에 능한 자가 될 것이다.

한문 禁斷淫祀, 姦宄逃竄, 郡界肅然.

영역 You will be an excellent leader in a time of peace but villain in a time of chaos.

후한말 인물감정가로 유명한 허소許劭가 조조를 평가한 이 문장은 《삼국지》 중에서 가장 유명한 말일 것이다. 기지가 뛰어난 한편 권모술수에도 능한 조조는 '평화로울 때는 유능한 관료로 출세하고 난세에는 야심 넘치는 왕이 될 것이다'라는 의미다.

법과 질서를 준수하고 주어진 일을 착실히 처리하며 국가 조직에 공헌하는 것이 능신이라는 뜻인데 평화로울 때 조직에서 조조가 과연 우수한 관료로 출세할 수 있었을지 알 수 없다.

20세의 나이로 수도인 낙양 북문을 지키는 경비대장이 되었을 때 조조는 야간 통행 금지령을 제멋대로 무시하는 권력자인 연자를 붙잡아 그 자리에서 때려죽이고 사람들의 갈채를 받는다. 그러나 권력자에게 미움을 사서 영전이라는 명목으로 지방 현령으로 보내지고 말았다.

곧 수도로 소환되어 의랑(정책심의관)이 된 조조는 부패한 대신과 환관을 고발해서 권력자에게 미움을 받지만 '황건적의 난'이 발발하며 이를 평정하는 데 활약한 점에서 30세의 나이로 청주 제남국(산둥성 지난시濟南市)의 상(지사)으로 임명된다. 조조는 임지에 도착하자마자 관할 하에 있는 10현의 부패한 현령을 모조리 파면한다. 지방 행정의 최고 관리는 뇌물을 받아서 사욕을 채울 수 있는 좋은 지위였지만 부유한 고관의 집에서 태어난 조조의 입장에서 보면 그런 뇌물 등은 '푼돈'일 뿐이었다. 청렴하고 가열찬 지사에 제남국의 행정을 담당하는 조직의 구성원들이 자세를 바로한 것은 말할 것도 없다.

조조는 솜씨가 뛰어나고 기예 넘치는 청년 관료였지만 평화로울 때였다면 당장에 실직했을지 모른다. 그러나 자신이 놓인 상황을 잘 이해한 조조는 동군 태수로의 영전을 사임하고 고향에서 은둔하는 생활을 선택한다. 20년은 틀어박힐 각오였다고 훗날 조조는 말했는데 3년도 지나지 않아 대장군인 하진이 조조를 수도로 불러들여서 무관으로서의 조조의 인생이 단번에 열린다. 시대가 조조를 만든 셈이다.

지금도 결코 안온하고 태평한 시대가 아니다. 사회는 끊임없이 변화하고 격동하고 있다. 세상은 실력주의이며 늘 난세에 있다. 정치가와 기업인 중에서 '태평성대라면 최고의 자리에 섰을 것이다'라고 기대를 받다가 바로 코앞에서 실패하는 인격자가 종종 있는데 그런 인물은 잘 파고들어 보면 리더로서의 근본적인 자질이 부족하며 태평성대든 난세든 실제로는 쓸모없는 존재일 것이다. 어떠한 때든지 리더의 자질은 변하지 않는다. 지략과 용기, 시대의 추세를 확인하는 '선견지명'을 갖춘 동시에 '임기응변'으로 움직일 수 있어야 한다.

03 매사를 합리적인 사고로 판단한다

단세주부당가지총, 사지우차. 【위서 무제기 주】

리더가 좋아하는 구성원들을 편애했기 때문에 그들이 이렇게나 거만해졌다.

한문 但世主不當假之寵, 使至于此.

영역 As the top performing and favorite members of organisation, they have grown arrogant.

광무제光武帝 유수劉秀가 건국한 후한은 2대 명제 유장劉莊이 승하한 이후 150년 동안 외척(황후 일족)과 환관(황제의 시중 담당)의 권력 투쟁으로 세월을 보낸다.

형주荊州 남양군南陽郡(허난성河南省 난양시南陽市)에서 푸줏간 주인이었던 하진何進에게는 아름다운 여동생이 있었다. 그녀는 오빠와 같은 고향이자 고위 환관이 된 곽승郭勝의 추천으로 후궁으로 들어가 영제의 총애를 받으며 황후가 된다. 하진은 오빠로서 궁정에서 출세하여 '황건적의 난'이 발발한 184년에 대장군으로 임명되었다.

189년 12대 영제 유굉劉宏이 승하하자 황후 하씨는 오빠인 하진과 도모하여 어린 아들 유변劉辯을 황제로 즉위시킨다.

황제의 숙부가 된 대장군 하진은 궁정을 좌지우지하는 환관을 싹 제거해서 정권을 장악하기 위해 '황건적의 난' 평정에서 활약한 동탁董卓을 비롯한 장군들을 수도 낙양으로 소환하여 환관에게 군사적 압력을 가하기로 했다.

이 안을 들은 조조는 '환관 등은 예로부터 존재한다'라며 코웃음을 친 후 이 주제의 문장으로 지적한다. 그리고 나쁜 무리를 한꺼번에 처리하는 일은 쉬운 일이라며 다음과 같이 말한다.

— 기치기죄旣治其罪, 당주원악當誅元惡, 일옥이족의一獄吏足矣. (이미 그 죄를 해결하는 데 원흉을 베기 위해 일개 옥사로 충분하다.)

"악의 원흉을 붙잡아 주살하기만 하면 해결되므로 옥리 한 명만 있으면 되는 이야기가 아닌가."

조조는 이렇게 말하며 일부러 멀리 있는 동탁 등의 군을 불러들이는 등 야단을 떨면 큰 재앙을 초래할 뿐이며 꾀를 써도 발각되어 실패할 것이 분명하다고 반대했다.

양조부는 환관이라도 매우 뛰어난 인물이었기에 조조는 다른 고관의 자제나 일반인과 달리 편견을 품지 않았다. 환관이라도 저마다 우수함과 장단점이 있다는 사실을 조조는 가까이에서 보고 알았을 것이다.

또한 일방적인 선입견만으로 전체를 판단하면 안 된다는 것을 이해했다. 이는 오늘날의 리더들도 개인을 보고 그 나라 전체나 민족, 조직 등을 말하는 일은 삼가야 한다는 교훈으로도 이어진다.

조직에 나쁜 영향을 끼친다고 전체를 제거하는 것이 아니라 그 원흉만 제거하면 쉽게 해결할 수 있다는 조조의 합리적 사고는 현대에서도 리더가 배워야 하는 점이기도 하다. 그 전에 편애 인사 등은 리더로서 해서는 안 될 행위라는 점은 말할 것도 없다.

　이때 하진의 계획을 주워들은 환관들은 하진을 궁정으로 유인해 암살한다. 격노한 하진의 부관인 원소는 장병과 함께 궁정으로 돌입해 환관 2천 명을 모두 죽였다.

04 자신의 목적 달성을 최우선으로 한다

영아부인, 무인부아. 【위서 무제기】

내가 천하 사람들을 저버릴지언정 천하 사람들이 나를 저버리게
하지는 않을 것이다.

[한문] 寧我負人, 毋人負我.

[영역] Even though I may betray another, I do not allow any
others to betray me.

오늘날의 중국이나 한국에서도 조조는 냉혹하고 인정사정없는 리
더, 권모술수에 능한 교활한 보스라는 꼬리표를 달고 우리에게 선입
견을 안겨주고 있다. 조조의 극악무도한 모습을 단적으로 표현하는
말로서 이 주제의 문장은 매우 유명하다.

원소 등이 일으킨 쿠데타로 환관 2천 명이 몰살된 후, 혼란한 수도
낙양에 뛰어든 동탁은 황제를 갈아치움으로써 권력을 잡는다. 동탁
은 재기 넘치는 조조를 마음에 들어 해서 효기교위(근위기병사령관)로
발탁하지만 조조는 낙양에서 도망친다. 동탁과 같은 인덕이 없고 탐
욕스러운 왕으로는 정권이 오래 지속될 리가 없다며 명민한 두뇌로
직감했기 때문이다.

지명수배가 떨어지자 조조는 휴식을 취하기 위해 고향인 초(안후이성 보저우시, 낙양에서 남동쪽으로 120킬로미터)로 도망쳐서 성고成皐(허난성 정저우시鄭州市)에 있는 부친의 친구인 여백사呂伯奢의 집에 들른다.

여백사는 집에 없었지만 그의 아들들에게 환대를 받았다. 그러나 곧 칼을 가는 소리가 들리고 조조는 자신을 살해할 생각이라고 의심한다. 그래서 먼저 공격해야 이긴다며 여백사의 일가족 8명을 모두 살해하고 만다. 하지만 사실은 조조를 대접할 돼지를 잡기 위해서 부엌칼을 갈았다는 사실을 깨닫고 조조는 이 주제의 문장을 내뱉었다.

목적 달성을 위해 수단과 방법을 가리지 않는다는 것은 조직의 리더가 갖춰야 할 강력한 의사 관철 능력이다. 조직의 목적을 이루기 위해서라면 개인적인 의리나 후한 인정을 버릴 각오도 상황에 따라서는 필요해진다. 인정 등을 우선으로 생각하면 조직이 위기에 직면하거나 망하는 사태를 초래할지도 모른다. 하물며 가족에게 배신당하는 일은 조직 전체의 존속을 위협하는 가장 큰 위기를 만들어내므로 리더는 배신을 받아들일 수 없다.

동서고금을 막론하고 배신은 수없이 많이 일어나지만 남을 배신하는 사람은 반드시 자신도 훗날 배신당한다는 '거울의 법칙'이 존재한다. 배신당하면 사람은 누구든지 남의 탓을 하기 쉬운데 자신이 먼저 배신한 일을 모른 척하는 일은 없는가?

조조에게는 자신의 목적을 달성하려면 자신에게 직접적인 이해관계가 없는 사람들에게서 미움을 받더라도 그들이 어떻게 되든 말든 전혀 아무것도 느끼지 않는다는 매우 이기적이면서도 합리적이고 뻔뻔스러운 신경을 갖췄다.

최근에 유행하는 말인 사이코패스, 즉 남에 대한 공감성이 지극히 부족한 성질을 조조가 갖췄다는 사실은 의심할 여지가 없다. 그렇기에 삼국 시대에서 강한 의지로 조조는 리더십을 발휘할 수 있었다. 자신의 마음속 깊은 곳에 새겨넣을 정도로 비정한 신념을 갖는 것은 어떤 의미에서 일종의 리더로서의 재능이 아닐까?

05 성공을 위한 확고한 중심을 갖는다

이순주역, 가립정야. 【위서 무제기】

순조롭게 역적을 베어 죽이면 곧 천하를 평정할 수 있을 것이다.

【한문】 以順誅逆, 可立定也.

【영역】 You can defeat evil immediately if you advocate for justice.

원소의 부름을 받아 한복韓馥, 원술袁術, 공주孔伷, 유대劉岱, 왕광王匡, 장막張邈, 장초張超, 교모橋瑁, 원유袁遺, 포신鮑信이 반동탁을 대의명분으로 삼아 일제히 봉기해서 산조酸棗(허난성 신샹시新鄉市 옌진현延津)에 집결한다.

그러나 강력한 양주 병사로 구성된 동탁군을 두려워해서 그 누구도 먼저 진격하려고 하지 않는 모습을 보고 조조는 격노한다.

— 차천망지시야此天亡之時也. 일전이천하정의一戰而天下定矣. 불가실야不可失也. (이는 하늘이 벌을 내려 멸망하게 하려는 때이다. 한 번 싸워서 천하를 평정할 수 있으니 놓쳐서는 안 된다.)

"하늘이 동탁을 멸망시키려고 하는 때이니 한 번 싸우면 천하는 안정된다. 이때를 놓치면 안 된다."라며 용기 있게 병사를 이끌고 서쪽으로 향한다.

그러나 변수汴水 근처에서 동탁의 장군인 서영徐榮과 격돌한 끝에 조조는 크나큰 패배를 당한다. 그런데 허둥지둥 도망치는 조조와 달리 십 수만의 병사를 거느리며 자만한 원소를 비롯한 다른 여러 장군들은 술잔치를 벌이는 게 아닌가. 그래서 조조는 자신의 계략을 공개하며 명장의 배치와 역할을 정해서 동탁군과의 결전을 벌이자고 열변을 토한다. 또한 이 주제의 문장으로 소리 높여 외치며 뒤이어 정의의 깃발 아래 모였는데도 진군하기를 주저하면

— 실천하지망失天下之望. 절위제군치지竊為諸君恥之. (천하의 기대를 잃게 된다. 남몰래 제군을 부끄럽게 여길 것이다.)

"천하의 기대를 저버리게 되는데 제군은 부끄럽지 않은가?"라고 호소한다. 하지만 원소나 장막은 흥분하는 조조를 막을 뿐이었다. 이미 이 시점에서 조조는 다른 리더들과 달리 처음부터 사람들의 지지를 얻어 천하를 평정하려는 '비전vision', '미션mission', '패션passion'을 갖췄음을 엿볼 수 있다. 많은 병사를 거느린 유능한 원소, 장막 원술 등이 훗날 천하에 패권을 장악하려고 조조에게 맞서려 해도 대적할 수 없었던 것이 당연하다고 보는 것은 후세에서 바라본 역사이기 때문만은 아니라고 할 수 있다.

과감함과 대의명분을 갖추면 지금은 힘이 약하더라도 수많은 인재의 뛰어난 능력과 지혜, 일반인들의 강력한 지지를 모으는 구심력을 만들어낼 수 있다. 조조는 리더의 중요한 점을 확실히 이해했으며 이를 확고하게 밀어붙인 끝에 마침내 승리를 거뒀다.

현대를 살아가는 리더는 이를 자신의 사업이나 경쟁 환경에 적용

함으로써 성공 포인트를 포착할 수 있다. 조조와 같은 위치를 굳게 지킬 수 있는가? 아니면 원소나 장막 옆에서 안이한 태도로 방관할 것인가?

성공을 위한 확고한 기축을 정했다면 강한 의지를 발휘해 목표를 관철하자.

06 공헌이나 공적을 정당하게 평가한다

명권상벌, 중지복분. 【위서 무제기】

명확한 상벌로 병사의 사기가 다시 올라갔다.

> 한문 明勸賞罰, 衆之復奮.

> 영역 Cao Cao encouraged soldiers through the clear
> system of reward and punishment that he established.

원소를 맹주로 하는 반동탁 세력의 각 장군이 대립하며 와해하기 시작했을 무렵, 후한 헌제의 측근인 왕윤王允이 동탁이 가장 신뢰하는 여포呂布를 포섭하여 192년 동탁을 암살하는 데 성공한다. 그러나 동탁의 심복인 이각李傕과 곽사郭汜가 왕윤을 살해하고 여포를 장안에서 내쫓는다.

　연주兗州목 유대劉岱가 동군태수 교모를 공격해 살해하는 등 여러 장군들이 서로 싸우는 틈을 노려 각지에서 황건적이 세력을 만회한다. 청주青州(산둥성 서부)의 황건적은 연주를 공격했고 그로 인해 유대가 전사한다. 이 황건적을 격퇴하기 위해서 진궁陳宮과 포신鮑信은 조조를 연주목으로 부른다. 하지만 포신이 황건적과의 싸움에서 지며 전사하는 바람에 조조는 포신을 위해 복수전에 임한다.

황건적은 오랜 기간에 걸쳐서 반란을 일으켰기에 전쟁 경험이 풍부한 병사를 거느렸고 매우 강력했다.

한편 조조군은 자신들이 사는 지역에서 모인 의용병이 주체였고 그 수 또한 적었다. 기병과 보병을 합쳐 고작 천 명 남짓한 조조군은 황건적의 습격을 받아 큰 피해를 내며 고전한다. 사기가 떨어지는 가운데 갑골로 몸을 감싼 조조는 병사 개개인에게 친히 말을 걸며 이 주제의 문장에 있는 대로 '신상필벌信賞必罰(공이 있는 사람에게 반드시 상을 주고 죄가 있는 사람에게 반드시 벌을 준다)'을 약속하고 분발을 촉구한다.

조조가 '신상필벌'을 가장 중요하게 생각한 것은 《위서 무제기》의 곳곳에 기록되어 있다.

— 불관무공지신不官無功之臣, 불상부전지사不賞不戰之士. (공이 없는 신하에게 벼슬을 주지 아니하며 싸우지 않는 병사에게 상을 주지 않는다.)

조조는 결과를 중시하며 그 공적에 대해서는 인색하게 굴지 않고 과감히 보상했지만, 전투에서 겁내는 사람이나 공적이 없는데도 황제에게 상을 바라는 무리에게는

— 무공망시無功望施, 분호불여分豪不與. (공이 없는데도 상을 내리기를 바라는 사람에게는 털 한 오라기도 나눠주지 않는다.)

단호히 거부했다. 또한 기회를 놓치거나 이겨야 했는데 승리를 놓친 사람에게는

— 실리자면관失利者免官. (손해를 보는 사람은 관직을 박탈한다).

'관직을 박탈한다'고 책임을 져야 하는 현장 리더에게 엄중한 포고를 내렸다. 훗날 조조는 경쟁자들을 이길 수 있었던 것은 자신의 능

력이 아니라 우수한 막료(스태프)와 멸사봉공의 자세로 싸운 장병들 덕택이었다며 대대적으로 그 공적에 보답했다.

　어느 때든지 강한 조직은 자신의 공헌이나 공적이 올바르게 평가받기를 바라는 사람들로 구성되며 리더는 이 조직을 정당하게 평가할 수 있어야 한다. 그것이야말로 가장 힘을 발휘하는 조직을 만드는 원천이기 때문이다.

　조조는 고난 끝에 황건적을 물리치고 제북濟北에서 황건적 30만 명과 100만 명에 가까운 유랑민을 항복하게 만든다. 항복한 병사 중에서 정예를 선발해 산하에 거둔 조조는 자신의 친위군으로 '청주병'이라는 이름을 붙인다. 이후 청주병은 조조의 전승을 뒷받침하는 핵심이 되었다.

동탁

동탁은 《삼국지연의》에서 악역무도한 효웅으로 묘사되지만 실제로는 상당한 기량을 갖춘 용감무쌍한 무인이었다. 젊었을 때는 말을 타고 어디로나 화살을 쏠 수 있는 실력자였으며 이민족 강족羌族과 술잔을 주고받는 사이를 맺고 이후 심복으로 만들 정도로 도량도 깊었다. 완력과 매력을 모두 갖춘 동탁은 강족과 한족의 피가 섞인 체격 좋은 정예 병사들을 이끌고 변방을 지키는 장군으로까지 출세했고 강족과 100번이 넘게 전쟁에 몰두했다고 한다.

이후 동탁은 소제 유변을 폐위하고 그 형제인 헌제 유협을 옹립하여 조정에서 권세를 바라는 채로 지내다가 기존 지배층인 고관들에게 미움을 받아 192년 양자인 여포에게 살해당했다. 사람들은 그의 죽음에 박수갈채를 보냈다고 한다. 《삼국지》 위지 《여포전》의 내용에 따르면 여포가 동탁의 시녀와 밀통한 것이 알려질까 두려워 동탁을 살해했다고 하는데 《삼국지연의》에서는 동탁의 학대에 속으로 반감을 품었던 사도 왕윤이 양녀인 초선貂蟬을 동탁과 여포가 서로 빼앗게 만들어서 여포에

▲ 영제릉(허난성 뤄양시洛陽市)

◀동탁의 목을 묻은 무덤
(허난성 궁이시)

게 동탁을 살해하도록 부추겼다는 스토리로 바뀌었다.

동탁은 상국, 태사로 후한의 중앙권력을 장악한 3년 동안 원소, 조조, 유대, 공주, 장막 등 명문가의 자제를 기용하려고 하거나 정태鄭泰, 순욱荀彧과 같은 평판이 좋은 젊은 인재를 적극적으로 관료로 등용함으로써 혼란한 정치를 개혁하려고 시도했다.

또한 후한 말의 혼란을 일으킨 원인은 어리석은 리더인 영제 때문이라며 분노한 것으로 보아 그만의 정의가 있었음을 엿볼 수 있다.

191년 낙양으로 쳐들어온 손견孫堅에게 여포가 패하고 신뢰하는 용장 화웅華雄이 참살당하자 동탁은 장안으로 천도하고 교외의 미성郿城에 30년 치 식량을 저장해서 일족을 살게 하지만 배신한 여포에게 암살당하자 일족도 모두 살해당했다. 비만이었던 동탁의 시신을 회수하는 사람이 없어서 잡병이 장난으로 시신 배꼽에 심지를 꽂았더니 흘러나온 기름 탓에 며칠 동안 계속 불탔다고 한다. 허난성의 궁이시鞏義市에는 동탁의 목을 묻은 무덤이 남아 있다.

07 영웅이 영웅을 인정할 때

종불위인하, 불여조도지.　　　　　　　　　　【위서 무제기】

끝까지 남의 밑에 있을 인물이 아니다. 빨리 처리하는 것이 낫다.

한문 終不爲人下, 不如早圖之.

영역 After all, Liu Bei won't subject himself to any authority.
As such, it is best to eliminate him immediately.

193년 조조의 침공을 받은 도겸을 돕기 위해 공손찬公孫瓚이 유비를
파견한다. 이듬해 도겸은 병으로 죽고 유언으로 서주목의 지위를 유
비에게 넘겨준다. 그 무렵 장안에서 쫓겨나 장병과 함께 중원을 방랑
하던 여포는 유비가 지키는 서주라면 충분히 빼앗을 수 있으리라 계
획한다.

　여포는 서주성에 억지로 쳐들어가 성을 빼앗고 유비로부터 항복
을 얻어낸다. 유비는 서주의 동쪽 하비下邳(장쑤성江蘇省 피저우시邳州
市)로 장병을 데리고 옮기지만 여포는 태세를 늦추지 않고 유비를 공
격했다. 결국 유비는 서주를 물려준 도겸의 원수인 조조에게 도망친
다. 그 소식을 들은 정욱程昱은 다음과 같이 반대한다.

"유비를 살펴보니 뛰어난 재능을 갖춘 데다 인심을 많이 얻고 있었습니다."

굴러온 호박처럼 서주목 지위를 얻은 유비의 인망을 감안해서 정욱은 냉정하게 위험인물이라고 판단하고 이 주제의 문장으로 진언했다. 그러나 조조는

— 방금수영웅시야方今收英雄時也. (지금은 영웅을 거둬들일 시기이다).

"지금은 영웅 한 명을 죽여서 천하의 인심을 잃을 수 없다"라고 하며 정욱의 제안을 거절했다.

조조는 유비를 후대한다. 197년 원술이 황제로 즉위했다는 소식을 들은 조조는 유비에게 병사를 내려주고 출정을 명령한다. 그 말을 들은 정욱은 곽가와 함께 명령을 철회하도록 조조에게 진언한다. 하지만 이미 때는 늦어서 유비는 조조가 임명한 서주목을 살해하고 한의 고조 유방의 고향인 '패沛'로 본거지를 정해서 반기를 든다. 조조는 즉시 토벌군을 파견하지만 결국 함락시키지 못했다.

아직 별다른 힘이 없는 단계에서도 유비에게는 뛰어난 자질과 숨은 야망이 보였다 안 보였다 했음을 엿볼 수 있는 한편, 경계심이 강한 유능한 보좌관들이 없으면 영민한 조조라도 결국 경솔하게 판단한다는 점에서 무척 흥미로운 일화다. 조조는 교활한 인간이라고 지탄받는데 교육을 잘 받고 자랐기 때문인지 이상하게 남을 지나치게 신용하는 호인다운 부분이 있다.

예컨대 조조는 동탁을 암살하는 데 실패하고 도망쳤을 때 호뢰관虎牢關을 지나 중모中牟(허난성 카이펑시開封市 교외)에서 붙잡혔지만 '천하의 영웅호걸'이 될 인물을 잃어서는 안 된다며 풀려난 경험이 있었다. 그 때문인지 묘하게 자신이 기대한 인물은 후하게 대한 듯

하다.

　조조는 자신과 똑같은 자질을 갖춘 사람은 유비가 유일하다며 '유비는 뛰어난 인재'라고 평가했다. 다만 '적벽대전'에서 패배한 후 도망칠 때만큼은 '유비는 나와 좋은 상대지만 계략을 생각해내는 게 늦다'라고 한 말이 사서에 남아 있다. 한편 '후출사표'에서 제갈량이 기록한 것에 따르면 유비가 '조조는 늘 유능하다'라고 말한 부분이 나온다. 이처럼 조조와 유비는 서로를 인정했다.

조숭의 무덤

조조의 부친인 조숭은 관직에서 물러난 후 고향인 초현譙縣에서 은거 생활을 했다. 그러다가 동탁의 세력이 미치는 것을 두려워한 나머지 서 주 동북쪽 낭야군琅邪郡으로 거처를 옮겼다. 낭야군에 인접한 태산군泰 山郡의 태수인 응소應劭가 좀 더 안전한 태산군으로 조숭을 불렀기 때문 이다. 조숭의 양부인 조등은 125년 태산군에 속하는 비현費縣의 정후亭 侯로 봉해졌는데 196년 조조도 봉해진 것을 보면 사서에는 기록되어 있 지 않지만 후한의 태위에까지 오른 조숭도 비 정후로 봉해졌으리라 추 측된다.

193년 서주목 도겸은 고관이었던 조숭 일행을 보호하기 위해 자신의 수하에 있던 장군 장개張闓에게 기병 200명을 붙여 호위로 파견했다. 그 러나 조숭 일행이 태산군의 비현과 화현華縣의 경계에 이르렀을 때 조숭 을 따르는 100대의 짐마차에 가득 실린 재물에 눈이 뒤집힌 장개는 조 숭 일행을 살해하고 그 재물을 빼앗아 회남淮南으로 달아났다. 소식을 들은 도겸은 경악하고 말았다.

▲ 조숭의 무덤 자리(산둥성 이난현)

　부친의 비보를 접한 조조는 몹시 분노하여 도겸의 책임을 묻고 서주를 정벌하기 위해 군대를 파견했다. 조조는 도겸의 영지로 침입하자마자 모든 도시를 공략했고 그 주민뿐만 아니라 개와 고양이도 한 마리도 남기지 않고 학살했다. 조조군이 지나간 후에는 폐허만 남은 상태였다고 한다.

　조숭이 살해당했다는 지점에는 현재 보리밭이 펼쳐져 있다. 20세기 문화대혁명으로 파괴되기 전까지는 무덤이 존재했다고 한다. 그곳에서 엎드리면 코 닿을 정도로 가까운 곳에는 제갈량의 고리故里(태어난 마을 또는 선조의 땅)인 서주 낭야군 양도현陽都縣(산둥성 린이시臨沂市 이난현沂南縣)이 있고 그곳에는 제갈량의 사당이 있다. 조숭이 습격받은 당시 열두 살이던 제갈량은 조숭의 습격 사건과 그 후 조조의 복수전 이야기를 어른들에게 듣고 어린 마음에도 전율을 느끼지 않았을까.

▲ 제갈량고리(조숭의 무덤 자리에서 차로 5분 정도 걸리는 거리)

　그 광대한 중국 대륙에서 《삼국지》에 등장하는 두 영웅의 접점이 이렇게나 가까이에 있었다는 사실은 놀랄 만하다. 제갈량이 훗날 조조를 주인으로 택하지 않고 유비를 주인으로 섬긴 이유 중 하나는 조숭과 관련된 이 일련의 사건이 제갈량의 기억에 선명하게 남아 있었기 때문일 수도 있다.

08 유능한 인재를 모으는 비결

자원, 경래, 오사제의. 【위서 무제기】

허자원, 귀공이 찾아왔으니 내 목적은 이룬 것이나 마찬가지다.

[한문] 子遠, 卿來, 吾事濟矣.

[영역] I will achieve my intended purpose if you, Lord Xu, will come to my side.

세상의 뛰어난 인재를 모두 휘하에 끌어모았다고 장담하는 조조는 인재 수집가인 만큼 사람을 맞이할 때마다 훌륭한 언변으로 칭찬의 말을 쏟아낸다. 조조의 막료가 된 사람들은 조조에게 처음 들은 말에 감동하여 평생 잊지 않고 충성을 다했을 것이다.

200년 '관도대전'에서 원소의 10만 대군과 대치할 때였다. 일설에 따르면 조조의 군대는 원소 군대의 10분의 1에 불과했고 대진도 오래 친 탓에 군량이 부족한 상황이었다. 철수라는 단어가 머릿속에 스치는 가운데 원소의 참모인 허유許攸가 원소와 관계를 끊고 조조에게 투항했다는 소식이 전해진다. 조조는 자신의 진막에서 맨발로 달려 나와 허유의 자인 자원을 친근하게 부르며 이 주제의 문장을 말한다.

허유와 조조는 어릴 적 친하게 지냈는데 영제 시대에 허유가 쿠데타를 일으키려고 했을 때 조조를 불렀을 정도로 막역한 사이다. 쿠데타가 사전에 발각되는 바람에 허유는 도망쳤고 원소의 비호를 받으며 그대로 참모 자리에 앉는다. 허유는 원소와도 어릴 때부터 친구였다.

하북河北 4주를 지배하에 둔 원소의 막료에는 두 파벌이 있었다. 저수沮授와 전풍田豊 무리, 곽도郭圖와 심배審配 무리다. 천하 통일에 거슬리는 조조를 상대로 전자는 지구전, 후자는 단기 결전을 주장하며 대립한다. 원소는 후자의 의견을 채택해서 관도로 출병한다.

허유는 조조의 본거지 허창(허난성 허창시許昌市)을 기습하는 계책을 세우지만 원소에게 거절당한다. 또한 심배가 자신의 가족을 부정부패 죄로 체포하고 자신도 뇌물 수수 의혹을 받아 궁지에 몰리자 허유는 원소를 버리고 조조에게 붙기로 마음먹은 것이다.

조조의 환영을 받자마자 허유는 조조에게 비축한 군량에 대해 묻는다. 조조는 '6개월 치, 1년 치는 여유가 있다'고 대답하지만 허유는 군량이 바닥난 사실을 알고 있었다. 허유가 '원소를 이기려고 한다면서 왜 거짓말을 하는가'라고 추궁하자 조조는 한 달 치밖에 없다고 자백한다. 그때 허유는 오소烏巢에 있는 원소의 보급부대를 습격하라고 제안하고 조조는 기병으로 급습해 군량을 빼앗는다. 결국 원소는 진을 버리고 전장에서 이탈할 수밖에 없었다.

훗날 조조가 기주冀州를 함락시켰을 때 허유는 '내 덕이다'라고 자만했고 줄곧 건방진 태도를 유지했다. 결국 허유는 인내의 한계에 달한 조조에 의해 처형당한다.

목적을 이룬 후 불필요해진 사람을 숙청하는 일은 조조의 합리적인 생각을 보여준다. 조조는 허유를 한 번 쓰고 버린 것이 아니라 언동과 태도를 문제 삼아 이를 구실로 처리했다. 이는 허유가 자신의 자리를 겸손하게 지키고 변화하는 인간관계에 따라 스스로 변화했다면 충분히 막을 수 있는 일이었다. 조직 대표의 동문이나 창업 멤버의 처세 비결이 이 허유의 일화에 담겨 있다.

09 부하를 필요 이상으로 질책하지 않는다

당소지강, 고유불능자보. 이황중인호. 【위서 무제기 주】

강한 원소에 직면하여 나 또한 안 되겠다 싶었을 정도니 누구라도
그랬을 것이다.

한문 當紹之強, 孤猶不能自保, 而況衆人乎.

영역 When confronted with the strong General Yuan shao,
I could not even protect myself, much less the others.

'관도대전'에서 승리한 조조는 원소가 도망치며 버리고 간 식량, 무
기 등의 물자와 함께 대량의 문서도 압수한다. 그 문서 중에는 조조
의 곁에서 원소를 섬기는 사람, 본거지 허창에 있는 사람들에게서 온
편지가 많이 포함되어 있었다.

편지를 한 통씩 자세히 조사하면 배신자와 내통자를 밝혀낼 절호
의 기회이기도 했지만 조조는 이 주제의 문장을 말하자마자 내용을
확인하지도 않은 채 모두 불태우라고 명령한다. 조조의 말을 듣고
가슴을 쓸어내리며 목을 어루만진 사람이 많았다.

— 영반측자자안令反側子自安. (모반에 가담한 사람을 편안하게 해준다.)

이런 말이 《후한서 광무제기》에 나온다. 광무제 유수劉秀가 후한

을 건국하기 전에 가장 큰 적이었던 왕랑王朗이 머무는 감단邯鄲을 공략하고 나서였다. 그는 자신의 부하들이 몰래 내통하며 몸의 보전을 도모하는 편지를 많이 압수했다. 불안에 사로잡힌 사람들이 '자다가 몸을 뒤척이지 않고 안심하며 잘 수 있게 해 달라'고 하여 유수는 모든 사람의 눈앞에서 전부 소각했다고 기록되어 있다.

광무제를 존경한 조조는 이 고사에서 자신의 조직에 속한 구성원들의 마음을 사로잡기 위해 광무제와 똑같이 행동했을 것이다. 여기서 화를 참지 못하고 편지를 증거 삼아 조직의 간부를 숙청하면 자신의 조직이 약해질 게 뻔했기에 리더인 조조는 꾹 참을 수밖에 없었으리라. 그러나 여기서 조조의 얄미울 정도로 훌륭한 점은 '나조차도 원소를 이길 수 있으리라 생각지도 못했다'라고 말함으로써 조직의 멤버라면 더욱 잘못 판단할 수 있음을 알려준 점이다.

조조와 원소는 어릴 때부터 서로를 속속들이 아는 친구 사이였다. 원소는 조조에 대해 '교활하지만 꽤 하네'라는 관점으로 봤는데 조조는

— 오지소지위인吾知紹之爲人, 지대이지소. 志大而智小. (나는 원소의 사람됨을 안다. 뜻은 크지만 지혜가 부족하다.)

"나는 원소의 사람됨을 잘 안다. 큰 뜻은 있지만 지혜가 없다"고 지적하며 배짱이 작고 남을 질투하며 위엄이 없다고 원소에 대해 매우 신랄하게 평가했다.

202년 원소가 병으로 죽고 207년 아들인 원희袁熙, 원상袁尙에게 승리한 후 조조는 자군의 장병들이 약탈한 재산과 시녀들을 원소의 미망인에게 돌려줬으며 원소의 무덤 앞에서 소리 높여 울었다.

사실 원소 일가의 하북 통치는 민심을 잘 얻었기에 조조로서도 원

소 일가에 경의를 표해야 했을 것이다. 이런 행위가 기만이라고 지적하는 사람도 있지만 죽마고우와 결별하며 조조는 조직 대표로서의 허무함과 인생의 비애를 이때 느꼈을지 모른다.

10 신뢰할 수 있는 조언자를 갖는다

건립보필, 계재면종.　　　　　　　【위서 무제기 주】

경영에 조언자를 둘 경우, 겉으로는 복종하는 척하며 속으로는 배신하는 사람을 경계해야 한다.

한문 建立輔弼, 戒在面從.

영역 When appointing an adviser, be aware of people who pretend to obey you but intend to betray you.

204년에 기주목에 임명된 조조는 자기 뜻을 사람들에게 널리 알린다. 거기에는 경영을 위해 명심해야 할 것으로 이 주제의 문장이 기록되어 있다. 조조는 기주의 관리들에게 솔직한 진언을 받아서 경영에 유용하게 쓰려고 하지만 너나 할 것 없이 리더인 조조의 눈치만 살폈다. 그래서 조조는 기탄없는 의견을 서면으로 작성해 매달 초에 제출하라고 당부한다.

　대업을 일으키려면 걸출한 능력과 노력이 뒷받침되어야 하며 혼자 힘으로는 규모가 한정적이다. 남달리 우수한 재능을 갖췄더라도 이를 내색하지 않고 더 많은 인재를 받아들이기 위해 노력해야 한다. 정중한 말로 인재의 마음을 사로잡아 자기 편으로 만드는 것이 중요하다.

조조는 무예가 뛰어났고 고전 연구(조조는 《손자병법》의 주석자)에도 여념이 없었으며 시도 잘 지었기에 그야말로 문무를 겸비한 훌륭한 인물이었다. 그럼에도 그는 자만하거나 자신의 능력을 과시하지 않았다.

조조는 30세가 지났을 무렵 큰 뜻을 마음속에 숨기며 관직에서 물러났다. 그러고는 현재의 보저우 시내 중심에서 동쪽으로 20킬로미터 정도 떨어진 곳(차로 1시간, 말로 3시간)에 초가집(철거부지에 초릉사라는 도교 사원이 있다)을 마련해 3년 정도 독서와 사냥을 하며 마음대로 지낸 적이 있다. 《손자》를 비롯한 병법서를 연구하며 인생을 충전하고 자신의 목적을 달성하기 위해 훌륭한 인재를 모으는 것의 중요성을 깨달은 시기였을 것이다.

힘 있는 리더 밑에서 자기 뜻을 세우려고 야심을 불태우는 인재는 양날의 검과 같다. 곁에 두고 섬기게 하면 아무리 카리스마 넘치는 리더라도 보통 사람임을 깨닫게 된다. 그래서 자신도 대신할 수 있지 않을까 하고 착각하기 때문에 겉으로만 복종하는 사람은 위험한 존재다.

일본 역사에서 오다 노부나가織田信長를 섬기다 배신한 아케치 미쓰히데明智光秀가 가장 좋은 예일 것이다. '면종面從'이란 표면적으로는 아첨하듯이 보여주는 것을 말한다. 감정이 얼굴에 나타나거나 화를 내는 사람은 그 마음을 알 수 있지만 웃음을 잃지 않는 사람은 그 마음속을 꿰뚫어 볼 수 없기에 사실은 매우 무서운 존재다.

삼국시대에 '면종'한 측근이나 심복에게 살해당한 사람은 정원丁原, 동탁, 장비 등이 있다. 전란 속에서 살아남으려면 누구나 '면종'을 가장 중요하게 생각했다.

　대표가 머뭇거릴 때 기탄없이 직언하여 망설임을 물리쳐주는 참모를 곁에 두는 것이 중요하다. 겉치레뿐인 인사나 아첨하고 추종만 하는 경박한 사람에게 둘러싸여서는 안 된다. 뛰어난 인물을 고르는 안목을 갖추지 못하면 '면종'하는 쓸모없는 무능력자만 곁에 두게 될 것이다.

11 우직하게 인재人財를 추구한다

자고수명급중흥지군, 갈상부득현인군자여지공치천하자호.

【위서 무제기】

예로부터 창업이나 나라를 부흥시킨 리더 중에 훌륭한 인재와 함께 조직을 운영하지 않은 자가 있더냐.

한문 自古受命及中興之君, 曷嘗不得賢人君子與之共治天下者乎.

영역 Since time immemorial, no leader who has founded or revitalised a dynasty or family has ever managed an organisation without the counsel of a superior body of advisers.

212년 여름, 조조는 이 주제와 같은 문장을 시작으로 한 공문을 공포하고 널리 인재를 모집했다. 젊은 시절의 관중管仲(제나라의 재상)과 같이 성실하지 못한 사람이든 태공망太公望(주나라의 재상)과 같이 가난한 사람이든 진평陳平(전한의 승상)처럼 여자와 돈 때문에 타락한 인물이든 훌륭한 인재라면 낮은 신분을 불문하고 누구든지 채용하겠다며

— 유재시거唯才是擧. '오직 재능만 추천의 기준이다'라고 명쾌하게 말했다.

이는 공을 이루고 내뱉은 허울 좋은 말이 아니었다. 조조는 젊었을 때부터 인재를 얻는 것의 중요성을 깨닫고 이를 자신만의 큰 방침으로 삼아 몇 번이나 공언했다.

반동탁으로 군사를 일으켰을 때 조조는 "실패하면 어떻게 할 것인가"라며 원소에게 질문을 받는다. 조조가 즉답하지 않고 원소의 의견을 구하자 원소는 자신의 전략 계획을 말한다.

"황하 북쪽 지방에 근거지를 두고 북방 민족의 힘을 빌려 남진하면 성공하지 않겠는가?"

그러자 조조는 원소에게 다음과 같이 당당하게 대답한다.

— 오임천하지지력吾任天下之智力, 이도어지以道御之. (나는 천하의 지력 있는 사람에게 맡겨서 도로써 다스릴 것이다.)

"세상의 훌륭하고 지혜로운 사람에게 맡겨서 규칙을 지키게 할 것이다"라는 뜻이다.

— 약이견고위자若以堅固為資, 즉불능기이변화야則不能機而變化也. (만약에 견고함을 자본으로 삼는다면 즉 때에 따라 변화할 수 없다.)

"자본을 인재로 삼아야 임기응변으로 처리할 수 있다"라고 조조는 명확하게 말한다. 214년 12월에는 "품행이 바른 인물은 반드시 행동력이 있다고 할 수 없으며 행동력이 있는 인물은 반드시 품행이 방정하다고 할 수 없다"라고 해서 소진蘇秦(전국의 책사)이나 진평처럼 단점이 있는 명사를 등용하지 않는 일이 없도록 다시 한번 널리 알렸다.

217년 6월 특별한 능력이 있는 장군이나 지방 장관의 임무에 어울리는 사람뿐만 아니라 평판이 나쁘거나 무시당하는 인물이라도 경영할 재능이 있는 사람을 안다면 빠짐없이 추천하라고 조조는 재차 선포했다.

　그러나 조조가 진심으로 같은 말로 여러 번 요청해도 인재는 좀처럼 모습을 드러내지 않았다. '세상에 인재가 없다'고 대표는 안이하게 발언하면 안 된다. 단순히 모이지 않을 뿐이며 인재는 반드시 어딘가에 묻혀 있다.

　조조는 자신에게 충실한 '인격자'보다 자신이 지향하는 목표를 실현하기 위한 '능력자'를 바랐다. 당연한 말처럼 들리겠지만 사실 오늘날에도 조조와 같은 인재 등용 방식을 채택하기가 어려운 탓에 좋은 인재를 적극 '발굴하는' 대표는 많지 않다.

12 훌륭한 인재를 다루는 어려움

적가작위이. 【위서 무제기 주】

그때는 중간관리직이 마침 적당했기 때문에 추천했습니다.

한문 適可作尉耳.

영역 A middle-level manager position would suit you then.

기원전 204년 항우가 은왕으로 봉한 사마앙司馬卬의 자손이라 칭하는 사마씨는 사예司隷 하내군河內郡 온현溫縣(허난성 자오쭤시焦作市 원현溫縣을 본거지로 삼고 비옥한 토지에서 재배한 수확물로 큰 부를 쌓았다. 그 자제들은 학문에 힘쓰는 환경을 타고났기 때문에 수많은 훌륭한 인재를 배출한다.

후한 정서征西 장군의 사마균司馬鈞이 증조부, 예주豫州 태수 사마량司馬量이 조부, 영천潁川 태수 사마준司馬儁이 부친인 사마방司馬防은 낙양현령, 경조윤(장안 수도권의 장관) 등을 역임했다.

184년 상서우승(부총리급)일 때 사마방은 젊은 날 조조를 낙양 북부도위(낙양 북문의 경비대장)로 임명해 조조의 무관 인생을 열어주었다. 이 낙양 도위 시절에 조조는 엄격한 야간 단속으로 화제였다. 환관이나 외척 등 권력자의 자제라고 해도 문 닫는 시간을 지키지 않는 사람은 가차 없이 몽둥이로 때렸기에 조조는 낙양 사람들의 큰 지지를 얻었다.

20여 년의 세월이 지나 조조는 위왕이 되어 고향에서 은퇴한 사마방을 불러들인다.

"경은 지금도 나를 도위로 추천하겠는가?"

옛정을 새로이 하는 잔치가 한창일 때 조조는 사마방에게 비꼬듯이 묻는다. 사마방이 이 주제의 문장으로 대답하자 조조는 너털웃음을 터뜨렸다고 한다.

이 사마방에게는 우수한 아들 8명이 있었다. 위에서부터 자로 부르면 백달伯達, 중달仲達, 숙달叔達, 계달季達, 현달顯達, 혜달惠達, 아달雅達, 유달幼達이라고 한 점에서 사람들은 '사마팔달'이라며 존경의 뜻과 함께 불렀다. 그중 둘째 중달이 바로 사마의司馬懿다. 그는 어릴 때부터 독서를 많이 하여 지식이 풍부하다고 알려져 형제 중에서 가장 뛰어나다는 평가를 받았다. 또한 사마의는 아무리 속이 뒤틀려도 희로애락의 감정을 겉으로 드러내지 않았고 포커페이스를 유지했다고 한다.

사마의의 평판을 들은 조조는 출사를 바라지만 사마의는 좀처럼 응하지 않았다. 그 대단한 조조도 화가 나서 사자에게 '관직에 오르지 않으면 죽이라'고 명령한다. 이 낌새를 살폈는지 사마의는 조조를 찾아갔고 결국 태자였던 조비의 측근으로 임명된다.

사마의는 자신보다 열 살 정도 어린 조비의 마음에 들어 조비의 아들인 명제 조예의 시대인 230년에는 위의 대장군으로 임명된다.

238년에는 야마타이국邪馬臺國의 여왕 히미코卑弥呼의 사자가 낙양에 방문한 적이 있다. 그때 사마의도 접견했을 가능성이 있다(야마타이국은 일본 야마토국을 칭함.)

조조가 생전에 '중달은 누군가를 섬길 남자가 아니다'라고 경계한 대로 사마의는 위라는 조직에서 정쟁을 이겨내고 위의 실질적인 최고 권력자가 된다.

사마의의 손자인 사마염司馬炎은 위에서 왕위를 물려받아 265년에 진을 건국했으며 280년에 오를 평정해서 삼국 시대에 종지부를 찍었다. 사마염은 진의 황제로 즉위했을 때 251년에 72세의 나이로 죽은 사마의에 대해 고조선황제라고 시호를 붙여서 조부의 위업을 기렸다.

13 각오를 정하고 일을 완수한다

투사위국, 이의멸신, 족수어후. 【위서 무제기】

조직을 위해 죽을 각오로 올바르게 끝까지 해내면 후세에 자신이
살았던 증거가 남을 것이다.

한문 投死爲國, 以義滅身, 足垂於後.

영역 History will remember those who risk their lives for
their organisations and fight for justice.

조조는 인생의 대부분을 전쟁터에서 보냈다. 즉 전쟁터에서 평생을
보낸 일밖에 모르는 사람이다.

　옛날의 장군이나 병사는 목숨을 걸고 죽기 살기로 일에 임했기 때
문에 늘 각오가 생겨서 저절로 일상생활에서도 '역사관'이나 '사생
관'을 길렀다.

　라이벌 조직과의 경쟁이 아무리 혹독하다고 해도 목숨을 잃는 일
은 없기에 오늘날의 조직에서는 죽을 각오 등은 잘 생기지 않는다.
그래서 평소에 각오가 있는 사람과 없는 사람은 일의 질과 결과가
크게 달라진다.

　조조가 젊었을 때 품은 뜻은 이 주제의 문장에 드러나 있듯이 후

한이라는 국가 조직을 위해 목숨 바쳐 그 조직 내에서 이름을 남기는 것이었다. 사후에 자신의 무덤에

—한고정서장군조후지묘漢故征西將軍曹侯之墓.

"한나라 고 정서장군 조후의 묘"라고 새겨지기를 바란다고 했다. 조조는 후한 고관의 아들이었기에 일개 병졸이 아니라 장교급에서 군인이 되었으나 그래도 최종 목적은 공적을 쌓아 장군이 되어 제후로 봉해지는 것이었다. 오늘날의 조직으로 보면 간부 후보생으로 입사해 결국 조직의 2인자나 자회사의 사장이 되기를 꿈꿨다는 뜻이다.

도요토미 히데요시豊臣秀吉도 오다 노부나가의 하인이었을 때 천하를 다스리는 사람이 되리라고는 꿈에도 생각하지 않았다고 한다. 나폴레옹이 포병 소위였을 때 유럽을 석권하는 황제가 되겠다는 목표를 갖지 않았던 것과 같다.

눈앞에 주어진 과제를 묵묵히 해결해나간 결과 정신을 차려보니 다른 사람이 얼씬 못하는 높은 자리에까지 올랐다는 뜻이다. 조조 또한 마찬가지다.

오늘을 살아가는 사람들은 나라와 사회를 위한 생각은 전혀 하지 않고 자신이 소속된 조직, 즉 회사나 단체를 위해 목숨 걸고 일하는 경우도 희박하다.

그렇다면 이렇게 일밖에 모르는 사람은 이제 필요 없지 않을까? 물론 그렇지 않다. 지금은 인정받지 못하더라도 큰 뜻을 남몰래 품고 진지한 태도로 착실하고 묵묵히 일하는 사람은 인류의 문명이 계속되는 한 필요하다.

요즘에는 이처럼 '역사관'이나 '사생관'을 기반으로 각오를 다진

리더가 더욱 절실히 필요하다. 앞으로 새로운 시대를 개척하는 리더의 출현이 정말로 기다려진다.

14 미래의 자신에 대한 평가를 생각한다

약천명재오. 오위주문왕의. 【위서 무제기】

만약에 천명이 내게 있다면 주나라의 문왕이 될 것이다.

> 한문 若天命在吾. 吾爲周文王矣.

> 영역 If I have the mandate of heaben, I will follow in the footsteps of King Wen of Zhou.

후한의 헌제를 꼭두각시로 세워 최고 지위인 승상, 위왕의 자리에 있었던 조조는 헌제에게 왕위를 물려주도록 언제든지 강요할 수 있을 만큼 권력의 절정에 있었다. 조조가 위공, 위왕이 되기를 제언한 동소董昭는 또다시 황제로 즉위하기를 강력하게 진언한다.

— 십분천하이유기구. 十分天下而有其九. "천하의 10분의 9까지 지배하에 있다."

이 동소의 말에 중신인 진군陳羣, 환계桓階 등도 황제 즉위를 추천한다. 그러나 하후돈夏侯惇은

— 능제민해위백성소귀자能除民害爲百姓所歸者, 즉민주야卽民主也. (능히 백성의 해악을 제거하여 백성들을 귀의하게 할 수 있는 자가 곧 백성의

주인이다.)

'재해를 없애서 사람들의 존경과 감복을 받는 인물이야말로 진정한 리더'라며 시기상조라고 황제 즉위에 반대한다. 조조의 막료 중에는 순욱처럼 후한에 대한 충성심에서 조조의 즉위에 반대한 사람도 있었고 조조 또한 무리하게 황제가 되지 않겠다고 이 주제의 문장으로 명확하게 말한다.

주나라의 문왕은 은나라 면적의 3분의 2나 되는 영토를 통치하면서도 악정을 펼친 은의 주왕을 대신으로서 마지막까지 섬기고 아들인 무왕의 대에 은을 멸망시켜서 주를 건국했다. 이를 본받아 220년에 조조가 죽은 이듬해 조비는 헌제에게서 왕위를 물려받아 위의 황제가 된다.

조조는 전쟁터와 궁정에서의 술책이나 권력에 집착했지만 사적으로는 매우 담백했다. 고대 세계에서 권력자를 섬긴 사람들은 그 신분에 상관없이 자신들의 주인이 죽으면 저승에서도 계속 섬기라며 살해당하거나 순사殉死를 강요당해서 배장陪葬, 즉 왕 곁에 묻혔다. 은이나 주의 시대에는 애첩도 애마나 신변의 물건과 함께 묻히기도 했다.

삼국 시대에도 이미 순사나 배장은 엄격하게 금지되었지만 조조는 자신의 애첩들에게 "내가 죽으면 그대들은 모두 재가하라. 그리고 내 뜻을 다른 사람들에게 전하라"라고 명령했다. 즉 사양하지 말고 좋은 남자를 찾아서 재혼하라고 권한 것이다. 조조라는 남자는 이 주제의 문장과 같은 고매한 뜻을 갖고 꿋꿋하게 살았다고 후세까지 전해졌으면 한다고 조조는 바랐다. '사생관'을 가졌을 뿐만 아니라 역시 훌륭한 리더는 후세 사람들의 평가를 감안해서 행동한다는

'역사관'이 필요하다는 뜻이다.

먼 미래 자신의 평가에 대해 생각하며 날마다 경영에 종사하는 리더가 현대 사회에 얼마나 있을까? 경영진에 속해 있는 사람이라면 소란스러운 일상에서 잠시 멈춰 자신의 묘비에 대해 생각해볼 필요가 있다.

15 자신의 일을 잘 확인해 놓는다

장필개제복.　　　　　　　　　　　　　　【위서 무제기】

장례식이 끝나면 모두 상복을 벗어라.

───

한문 葬畢皆除服.

영역 Discard mourning clothes immediately after the
funeral.

───

'사생관'에 이어서 조조의 합리적인 사고를 한층 더 엿볼 수 있는 일
화로 유언을 들 수 있다. 그는 자신의 장례식은 간소하게 하고 무덤
도 검소한 것이면 된다고 명확하게 말했다.

전 세계의 제왕이나 귀족의 무덤은 그 매장품을 목적으로 한 도굴
꾼에 의해 도굴당하는 것이 일반적이다. 곤궁한 전란 시대에는 특히
생계를 위한 도굴이 자주 이뤄졌다.

조조는 전쟁터로 향하는 도중에 무덤이 파헤쳐져서 보석 장식을
빼앗기고 유골이 내버려진 모습을 본 적이 있었을 것이다. 205년 조
조는 박장령을 내렸다.

"옛날의 무덤은 반드시 메마른 땅에 만들었다. 서문표西門豹의 사

당 서쪽 들판에 내 무덤을 만들라. 높은 곳을 그대로 토대로 삼고 봉분은 쌓지 말고 나무도 심지 않아도 된다."

이처럼 그는 생전에 자신의 무덤에 대해 정했다. 220년 1월 조조는 60세의 나이로 사망하며 생전에 지정한 대로 2월에 조조의 본거지였던 업鄴의 남서쪽 고릉에 매장되었다.

— 천하상미안정天下尙未安定.

조조는 임종하면서 "천하가 아직 안정되지 않았다"고 말하며 이 주제의 문장을 남겼다. 그리고 무관은 맡은 자리를 떠나지 말라. 문관은 일을 계속하라. 시신은 금루옥의(얇게 깎은 카드 크기의 보석을 금실로 꿰매 만든 시신을 뒤덮은 수의)가 아니라 평상복을 입히고 금이나 보석을 부장하지 말며 간소하게 나를 묻어 달라"고 지시했다.

조조의 무덤은 오랫동안 그 소재가 불분명하다가 2008년 12월 허난성 안양시安陽市 서북쪽 15킬로미터 지점에서 후한 시대의 분묘가 발굴 조사되었다. 2007년에 적발된 도굴단이 대규모 도굴을 한 무덤이다.

길이 39.5미터, 폭 9.5미터의 거대한 묘도를 포함한 무덤 전체는 736제곱킬로미터이며 묘도의 가장 깊은 곳 묘실이 지표에서 15미터에 달하는 것으로 보아 후한의 제왕급으로 추정되었다. 또한 60대 남성의 두개골 일부가 발견되었고 '위무왕'이라고 조조의 시호를 기록한 석비와 석침 등 8점을

▲ 발굴된 석패
'위무왕상소용격호대극
魏武王常所用格虎大戟'

포함한 유물 400점이 출토되었기 때문에 발굴 초기부터 조조의 무덤이 아닐까 하는 화제를 불러일으켰다.

이 묘는 발굴 후에 수상하다는 비판과 회의적인 의견에 시달렸으나 2010년 4월 조조의 묘라고 정식으로 인정되었다. 또한 허난성 문물고고연구소가 60대 남성의 유골은 《삼국지》에 기록된 나이와 일치한다는 점에서 조조가 분명하다고 발표했다. 도굴되었기 때문이 아니라 정말로 조조가 바란 그대로 장례를 간소하게 지낸 무덤이었다.

조조가 존경한 서문표

한서, 즉 중국 고전에 정통한 조조는 《사기》나 《한비자》에서 서문표를 접했을 것이다.

'서문'은 중국에서 보기 드문 두 글자로 된 성씨인데 이름이 표, 중국 전국시대 위나라의 정치가로 업을 다스렸다. 훗날 업을 수도로 삼은 조조는 어느 정도의 인연을 느꼈을지 모른다.

서문표는 황하와 장하漳河에서 운하를 끌어들이는 관개 대공사를 실시하여 업 일대를 크게 번영시킨 유능한 신하다. 서문표가 관개사업을 할 때 하천 공사에 주저하는 농민들의 미신을 타파한 재미있는 일화가 있다.

농민들은 강에 사는 신인 하백의 노여움을 사지 않기 위해 해마다 무녀, 지역 장로, 관리에게 젊은 처녀나 거액의 돈을 바쳤다. 이 때문에 생활이 곤궁해진 사람도 많았고 결혼적령기의 딸을 둔 집은 마을에서 도망쳐서 논밭이 황폐해지는 지경이었다. 막 부임한 서문표는 이 말을 듣고 하백의 의식을 진행하는 날에 현장을 찾아가 강가에 무녀들과 수많은 구경꾼 앞에서 소리쳤다.

"하백의 신부가 얼마나 예쁜지 보고 싶다" 그런 다음 산제물이 되어 강에 던져질 처녀를 데리고 오게 했고

"이 처녀는 용모가 아름답지 않아서 안 된다."라며 고개를 저었다.

서문표는 "더 좋은 아가씨를 찾아올 테니 하백에게 잠시 기다리라고 전하라."라고 말하며 무녀를 강물에 빠뜨렸다. 얼마나 지났을까. 무녀 노파가 돌아오지 않자 서문표는 "돌아오지 않으니 너희가 상황을 살펴보고 와라"라고 하며 다른 무녀들을 차례로 강물에 빠뜨렸다. 장로들까지 강물에 던졌지만 누구도 돌아오지 않자 서문표는 말단 관리들에게 명령했다.

"아무래도 이상하오. 자네들이 강에 들어가 데리고 오게."

말단 관리들은 엎드려 절하며 용서를 빌었다.

"하백은 손님에 만족했는지 돌려보낼 마음이 없는 모양이다. 모두 집에 돌아가도 좋다. 아직 의식을 치르고 싶은 사람이 있으면 말하라."

서문표가 선언하자 모였던 농민들은 깜짝 놀라면서도 그에게 감사했고 관개공사에 열심히 임했다고 한다.

어느 날 문후는 서문표의 부정축재를 호소하는 사람의 이야기를 듣고 그의 관직을 박탈하려고 했다.

"제가 잘못했습니다. 마음 잡겠으니 다시 한번 기회를 주십시오."

문후는 서문표를 불쌍히 여겨 해임을 철회했다. 업으로 돌아온 서문표는 농민들에게 중세를 가하고 열심히 문후의 측근에게 뇌물을 바쳤다. 그 후 서문표가 문후에게 보고하러 가자 성문 앞에서 문후가 마중을 나와 서문표를 칭찬했다. 그러자 서문표가 말했다.

"황제를 위해서 온 힘을 다해 통치했지만 해임될 것 같았기에 측근들

을 위해 통치했더니 칭찬을 받았습니다. 저는 누구를 위해서 일하는지 모르겠사오니 관직은 반납하겠습니다."

그는 어디로 가는지도 모르게 떠나버렸다. 문후는 자신의 어리석음을 깨닫고 서문표를 찾게 했지만 그의 행방은 알 수 없었다.

서문표의 관개공사 덕택에 업은 훗날까지 크게 번성했고 그로 인해 서문표의 사당이 하천 부지에 많이 만들어졌다. 조조는 유언으로 '내가 죽으면 서문표의 사당 서쪽에 묻어달라'고 명령했다. 자신과 똑같이 미신을 타파하는 합리적인 서문표에 대해 조조는 존경과 함께 친근감을 느꼈을 것이다. 조조가 유능한 신하였다면 서문표처럼 되지 않았을까?

▲ 서문표의 사당(허난성 안양시)

16 어떻게 필승 패턴을 만들어놓을 것인가

고매전필극, 군무행승. 【위서 무제기 주】

이 때문에 싸울 때마다 반드시 이겼고 요행으로 이기는 경우가 없었다.

한문 故每戰必克, 軍無幸勝.

영역 That is why Cao Cao wins by any means necessary whenever he fights; there is no such thing as a chance victory.

184년 '장사長社 전투'에서 황건적을 물리친 첫 출진부터 219년 사망하기 전해에 한중을 돈 유비와의 전투까지 조조는 약 40여 년에 걸쳐 다양한 적대 세력과 싸웠다.

이 주제의 문장에 따르면 조조는 백전백승의 '전승의 천재'라고 생각하기 쉽다. 그 대단한 조조에게도 평생에 네 번의 패전이 있다. 190년 동탁군의 선봉인 서영에게 크게 패배한 '형양滎陽 전투', 197년 '완성宛城 전투', 208년 '적벽대전', 219년 '한중전투'다. 승률이 약 90퍼센트에 달했기에 단순히 운이 좋아서라고 보기 어려울 정도로 훌륭한 전적이다.

손권은 그의 치세하에 18승 2패 4무로 승률은 약 70퍼센트, 유비는 13승 12패로 승률은 50퍼센트였다. 조조나 손권의 절반인 승률에도 불구하고 유비가 살아남을 수 있었던 이유는 있는 힘껏 버텨야 하는 상황에서 아슬아슬하지만 승리를 거뒀기 때문일 것이다.

서양으로 시선을 돌려서 '전승의 천재'라고 하면 나폴레옹이 생각난다. 루이니콜라 다부Louis-Nicolas Davout, 앙드레 마세나André Masséna, 장 란Jean Lannes, 미셸 네Michel Ney, 조아생 뮈라Joachim Murat, 루이 가브리엘 쉬셰Louis-Gabriel Suchet 등 수많은 유능한 원수, 장군을 거느렸다. 당시에는 돈으로 고용한 용병, 즉 비정규직 사원이나 아르바이트 병사로 구성된 군대가 주류인 가운데 나폴레옹은 국민군이라고 칭한 징병, 즉 정규직 사원으로 구성된 집단을 조직했다. 프랑스 국민을 국토방위, 국익 확대라는 대의명분으로 모집한 동지와 같은 군단이었기 때문에 매우 강력했다. 나폴레옹은 평생 38승 3패라고 하니 승률은 90퍼센트가 넘는다.

이렇듯 조조나 나폴레옹처럼 싸워서 패배하지 않는다는 것은 목숨을 건 승부를 전쟁터에서 하지 않기 때문이다. 이미 이길 수 있는 상황을 사전에 만들어놓은 후 마지막에 병사들을 움직이니까 이기는 것이지 전쟁터에서 형세 역전을 노리는 운명을 건 싸움으로는 기껏해야 승률이 30퍼센트 정도일 것이다.

조직의 대표는 승리하기 위해서, 위기를 예측하고 변화에 대처하기 위해 훌륭한 인재에게 끊임없이 대책을 세우도록 장려해야 한다.

이 주제의 문장에 이어서 조조는 '인물을 분간하는 눈이 날카롭고 가짜에 속지 않는다'고 평가받고 있다. 진짜 인재와 가짜 인재를 간파하는 능력을 연마할 기회가 젊을 때부터 풍부했을 것이다. 환관 집안에서 태어났기에 조조는 동시대의 리더가 갖는 상식, 선입견, 고

정관념에 사로잡히지 않는 유연한 발상과 사고를 기를 수 있었을 것이다. 조조는 모든 일의 진위를 간파하기 위해 자신의 편협한 '확신'을 철저하게 배제했다.

조직의 대표는 깊은 통찰력을 길러서 사람을 보는 눈을 갖추는 동시에 '선견지명'을 길러서 패배할 위기에 빠지지 않도록 해야 한다.

17 노력으로 정점을 찍는다

억가위비상지인, 초세지걸의. 　　　　　　【위서 무제기】

애당초 뛰어난 인물, 시대를 초월한 영웅이었다.

한문　抑可謂非常之人, 超世之傑矣.

영역　First of all, Cao Cao was an extraordinary human being, a larger-than-life hero.

문무를 겸비한 비범한 재능을 발휘한 조조에 대한 《삼국지》의 저자 진수가 남긴 평이 바로 이번 주제의 문장이다. 220년에 사망한 조조가 1800년 후의 현대인과 같은 합리적인 생각을 하며 뛰어난 리더십을 겸비했다는 사실에 새삼 놀라움을 느낀다.

조조의 훌륭한 점을 단적으로 설명하자면 '영지나 성, 재물'과 같은 하드 파워가 아니라 뛰어난 '인재의 지혜'와 같은 소프트 파워를 중시한 점이겠다.

조조는 당시로는 가장 신분이 높은 계층에 속했는데 '탁류(무뢰배)'로 간주되던 환관의 손자였기 때문에 '청류(명문가)'로 불린 정통파 고관들의 자제, 즉 명문 출신의 원소처럼 일족 중에 요직에 앉은 사람이 많은 것 외에도 다양한 부조와 편의로 추천한 은혜를 베푸는 사람들로 구성된 거대 네트워크를 가진 엘리트 일족과는 일선을 그었다.

양조부 조등도 그의 인격과 노력으로 시대의 흐름을 타서 환관 세계에서 최고 자리에 올랐고, 부친 조숭도 고결한 인격을 유망하게 보고 조등의 양자가 되어 관료 세계에서 최고에 이르렀다.

조조는 인간이라는 존재는 혈통주의가 아니라 개인의 기지에 따른 실력주의여야 한다는 것, 본인의 노력으로 성장하며 대업을 이루려면 많은 사람의 지혜를 모아야 한다는 사실을 일찍부터 깨달았다.

— 오예지당이吾預知當爾, 비성야非聖也, 단경사다이但更事多耳. (나는 미리 이렇게 될 것을 알았다. 성자는 아니지만 단지 경험한 일이 많을 뿐이다.)

조조는 자신이 신과 같은 '선견지명'을 가졌다고 남들에게 존경을 받았지만 단순히 경험이 풍부했을 뿐이라며 만년에 겸손하게 말했다. 하지만 조조는 속이 꽉 차고 꾸밈없으며 심신 모두 건강해서 다른 누구보다도 열심히 공부하는 사람이었다.

— 주즉강무책晝則講武策, 야즉사경전野則思經傳. (낮에는 무책을 강구하고 밤에는 경전을 생각한다.)

전쟁터에서 낮에는 계략을 짜내고 밤에는 시상이 떠오를 때마다 죽간에 적은 문무를 겸비한 인물이다.

농담을 지나치게 자주 하는 탓에 조조는 종종 경박하다는 비난을 받았다고 한다. 중신들과 연회를 열며 배를 잡고 크게 웃는 바람에 머리 위에 쓴 관을 국에 처박아 등까지 홀딱 적신 조조. 성인군자인 척하지 않는 인간다운 면은 오늘날의 조직에서도 훌륭한 리더가 되는 데 유리하게 작용하지 않을까?

조조는 냉정하고 결단력을 갖췄으며 감정 조절을 잘하고 합리적인 생각을 터득한 인물이었다. 또한 자신보다 뛰어난 인재에게 늘 경의를 표하며 그 의견에 순순히 귀를 기울이는 재능으로 스스로 운을 불러들여 인생을 개척하고 천하와 후세에까지 이름을 퍼뜨린 리더가 되었다. 현대 조직의 리더도 조조를 조금이라도 닮아서 손해 볼일은 없을 것이다.

몸집이 작고 두통을 달고 산 조조

조조가 몸집이 작은 남자였다는 사실은 사서에도 기록되어 있어서 유명하다. 2008년 허난성 안양시에서 발견된 조조의 무덤에서 남성의 두개골을 살펴본 결과 키가 155센티미터로 추정되었다.

조조는 꽤 지독한 두통을 앓아서 머리를 식히기 위해 석제 베개를 애용했다. 그의 사인도 뇌종양이 아닐까 추정되며 뇌전증이 있었던 것이 아닐까 지적되기도 한다. 뇌전증은 뇌세포에 이상한 신경 활동을 일으켜서 발작 증상을 동반하는데 뛰어난 아이디어와 날카로운 두뇌를 가진 사람에게 나타난다는 경향이 있다. 역사를 들추어 보면 소크라테스, 알렉산더대왕, 율리우스 카이사르, 나폴레옹 보나파르트 등 위인들의 이름이 열거된다.

조조의 숙부는 매사냥과 투견에 정신이 팔린 조조를 보고는 장남과 일족의 장래를 걱정한 나머지 부친인 조숭에게 여러 번 고자질했다고 한다. 난처해진 조조는 결국 계략을 생각해낸다.

어느 날 길에서 숙부와 만난 조조는 갑자기 일부러 얼굴을 찡그리며

◀ 거대한 조조상(허난성 쉬창시許昌市)

▶ 안후이성 보저우시에 있는 조조가 20대에 은둔했을 때의 초가집 흔적

◀ 업의 도성 흔적(허베이성河北省 한단시邯鄲市)

▶ 말 위의 조조상(허난성 쉬창시)

입을 오므리고 거품을 물며 중풍 발작을 일으켜 쓰러졌고 숙부에게 도움을 구했다. 숙부는 당황해서 조숭에게 알렸고 부친도 걱정하지만 이내 조조는 평소와 똑같은 얼굴을 하며 나타났다. 중풍 발작을 걱정한 부친이 묻자 조조가 입을 열었다. "중풍이요? 숙부님은 있는 일 없는 일을 다 말해서 저를 비난하니 곤란합니다." 마침내 조숭은 그 숙부의 고자질을 전혀 믿지 않게 되었고 조조는 다시 마음껏 행동하고 다녔다고 한다.

잘 생각해보면 조조는 뇌전증 발작을 실제로 일으켰고 우연히 이를 목격한 숙부의 반응을 역이용해서 부친과 숙부의 신뢰 관계를 무너뜨린 것이 아니었을까? 중풍을 연기했다기보다는 원래 뇌전증 발작을 일으켰다고 하면 쉽게 이해할 수 있다.

18 리더의 합리적인 사생관

사유일관지토. 【위서 무제기 주】

관속의 흙이 될 뿐이다.

한문 死唯一棺之土.

영역 Human beings only return to the earth upon their deaths.

조조의 아들인 조비는 조조의 훌륭한 특질을 완벽하게 물려받은 리더의 그릇을 가진 자로 동서고금에서도 보기 드문 뛰어난 2세 경영자의 본보기다.

'세키가하라関ヶ原 전투'에서 승리한 후 도쿠가와 이에야스德川家康가 자신의 후계자로 유키 히데야스結城秀康, 도쿠가와 히데타다秀忠, 마쓰다이라 다다요시松平忠吉 중 성인 남자 누구를 선택하느냐로 골머리를 썩인 것과 마찬가지로 조조도 변부인 사이에서 태어난 조비, 조창曹彰, 조식曹植 중 누구를 선택하느냐로 고민한 일은 유명하다. 조조의 뛰어난 지략을 물려받은 조비, 용감무쌍함을 물려받은 조창, 교묘한 글재주를 물려받은 조식은 모두 한 가지 기예에 뛰어난 조조의 자랑스러운 아들이다.

도쿠가와 이에야스는 스스로 정이대장군이 되어 에도 막부를 열어 태평한 세상을 목표로 한 점에서 무장으로서 뛰어난 히데야스나 다다요시보다 다른 형제와 비교해서 대장으로서의 역량은 조금 떨어지지만 온후하고 성실한 히데타다를 선택했다. 오사카성에 도요토미 가문이 남아 있었지만 천하를 거의 수중에 넣은 이에야스는 평상시의 경영에 능한 인재를 후계자로 삼은 것이다.

한편 조조는 천하의 70퍼센트를 장악한 패자였지만 경제적 번영을 구가하는 강동을 다스리는 손권, 끈질기게 살아남는 익주의 유비 등 강력한 적대 세력이 존재했기에 자신과 똑같이 지략에 능통하고 난세의 경영에 뛰어난 조비를 최종적으로 후계자로 지명했다.

늘 조조는 '나는 주나라 문왕과 같으면 된다'고 명확히 말했고 꼭 두각시로 있던 후한의 헌제를 폐위하고 황제 자리를 찬탈한다는 소문을 늘 부정한 것은 앞서 주제 14에서 다뤘지만 이 말은 뒤집으면 자신의 아들이 은나라 주왕을 참살하고 주나라를 건국한 무왕(문왕의 아들)이 되면 된다고 생각한 것이다. 문인으로서는 아들보다 위인 조조의 시호는 아이러니하게도 '무제', 조비의 시호는 '문제'이며 주나라의 문왕, 무왕 부자와는 반대가 되었다.

조비가 아버지 조조의 자질과 성격을 물려받은 꼭 닮은 부자라고 단언할 수 있는 것은 둘 다 미인을 좋아하고 글재주가 있었다는 점이다. 또한 이 주제의 문장은 조비가 조조와 똑같이 합리적인 사고의 소유자임을 명확하게 나타낸다. 역병이 대유행했을 때 왕랑에게 보낸 편지 중에서 조비는 이 주제의 문장을 써서 자신의 '사생관'에 대해 말했다.

동란 시대에 수많은 죽을 고비를 넘으며 살아남은 사람만이 이르는 경지인지 조조나 조비의 '죽으면 끝'이라는 생각은 1천 년 이상의 시간을 뛰어넘은 오다 노부나가나 가쓰 가이슈勝海舟의 합리적 리더의 사고와도 비슷하다.

어떤 조사에 따르면 현대에는 일본에서 40퍼센트, 미국에서 30퍼센트, 중국에서 10퍼센트의 사람들이 윤회사상을 믿는다고 한다.

19 승리를 계속 추구한다

주이추지, 이일대로, 전승지도야.　【위서 명제기】

퇴각하는 적을 쫓는다면 적이 지칠 때까지 편안하게 기다려서 피곤해진 병사를 베는 것이 승리의 비결이다.

한문　走而追之, 以逸待勞, 全勝之道也.

영역　Anyone can defeat an exhausted enemy by using energetic soldiers to drive the enemy to retreat. This is the essence of victory.

226년 5월 40세의 나이로 문제 조비가 붕어하고 명제 조예가 위의 2대 황제가 되었다. 황제로 즉위하자마자 모친 견甄씨의 명예를 회복하기 위해 '문소황후'라고 황후 지위와 시호를 내렸다. 어머니는 조예가 16세 때 문제 조비의 분노로 죽임을 당했기 때문이다.

명제 조예는 미인으로 알려진 어머니를 닮아서 외모가 매우 수려하고 장신이었으며 바닥에 닿을 정도로 아름다운 긴머리를 가졌다. 중신들이 쉽게 말을 걸기 어려운 위엄과 풍격을 어릴 때부터 갖췄다고 한다.

어머니는 조비의 측실이 되기 전에 원소의 아들인 원희의 아내였기 때문에 체격이 좋고 풍채가 좋다고 알려진 원소의 피를 조예가 물려받은 것이 아니냐는 의심이 늘 따라다녔다. 모친의 사후에는 미묘한 입장에 계속 놓였고 부친인 문제 조비는 감기가 악화되어 죽기 직전까지 후계자를 좀처럼 지명하지 않았기에 조예는 늘 긴장하며 지내야 했다.

'명'이라는 시호는 명민한 두뇌를 갖추고 뛰어난 정치를 한 인물에 대한 미시인만큼 정말로 조예는 매우 현명한 리더였다. 조부인 조조가 주석을 단《손자》등의 서적에서 자주 배웠기 때문에 실전에서 리더로서의 행동도 어느 정도 이해했을 것이다.

228년 제갈량이 첫 '북벌'을 일으켰을 때 명제 조예는 낙양에서 장안으로 친히 정벌하러 나갔고 '가정 전투'에서는 전선에서 끊임없이 들어오는 보고를 들으며 촉에서 산을 넘어 겨우 빠져나온 제갈량에 대해 이렇게 말했다.

— 지진이부지퇴知進而不知退. (앞으로 나아갈 줄만 알고 물러날 줄은 모른다.)

이처럼 조예는 상대방을 조금만 꾀어내면 함정에 빠뜨릴 수 있다고 단언했고 위는 촉을 격퇴하는 데 성공한다. 이후 제갈량의 다섯 번에 걸친 '북벌'을 막은 것은 명제 조예가 부친과 조부 이래의 선임 장군을 신뢰하며 성공적으로 기용한 성과이기도 하다. 234년에 사마의가 제갈량과 오장원에서 대치했을 때 등 정확한 명령을 편지에 써서 전선에 있는 사마의에게 주기도 했다.

'수비를 단단히 하고 적의 기세를 꺾어서 지구전으로 몰고 가면 제갈량은 촉으로 돌아갈 수밖에 없을 것이다'라고 쓴 후 이 주제와 같은 문장으로 철수하는 적을 추격하며 섬멸하라고 지시했다.

234년에 제갈량이 죽자 외압을 막은 자신감과 안도감으로 긴장이 풀렸는지 조예는 사치와 쾌락에 빠졌고 궁전을 몇 개나 지어 국비를 낭비했다. 그리고 그로부터 불과 5년 후인 239년 34세의 나이로 요절하고 만다. 좀 더 오래 살았다면 명제라고 불리는 선정의 기억도 남지 않았을지 모른다.

조조에게 '태조', 조비에게 '고조'라고 묘호를 정한 명제 조예는 '열조'라고 생전에 자신의 묘호를 예외적으로 결정했기 때문에 그다지 긴 생애를 보낼 생각이 없었던 것은 아닐까?

20 검소하고 견실함을 명심한다

취기상자위탐, 취기하자위위, 고취기중자. 【위서 후비전】

그래서 나는 중간급의 물건을 선택했다.

한문 取其上子爲貪, 取其下子爲僞, 故取其中者.

영역 That is why I select the average quality product.

조조의 정실 또는 측실로 인정받은 여성은 13명을 꼽는다. 그러나 중국뿐만 아니라 전 세계의 영웅이나 제왕과 비교하면 비교적 적은 편일지 모른다.

조조는 자식이 딸린 아름다운 미망인을 좋아했는지 하진의 며느리 윤씨와 고지식하다고 평가받는 관우도 원했다고 하는 진의록秦宜祿(여포의 부장)의 부인 두씨를 자신의 첩으로 삼았다. 이런 시대에도 상관없이 조조가 대단한 것은 윤씨가 데려온 아들 하안何晏, 두씨가 데려온 아들 진랑秦朗을 거둬서 자신의 양자로 삼았고 친자인 조비 등과 마찬가지로 함께 키웠다는 점이다. 실제로 조조는 '나처럼 남의 자식을 예뻐하는 의붓아버지는 없을 것이다'라고 자화자찬했다.

또한 원소의 아들인 원희의 부인 견씨는 절세미녀로 이름이 높아서 당시 원씨의 본거지인 업을 함락했을 때 아들 조비에게 먼저 빼앗겨 분하게 여겼다는 이야기가 있다.

197년 조조가 남양군을 침공했을 때 가후賈詡의 진언에 따라 장수張繡가 조조에게 항복한다. 그러나 장수는 숙부의 미망인과 정을 통한 조조를 기습했고 조조는 장남 조앙曹昂과 조카 조안민曹安民에 더해 용장 전위典韋까지 잃고 만다. 사실 장수가 계획한 미인계에 걸린 것일 수도 있지만 여자에게 정신이 팔려 장남을 잃었다는 엄청난 실수를 저지른 조조에게 정이 떨어져서 정실이었던 정부인은 친정으로 돌아간다.

정부인 후에 조조의 정실 자리에 오른 인물은 변부인이었다. 원래는 노래를 잘하는 아름다운 창기로 스무 살 때 조조의 측실이 된 변부인은 검소하며 화려함을 좋아하지 않았다고 한다. 일본 메이지 시대의 원훈인 이토 히로부미伊藤博文, 기도 다카요시木戶孝允, 무쓰 무네미쓰陸奧宗光 등의 부인이 기생 출신이었다는 사실을 생각하면 그다지 위화감이 들지 않는다.

긴자 클럽의 호스티스라고 하면 예전에는 금이야 옥이야 사치스러운 이미지가 있었는데 견실하고 성실한 여성이 그 세계에서는 성공한다. 변부인도 미인이었지만 조심스럽고 매우 현명한 여성이었던 듯하다.

어느 날 조조에게 멋진 귀걸이 몇 개가 헌상되었다. 조조가 변부인에게 좋아하는 물건을 고르라고 하자 변부인은 가장 비싸지도 싸지도 않아 보이는 적당한 물건을 선택했다. 조조는 느끼는 바가 있었는지 왜 이것을 골랐는지 물었다.

"비싼 물건을 고르면 탐욕스럽게 여길 것이고 값싼 물건을 고르면 억지로 위선을 떤다고 여길 것이기 때문입니다"라고 말한 후 이 주제의 문장으로 대답했다.

조조는 집안 여성들에게는 비단에 자수를 놓은 화려한 복장을 허용하지 않았고 병풍이나 휘장이 망가지면 보수하거나 이불도 따뜻하면 그만이라며 절약을 가장 먼저 생각했다고 한다. 조조는 속이 꽉 차고 꾸밈없으며 심신 모두 건강한 사람이었을까? 아니면 단순히 검약가였을까?

21 절개와 의리를 다해서 살아간다

노부변용, 희불실절, 고시최위난. 　　　　【위서 후비전】

화가 나도 얼굴빛을 바꾸지 않고 기뻐도 절도를 잃지 않는 것은 좀처럼 할 수 없는 일이다.

한문　努不變容, 喜不失節, 故是最爲難.

영역　Whether she is angry or happy, the most difficult thing for her is to maintain her composure.

조조와의 사이에 조비, 조창, 조식이라는 뛰어난 세 아들을 낳은 변부인은 서주 낭야군 개양현開陽縣(산둥성 린이현) 사람으로 조조의 고향인 초에서 조조의 눈에 들었다. 첫째 아들 조비가 조조의 후계자로 뽑혔을 때 궁녀들이 변부인에게 축하의 말을 건네자 그녀는 남편이 가장 나이가 많은 조비를 선택했을 뿐이라며 서두를 말하고

　— 아단당이면무교도지과我但當以免無教導之過, 위행이爲幸耳. (나는 단지 자식 교육을 제대로 시키지 못했다는 허물을 면하여 다행일 뿐이다.)

　"내 교육에 잘못이 없으면 다행입니다"라고 말하며 축하연 따위는 열 생각이 없다고 밝힌다. 이를 궁녀에게서 들은 조조는 이 주제의 문장으로 만족스럽게 변부인의 성격을 평가했다.

정식 사서에 영웅인 조조가 첩과 나눈 정사 이야기가 당당하게 기록되어 있는데 조조라는 사람은 조직 운영을 위해서 뛰어난 인재를 열심히 끌어모았지만 가정의 운영을 위해서도 훌륭한 인재를 모았던 모양이다. 조조가 리더로서는 물론 평범한 인간으로서도 매우 매력적인 인물이었다는 증거가 아닐까?

편의적으로 변부인이라고 기록했지만 219년에 조조가 위왕으로 나섰을 때 '부인'에서 왕후가 되었고 조조가 사망하자 왕태후가 되었다. 220년 조비가 황제로 즉위했기에 변부인은 황태후가 되었으며 226년에 조예가 즉위했을 때는 태황태후가 된다.

2009년 허난성 안양시에서 발견되어 조조의 묘라고 인정된 고릉에는 조조의 두개골 일부 외에도 두 여성의 유골이 발견되었다. 확실히 생전에는 미인이었을 것이라고 고고학자가 말한 유골 중 하나는 스무 살 전반, 또 하나는 장년 여성으로 판정된 점에서 젊은 쪽은 조조의 첫 번째 정실인 유부인, 장년 쪽은 변부인의 것으로 간주한다.

황제가 된 아들 조비가 병으로 쓰러졌을 때 변 황태후가 문병하러 찾아간 일화가 남아 있다. 조비의 궁전에 들어가자 조비를 모시는 궁녀들의 얼굴을 보고 변 황태후는 말을 잃는다. 조비의 측실들은 전부 조조의 후궁으로 있던 여성들이었다. 기가 막힌 변 황태후는 '너희들은 언제부터 황제를 모셨는가'라고 묻는다.

"선제(조조)가 돌아가신 후부터 바로 모셨습니다."라는 대답을 들은 변 황태후는 아들의 병이 걱정되어 뛰어왔지만 그런 부정한 행동을 하는 불효자라면 천벌도 당연하다고 크게 분노하며 아들의 얼굴도 보지 않고 발길을 되돌리고 말았다. 그리고 조비가 죽을 때까지 변 황태후는 두 번 다시 문병을 가지 않았다고 한다. 변 황태후는 절개와 의리를 분별한 사람이었다.

조비는 조조의 훌륭한 자질뿐만 아니라 그 성벽까지도 잘 물려받은 모양이다.

22 리더의 자만심이 부르는 위기

부권불실기, 공재속첩.　　　　　　　　　【위서 원소전 주】

기회를 놓치지 않고 빨리 움직이면 성공을 거둘 수 있다.

한문　夫權不失機, 功在速捷.

영역　Victory is yours if you move fast and do not miss the opportunity.

위의 실질적 건국자인 조조는 200년 '관도대전'에서 승리하기 전까지 하북 4주의 지배자인 원소를 상대로 상당히 열세에 놓여 있었다. 광대하고 풍부한 영지뿐만 아니라 뛰어난 인재가 원소 곁에 구름같이 모였기 때문이다.

원소는 증조부 대부터 후한의 중신이 되는 인물을 여럿 배출한 명문가 자제였기에 큰 인적 네트워크를 구축하고 있었다. 원씨에게 추천을 받아 관직에 오르거나 요직에 취임하거나 실각 위기에서 도움을 받은 사람들이 후한의 고관 중에 많았다.

또한 젊었을 때 원소는 매우 겸손했으며 기풍이 좋고 풍류를 즐기는 남자들과 적극적으로 교제해서 인맥 만들기에 힘썼기에 후한 말

혼란에 종지부를 찍는 새로운 리더로 기대를 받으며 많은 지지를 받았다.

190년에 수도에서 먼 동쪽 발해군渤海郡(허베이성 창저우시滄州市)에서 원소가 동탁을 타도하기 위한 군사를 일으켰을 때 이웃하는 기주목인 한복도 동조한다. 당시 원소는 물자 조달이 잘 안 되어 한복에게 의지했다. 기주는 무장병 100만, 군량 10년 치가 있다고 알려진 풍요로운 지역이었는데 신중파인 한복은 원소 일족에게 추천을 받아 후한의 관료가 된 터라 원소를 염려했는지 계략에 의해 기주 땅을 원소에게 쉽게 양도한다.

그 한복을 섬긴 저수가 원소의 부름을 받았을 때 다음과 같이 진언한다.

"기주를 손에 넣어서 천하에 명성이 퍼진 지금 황하 북쪽에 있는 4주를 평정해서 뛰어난 인재를 모으십시오. 강력한 병력을 배경으로 임금을 장안에서 모셔와 천하에 호령하면 전장에서 맞설 자는 없어질 것입니다."

이 말을 들은 원소는 '내 뜻과 같다'라며 기뻐하며 저수를 즉시 감군 분위장군으로 임명하고 자신의 참모로 내세운다. 그러고는 곧 하북 4주를 장악하며 기세를 탔고 업(허베이성 한단시 교외)을 본거지로 정하고 후한의 헌제로부터 대장군, 업후로 봉해진다.

"지금이야말로 후한의 황제를 모시는 것은 최고의 정의이며 최대의 기회입니다."

이렇게 말한 후 저수는 이 주제의 문장으로 기선을 잡는 사람이 나오기 전에 행동하라고 재촉했다. 그러나 원소는 저수가 세운 계책을 거절한다. 동탁이 옹립한 헌제의 정당성에 대해 의문을 보인 원소는 후한 황제의 권위는 필요 없다고 자만했기 때문일 것이다. 그 틈에 헌제는 경쟁 상대인 조조가 모셔갔다.

　큰 경영 목표를 세우며 일정한 수준에서 성공을 거두면 어떻게든 이유를 대서 처음의 큰 뜻을 잊고 우쭐대는 리더가 생기게 마련이다. 이런 리더는 현대에도 수두룩하다.

23 큰 사업을 이루기 위한 큰 뜻

병의무적, 교자선멸.　　　　　　　　**【위서 원소전 주】**

대의명분이 있는 구성원은 크게 성공하지만 교만함으로 우쭐대는
사람은 멸망할 뿐이다.

한문　兵義無敵, 驕子先滅.

영역　Soldiers with just causes will be inbincible; soldiers
with arrogance will be extinct.

저수는 대업을 이루려면 '정통성'의 확보, '대의명분' 표방, '사람들의
지지'를 얻어야 한다고 늘 원소에게 간언했다. 앞서 말한 3요소는 오
늘날에도 성공을 위해 꼭 필요하다.

　— 혼란을 구하고 포악한 자를 응징하는 것을 의병이라 부르며
머릿수만 믿고 무력에만 의존하는 것을 교병이라고 합니다.

　이렇게 먼저 말한 후 이 주제의 문장으로 저수는 공손찬을 무찌르
고 유주(베이징시 허베이성)를 병합해서 조조를 단번에 공격하려고 하
는 원소에게 경종을 울린다. 그러나 저수의 제언을 신중론이라며 반
대하는 심배와 곽도의 의견을 채용한 원소는 출병을 결단한다.

　"조조는 뛰어난 전략을 갖췄고 황제를 옹립했다. 우리는 공손찬을

이겼을 뿐이지만 장병은 지친 데다 원소가 교만해져서 우쭐대고 있다. 우리 군은 패배할 것이다."

저수는 아우에게 속마음을 토로했다. 황제의 명령을 받은 조조에게는 잘 훈련된 정예 병사가 있어서 원소군이 아무리 수가 많아도 대의명분이 없으면 패배할 것이라는 뜻이다.

후한 영제 시절에 원소나 조조와 마찬가지로 '서원팔교위'라는 8명의 기백이 날카로운 청년 장교로 뽑힌 조융趙融이라는 인물이 있었다. 하북 4주를 지배하에 두고 의기양양한 원소가 자신의 영토 안에 사는 현자를 불러들이면서도 형식뿐인 후대만 하는 모습을 본 조융이 지적한다.

"큰 뜻이 있는 리더는 뛰어난 인재의 희망입니다. 대업을 이루려면 사람들의 지지를 잃지 않도록 해야 합니다. 그렇지 않으면 일을 이루기 어려울 것입니다."

확실히 젊은 원소는 마음에 큰 뜻을 품었고 대장군 하진의 부관으로서 후한의 궁정을 좌지우지한 환관을 모두 죽이는 행동력도 갖췄다. 또한 동탁이 권력을 장악해서 원소를 후대하려고 했을 때도 '동탁에게 정의는 없다'며 권유를 차버리고 도망칠 정도의 기개도 가졌다.

또한 192년 원소가 공손찬과 싸웠을 때 기병 2천의 적에게 소수의 호위와 함께 포위당했을 때 참모인 전풍이 원소를 그늘에 숨기려고 하자 원소는 투구를 땅바닥에 내동댕이치며

— 싸우다 죽는 것은 무인으로서 당연하다. 울타리 밑으로 도망쳐서까지 살아남고 싶지 않다!

라고 외치며 적 앞으로 뛰쳐나가 싸우던 중 도착한 아군에게 구출

된 일화도 있다. 하지만 용감하고 훌륭한 기량이 있는 리더였던 원소도 권력을 잡기 시작하며 조직이 커지는 것과 반비례하듯이 점점 겸손한 자세와 뛰어난 재능을 잃는다.

오늘날도 상황은 비슷하다. 벤처 시절에는 인품도 좋고 겸손하며 기백이 날카로운 젊은 경영인이 시류를 타고 매스컴에 주목받게 되자 화려한 생활에 취해 언동이 변화하고 거만해지는 경우다. 날카로운 판단력으로 경영하지 못하는 것은 당연하다.

24 리더는 전술에 말참견하지 마라

승부변화, 불가불상.　　　　　　　　　　【위서 원소전 주】

승부는 변화하는 것이므로 상세히 결정해서 덤벼야 한다.

> 한문　勝負變化, 不可不詳.
>
> 영역　Games of chance bring about unexpected changes; thus, you must never presume their results.

'전략', '전술', '전법'의 차이를 명쾌하게 정의한 말로 다음의 말이 유명하다.

　— 전략에 따른 실수는 전술로 보충하기 어렵고 전술에 따른 실수는 전법으로 보충하기 어렵다.

　이는 손자와 시저, 나폴레옹, 클라우제비츠의 명언이라고 누구나 생각할 텐데 사실 출전이 명확하지 않다. 제국 육군 참모 본부에서 나온 말일 수도 있는 것은 비운의 대본영 참모로 여긴 호리 에이조堀米三가 그의 회고록이라고도 할 수 있는 저서에서 이 말을 했기 때문이다.

　'하나의 전략 아래서 전술과 전법은 얼마든지 변경해도 되지만 전법의 국면이 아무리 불리해도 전술과 전략을 거스를 수 없으며 전법의 형편에 맞춰서 전략을 변경하면 절대로 안 된다'

리더의 의사 결정이 얼마나 절대적인 영향을 발휘하는지 설명하는 말이다.

이사회에서 결정한 사장 방침이 잘못되면 부장이 아무리 노력해도 보충할 수 없고 평사원이 분투해도 만회할 수 없다. 조직에서 전략을 최종적으로 결정하는 것은 전쟁이든 기업 경영이든 리더다. 리더가 잘못된 전략을 세우면 아무리 우수한 전투력, 즉 영업 능력을 가졌다 해도 보완할 수 없다는 뜻이다.

두뇌가 명석하고 달변가인 리더는 직접 계획한 전략을 확실히 실행시키기 위해서 이것저것 사소한 일까지 머릿속에서 가정하여 전술과 전법까지 결정하기 쉽다. 그러나 전략을 결정한 리더가 전술에 참견하면 안 되는 이유가 이 주제의 문장에 명확하게 나타나 있다. 이 말로 저수는 원소에게 충고했다.

리더의 책임은 최대한 잘못된 전략을 선택하지 않는 것이다. 또한 철수도 전략의 하나임을 이해해야 한다. 그런데 대외적인 허세나 자신의 자존심 때문에 이 결단 시기를 놓치는 리더가 많은 것도 현실이다. 이론이나 반론을 들을 여유를 갖고 리더가 '벌거벗은 임금님'이 되지 않도록 자각하는 것의 중요성을 몸소 배워야 한다.

원소는 '관도대전'에서 조조와 최종 단계에서의 결판을 낼 때 열배나 되는 병력을 보유했기에 압도적인 힘으로 절대적인 승리를 확신하며 전군에게 총공격을 명령한다. 대군이라도 승부에 나서는 것은 시기상조라서 일단 1군을 선봉으로 돌격하게 하고 위험을 분산한 후에 신중하게 최종 결전을 청해야 한다며 저수는 명령 철회를 진언하지만 원소는 이를 거절한다.

원소군이 크게 패하자 저수는 조조군에게 붙잡힌다. 조조는 구면인 저수를 예전부터 높이 평가했기 때문에 참모로 받아들이려고 설득을 시도한다. 저수는 조조를 섬길 마음을 전혀 보이지 않았고 틈을 봐서 도망치려다가 추격대에게 붙잡혀 참살당한다. 자신의 신념과 절개와 의리를 끝까지 굽히지 않고 목숨을 버린 '열사(영웅)'로서 저수는 후세에까지 이름을 남기게 되었다.

25 허심탄회해질 수 없는 리더의 어리석음

고군귀심재, 신상량주.　　　　　　　　　【위서 원소전 주】

리더에게는 구성원의 재능을 분별하는 것이 중요하며 구성원에게
는 리더의 기량을 잘 파악하는 것이 중요하다.

[한문] 故君貴審才, 臣尙量主.

[영역] It is important for a leader to distinguish the talents
of followers, and it is also important for followers to
select the right leader.

원소의 참모였던 순욱과 곽가는 원소의 마음이 좁다는 것을 간파해
서 서둘러 가망이 없다고 단념하고 조조에게로 옮겨간다. 이 두 사람
은 조조의 조직에서 투 톱이 되었고 참모로 뛰어난 업적을 쌓는다.

끝까지 원소를 배신하지 않고 섬긴 사람은 저수와 전풍이라는 두
참모뿐이다.

"조조는 장병을 교묘하게 조종하며 다양한 전법을 구사합니다. 병
사 수가 적다고는 하나 얕잡아 볼 수 없습니다. 지구전으로 몰고 가
면 상대는 지치므로 2년 안에 승리할 수 있을 것입니다."

저수와 마찬가지로 전풍은 많은 병사 수를 배경으로 투지 있게 천
하를 겨루는 일전으로 몰고 가려는 원소에게 반대한다. 이 간언에 크

▲ 관도고전장官渡古戰場 유적의 비
(허난성 정저우시)

▲ 정비 발굴 중인 조조의 능묘
(허난성 안양시)

▲ 전·조비의 의관총(허난성 뤄양시)

▲ 위의 명제릉(허난성 뤄양시)

게 분노한 원소는 전풍을 감옥에 처넣는다. '관도대전'에서 원소군
의 패배 소식을 감옥 안에 있는 전풍에게 알린 사람이 "이로써 전풍
님도 중히 쓰이겠네요"라며 축하의 말을 건넸다고 한다. 전풍은 원
소의 편협한 성격을 잘 알았기에 이렇게 대답했다. "만약에 전투에서
이겼다면 목숨은 건질 수 있겠지만 전투에서 패했다면 죽임당할 것
이다." 곧 본거지인 업으로 도망쳐 돌아온 "전풍의 진언을 채용하지

않았기 때문에 이런 치욕을 받게 되었다"라고 말하자마자 전풍의 처형을 명령했다. 이때 전풍에게 사죄하고 참모로 재등용하는 기량이 있었다면 원소도 202년에 고민하다 죽을 일도 없었을 것이다.

자존심이 강해서 반성하지 못하는 리더일수록 끝이 안 좋다. 일단 권력을 잡으면 이런 리더는 끝까지 발버둥치며 권력의 자리에 매달려 여러 사람에게 민폐를 끼치는데 이는 현대의 조직에서도 마찬가지다.

동진(위 다음 서진의 후계 정권)의 역사가이기도 한 손성孫盛은 저수와 전풍의 지략이 한고조 유방을 섬긴 명 참모 장량張良과 진평을 능가하는데도 섬길 인물을 잘못 선택했다고 이 주제의 문장으로 지적했다. 리더가 충성심이 뛰어난 인재를 임용하면 대업을 이룰 수 있지만 뛰어난 인재가 편협한 리더를 섬기면 당연히 멸망한다는 뜻이다.

리더를 섬기는 보좌역, 참모역에게는 춘추전국시대부터 관직에 오르거나 관직에서 물러날 권리가 주어졌다. 그런데도 저수나 전풍은 자신의 목숨을 돌아보지 않고 끝까지 원소를 배신하지 않고 죽음을 선택한 것이다. 이 또한 긍지 있는 '열사(영웅)'로서의 삶이 아닐까?

2

리더만이 갖추는 기량

26 시대에 들어맞은 리더십

치란자선권모 【위서 유표전 주】

난세라면 권모술수가 최고다.

> 한문 治亂者先權謀.

> 영역 Deception and artifice become predominant in chaotic times.

8척(한의 1척＝23cm, 약 184cm)이나 되는 장신에 수려한 풍모를 갖춘 유표는 지적이고 온화하며 호감을 주는 인물이었지만 남을 시기하고 쉽게 의심하는 리더였다. 유비의 자칭과 달리 유표는 전한 경제景帝의 4남인 노공왕魯恭王 유여劉余의 자손으로 당시에도 잘 알려졌다. 덧붙이자면 유방의 선조로 간주되는 중산정왕中山靖王 우승劉勝은 경제의 9남, 전한의 무제 유철劉徹은 경제의 10남이다.

142년 연주 산양군山陽郡 고평현高平縣(산둥성 지닝시濟寧市 위타이현魚臺縣)에서 태어난 유표는 환관을 배척한 엘리트들이 반격당한 '당고黨錮의 금禁' 때 환관을 반대하는 청류파의 젊은 유망주로 두각을 나타냈다. 대장군 하진의 참모를 맡아서 영제가 붕어한 후 형주자사

(호북湖北, 호남성湖南省의 장관)로 임명된다.

유표가 부임한 무렵의 형주에서는 크고 작은 호족이 서로 싸우며 중앙 정부에 반기를 들었다. 그래서 유표는 가장 힘 있는 호족 채모蔡瑁을 먼저 포섭하고 형주에서 존경받는 유학자 괴량蒯良, 괴월蒯越 형제에게 존댓말을 하며 가르침을 청한다. 그러자 이 형제는

— 치평자선인의治平者先仁義. (평화롭게 다스리는 자는 인의를 앞세운다.)

평화로운 시대에는 인의가 가장 중요하다고 말하며, 이 주제의 문장을 강조한다. 난세라서 호족들을 불러 모아 따르지 않는 사람은 베어 버리고 나머지는 회유해서 복종하게 하면 된다는 조언을 따라서 유표는 형주 전역을 평정한다. 그 후 광대하고 풍족한 영지와 10만 장병을 거느린 유표는 '인의를 가장 먼저 생각해서' 십여 년에 걸쳐 형주를 훌륭하게 경영했다.

형주에 침입해온 강동의 손견을 황조黃祖에게 명령하여 물리쳤으며 원소, 원술, 장수, 조조 등과 합종연횡을 반복해가며 형주의 평화를 지켜낸다. 왕찬王粲, 사마지司馬芝. 제갈현諸葛玄(제갈량의 숙부) 등 유표가 낙양 시절에 사귄 무리 외에도 사마휘司馬徽 등과 같은 명사도 계속 유표를 의지하며 형주로 모여들었다. 또한 유비도 201년부터 관대한 유표를 의지하며 조조가 침공하기 전까지 7년이나 형주에서 지냈다.

유표가 형주의 평화를 유지하며 수많은 훌륭한 인재를 끌어모을 수 있었던 것은 인의를 중히 여겼기 때문이다.

— 백성귀지여수지취하百姓歸之如水之趣下. (백성들이 귀의하는 것은 물이 아래로 흘러내려가는 것과 같다.)

괴량은 '인의가 가장 중요하다'고 하면 조직의 구성원이 되는 인재는 물이 낮은 곳으로 흐르듯이 얼마든지 모인다고 지적했다. 그리고 또다시 조언한다.

— 병부재다兵不在多, 재득인야在得人也. (병사는 많지 않으니 사람을 얻어야 한다.)

이 괴월의 제언을 유표는 평생 굳게 지켰다. 이 두 가르침은 현대 조직의 리더에게도 여전히 변함없는 경영의 요점이라고 해도 과언이 아니다.

27 조직의 구성원을 얼마나 믿을 수 있는가

부사군위군, 군신명정, 이사수지.　　　　【위서 유표전 주】

조직의 구성원은 조직을 위해 목숨 걸고 그 원칙을 끝까지 지킨다.

한문 夫事君爲君, 君臣名定, 以死守之.

영역 All members must follow his example of risking their life for the organisation.

형주 남양군 출신의 한숭韓嵩은 수경 선생이라고 불린 사마휘 밑에서 공부했다. 즉 서서徐庶, 방통龐統, 제갈량의 동문 선배에 해당하며 일찍이 유표의 부름으로 관직에 올랐다.

200년 '관도대전' 때 유표는 원소의 구원 요청에 따르면서도 출병하지 않았고 조조 쪽에 붙는 결단도 하지 않으며 그저 방관하기로 결심했다. 한숭은 다음과 같이 진언한다.

"원소와 조조가 대결하는 지금 천하의 추세는 유표 장군이 결단에 따라 달라질 것입니다. 장군이 천하를 노릴 뜻이 있다면 두 사람이 지칠 때를 틈타야 합니다. 그렇지 않다면 어느 한쪽에 복종하십시오. 10만 장병을 보유하고 있으니 중립은 어리석은 계책입니다."

이어서 한숭은 다음과 같이 제언한다.

"천하의 뛰어난 인재를 끌어모은 조조는 원소를 격파할 것이므로 지금 이 기회에 조조에게 귀순하면 조조는 유표 장군을 반드시 중히 여길 것입니다."

그러나 유표는 망설이며 결단하지 않고 실정 정찰을 하기 위해 한숭에게 사자를 명한다.

"성인은 유연한 삶을 분별하며 그에 버금가는 인간은 완고하게 삶을 지켜냅니다. 저는 제 삶을 지켜내는 자입니다. 리더를 섬기면 리더를 위해 일하는 것이 원칙입니다."

한숭은 그렇게 말한 뒤 이번 주제의 문장을 말한다. 그리고 이어서 이렇게 청한다.

"조조에게 투항하는 사자라면 좋겠지만 아직껏 결단하지 않았다면 조조는 저를 회유하기 위해 황제로부터 관직을 내려주게 할 것입니다. 그렇게 되면 저는 황제의 신하가 되며 유표 장군의 옛 신하가 되고 맙니다. 도의적으로는 장군을 위해서 죽지 못하게 됩니다. 부디 다시 생각하셔서 제 마음에 어긋나지 않게 하옵소서."

이 한숭의 말에 상관없이 유표는 한숭을 조조에게 파견하고 한숭은 조조의 위세를 직접 목격한다. 예상대로 후한의 관직을 하사받아 귀환한 한숭은 조조에게 인질을 보내어 귀순하기를 유표에게 권하지만 몹시 분노한 유표는 '배신자'라고 매도하며 처형하려고 한다.

"장군이 저를 배신한 것이지 제가 장군을 배신한 것이 아닙니다."

사자로 가기 전 한숭에게 들은 말을 생각해봤지만 유표의 분노는 가라앉지 않았다. 그러나 유표 부인의 중재로 다행히 한숭은 사형은 면하고 투옥 처분을 받았다.

정보가 이곳저곳에서 많이 모이는 조직을 이끄는 리더의 말과 행동은 의외로 쉽게 달라진다. 하지만 한편으로 리더는 조직의 구성원에게 늘 절대적인 충성을 바란다.

한숭의 말은 조직을 위해서 일하는 구성원을 절대로 의심하지 말고 끝까지 믿어서 임용하는 것이 리더에게 첫 번째 원칙임을 시사한다.

유표의 아내 채씨

유표의 후처 채씨는 《삼국지연의》에서 악처의 대표인 것처럼 묘사되어 형주를 망국으로 몰고 간 장본인으로 간주되었다. 그녀는 형주목 유표를 지원한 지역 세력의 리더인 채모의 누님이라고 전해진다. 이 남매의 아버지 채풍蔡諷은 형주 양양 최고의 유력 호족이며 그의 여동생은 후한 말에 사공, 대위, 차기장군으로 최고 지위를 역임한 거물 정치가 장온張溫과 결혼한 점에서 채모도 젊었을 때부터 고급 관료 자제로 낙양에서 공부하고 조조의 놀이 친구이기도 했다.

사서에서는 이 채씨가 의외로 현처인 듯 묘사된다. 앞의 주제에서 나온 한숭은 형주의 명사이며 언행이 일치하기에 사형해도 소용없다며 유표에게 충고한 점에서도 엿볼 수 있다.

유표는 형주로 부임한 후 지역의 유력 호족인 채씨의 딸을 후처로 삼아서 형주에서의 권력 기반을 얻었다. 채씨를 통한 네트워크는 많은 인재를 형주에서의 정치에 참여하게 했고 동란 시대에 잠깐이나마 형주에 평화와 번영을 안겨주었다. 채씨의 머릿속에는 늘 형주를 지키는 것이 우선이었을 것이다.

유표의 후처인 이 채씨는 제갈량의 아내인 황월영黃月英모친의 여동생이었다. 즉 공명에게 채씨는 처이모에 해당한다. 제갈량이 10년 가까이 관직에 오르지도 않고 빈둥거릴 수 있었던 것은 이 아내의 친정에 넘치는 돈과 인맥 덕택일지도 모른다.

《삼국지연의》에서 채씨는 유표의 사후 유언을 위조하여 원래의 후계자인 전처의 적자 유기劉琦를 물리치고 당주가 된 아들 유종劉琮을 채모와 함께 끔찍이 지원한다. 결국 남하해온 조조에게 항복하며 마지막에는 우금于禁에게 유종과 함께 살해당한다.

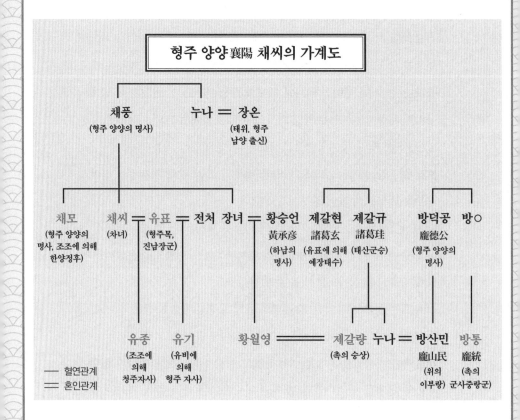

형주 양양襄陽 채씨의 가계도

채풍
(형주 양양의 명사)

누나 = 장온
(태위. 형주 남양 출신)

채모
(형주 양양의 명사, 조조에 의해 한양정후)

채씨
(차녀) = 유표
(형주목, 진남장군)

전처

장녀 = 황승언
黃承彦
(하남의 명사)

제갈현
諸葛玄
(유표에 의해 예장태수)

제갈규
諸葛珪
(태산군승)

방덕공
龐德公
(형주 양양의 명사)

방○

유종
(조조에 의해 청주자사)

유기
(유비에 의해 형주 자사)

황월영 ══════ 제갈량
(촉의 승상)

누나 = 방산민
龐山民
(위의 이부랑)

방통
龐統
(촉의 군사중랑군)

— 혈연관계
═ 혼인관계

28 결정할 기회를 잡는 사람, 놓치는 사람

약능웅지어후자, 즉차미족위한야. 【위서 유표전 주】

이 다음 기회에 잘하면 되니 이번 일을 안타까워할 필요는 없다.

한문 若能應之於後者, 則此未足爲恨也.

영역 Instead of regretting this instance, you should improve your performance at the next opportunity.

《삼국지 촉서》에 유비의 전기가 실려 있지만 기타 인물전이나 주기 중에 유비의 언동이 곳곳에 담겨 있다. 이번 주제의 문장은 《위서 유표전》의 주석 중에 기록되어 있는 유비의 말이며 그의 됨됨이를 여러 각도에서 엿볼 수 있는 흥미로운 일화 중 하나다.

207년 조조가 요동으로 도망친 원희, 원상 형제를 토벌하기 위해 군사를 일으켰을 때 그가 부재중인 것을 노리고 유비는 조조의 본거지 허창(허난성 쉬창시)을 공격하는 게 어떠냐며 유표에게 보고했다. 이를 받아들이지 않은 유표는 조조가 토벌을 마치고 허창으로 귀환한 후에야 후회하며 말했다. "경의 말을 믿지 않았기 때문에 일생일대의 기회를 놓치고 말았다." 그러자 유비가 대답했다. "현재 천하는 분열되었고 날마다 전쟁이 계속되고 있습니다. 기회는 얼마든지 다시 올 것입니다. 왜 이것이 끝이라고 하십니까?"

이렇게 말한 후 유비는 이번 주제에 나온 문장으로 유표를 격려한다. 후세의 역사를 아는 사람의 관점에서 보면 이때야말로 유표에게는 최대이자 최후의 기회였다. 전쟁터에서 살아남아 온 유비라면 아마 이때가 마지막 기회였음을 직감했을 것이다.

유표는 젊었을 때부터 뛰어난 인물로 천하에 이름을 떨쳤지만 전란 시대에 자신만 평화로운 상태를 누리는 동안 세상이 흘러가는 속도감을 잃은 듯하다.

이는 평화가 지속되어 둔해진 탓인지 아니면 노화 때문인지 현재 상태를 유지하는 것에만 치중한 결과인지 알 수 없지만 긴장감을 잃으면 아무리 뛰어난 자질을 갖춘 인간이라 해도 조직의 리더로는 유통기한이 지난 것과 같다. 유표는 그 본보기다.

한편 이 일화에서 흥미로운 것은 여러 번 실패해도 바닥부터 다시 시작해 마지막에 촉한을 건국하며 황제로 리더의 자리에 오른 유비의 긍정적 태도다.

— 전화위복轉禍爲福할 수 있다.

이 주제의 말을 통해 그가 얼마나 긍정적인 사람인지를 엿볼 수 있다. 이런 불굴의 투지야말로 맨몸으로 대업을 이룰 수 있는 인물의 가장 중요한 자질이 아닐까?

유표가 가장 큰 기회를 놓치고 후회하여 유비의 격려를 받은 다음 해인 208년 조조는 유표를 토벌하기 위한 군사를 일으켜 공격해 온다. 그리고 전쟁이 한창일 때 유표는 67세의 나이에 병으로 죽고 만다.

유표는 자신이 죽기 전까지 7년 동안이나 유비를 비호했지만 중용하지는 않았다. 그러나 익주의 유장과 달리 유비에게 자신의 지위를 빼앗길 틈도 주지 않았기 때문에 어떤 의미에서는 뛰어난 리더라 볼 수 있다.

29 상황을 좀 더 고차적인 시점에서 바라보고 판단한다

역순유대체, 강약유정세. 　　　　　　【위서 유표전】

모든 일에는 순종함과 거스름이 있고 강약에도 정해진 기세가 있다.

한문　逆順有大體, 强弱有定勢.

영역　Force encompasses both loyalty and treason and both strength and weakness.

유표에게는 전처와의 사이에서 생긴 아들 유기와 후처 채씨와의 사이에서 생긴 외아들 유종이 있었다. 후처는 형주의 유력 호족 채모의 누님이었기에 유표는 경영을 원활하게 하기 위해서 후계자를 명확하게 결정하기가 좀처럼 어려웠다.

유표의 장남인 유기는 똑똑해서 형주의 유력자들이 자신을 좋게 여기지 헤아리고는 제갈량에게 몰래 처신에 대한 계책을 청한다. 제갈량은 형주 남쪽의 강하태수가 죽은 것을 주목해서 유기에게 남쪽 수비를 견고하게 하고 싶다는 구실로 그 후임을 청원하도록 조언했다. 노린 대로 유표는 유기를 태수로 임명한다.

그리고 208년 유표가 사망하고 유종이 형주목이 된다. 후계 문제가 해결되자마자 조조군이 마침내 형주를 침공한다. 유종은 다음과 같이 군신들에게 호소했다.

"모든 사람이 마음을 하나로 합쳐서 수비를 견고히 하고 천하의 정세를 계속해서 살피자"

그러나 괴월, 한숭 등은 이 상황을 가만히 살펴볼 수 없다며 반대한다. 그리고 중신인 부손傳巽이 앞으로 나와 이 주제의 문장을 말하며 세 가지 점에서 유종에게 이길 가망이 없다고 알린다.

· 신하이지만 군주에게 맞서는 것은 거스르는 일이다.
· 우리는 신흥세력이지만 국가에 대항할 힘은 없다.
· 유비를 사용해도 조조에게 대항하게 하려면 무리가 있다.

이렇게 알린 후 유종에게

"본인과 유비 중 누가 기량 있는 자입니까?"라고 묻는다. 유종은 솔직하게 대답한다.

— 오불약야吾不若也. (내가 그만하지 못한다).

"실제로 유비가 조조에게 대항할 수 없다면 형주를 지키려고 해도 자력으로 존속할 수 없습니다. 또한 유비가 조조에게 대항할 수 있다면 앞으로 유종 장군의 밑에서 유비가 만족할 리 없습니다."

잇따른 부손의 진언을 들은 유종은 조조군이 형주에서 북쪽으로 200킬로미터 떨어진 양양(후베이성湖北省 샹양시襄陽市)으로 닥치자 전면 항복하기로 결단한다. 항복 방침을 끝까지 알지 못한 유비는 간발의 차로 번성樊城(한수를 사이에 두고 양양의 강 건너편)을 탈출해서 남쪽으로 도망쳐 유기와 합류한다.

유종은 조조에 의해 청주자사로 임명되고 괴월, 한숭, 부손 등은 조조로부터 관직을 하사받아 지위를 보전했으며 형주는 전란 지역이 되는 것을 면했다. 유종 등은 피해를 최소화하여 조직을 존속시키는 데 성공했다. 한편 최소한의 힘으로 영토를 넓힌 데 재미를 붙인 조조는 오의 손권도 같은 방법으로 산하에 거두려고 했다가 호되게 패배하고 만다.

30 정보의 정확성을 확인한다

타인상도, 소여인의.　　　　　　　　　　【위서 장로전】

다른 사람의 억측은 전혀 믿을 수 없다.

한문 他人商度, 少如人意.

영역 The arbitrary judgement of another is totally
unreliable.

조조는 강한 리더십을 가진 최고 권력자였지만 결코 독선적이지는
않았다. 천하의 뛰어난 인재를 끌어모으는 것이 자신의 취미라고 호
언장담한 인재 수집가인 만큼 재능이 뛰어난 사람들에게서 자신이
생각지도 못한 기발한 아이디어나 제언을 바랐다. 늘 가장 적합한 조
언을 선택하고 과감하게 행동하는 것이 조조식 경영 스타일의 기본
이다.

　경험치와 면밀한 조사, 축적된 학문을 바탕으로 한 제언은 희망적
관측이나 억측과는 분명 다르다. 하지만 사회적 지위가 높고 고명한
인물, 평소에 신뢰하는 인물의 입에서 나오는 말을 들으면 자기도 모
르게 정확한 정보나 제안이라고 믿게 된다.

30년에 걸쳐서 한중에 할거한 종교집단인 '오두미도'가 군사에 어두워 공략이 쉽다는 보고를 그대로 받아들인 조조는 한중으로 쳐들어간 결과 3대 교주인 장로를 지지하는 교단의 완강한 저항을 당한다. 아군 병사의 시체가 첩첩이 쌓이는 모습을 목격하고 이 주제의 문장을 입 밖에 내며 자신의 자만심과 무른 판단에 후회한다.

　　보는 것과 듣는 것에 큰 차이가 있는 것은 흔한 일이며 현장 제일주의의 필요성을 경고한 '백문이불여일견'이라는 말의 유래는 조조 시대로부터 250년 전인 전한의 선제 시대로까지 거슬러 올라간다.

　　오늘날 중국에는 55개의 소수민족이 존재하는데 그중 하나인 강족羌族의 선조인 강羌은 갑골문자를 사용한 은나라 시대부터 잘 알려진 수렵민족이며 양주(간쑤성甘肅省) 지방에 세력을 갖고 있었다. 그들은 한족보다 체격도 좋고 말타기와 말을 타며 활쏘기에 능해서 이민족인 한족과 혼혈을 거듭해 태어난 양주병은 강력하다고 알려졌다. 동탁은 이 양주병을 거느리고 두려움의 대상이 되었으며 후한 말의 대란을 일으킨 인물이다. 조조를 동관潼關까지 몰아넣은 적이 있는 맹장 마초馬超의 모친은 강족 출신이었다.

　　양주 금성군에서 귀순한 강족이 관리의 강압 정치에 반란을 일으키자 전한의 선제는 반란 규모가 어느 정도이며 대책이 있는지를 중신에게 물었다. 그러자 70세가 넘은 조충국趙充國이 자신을 추천하며 말했다. "백문이 불여일견입니다. 군사를 부리기에는 멀리 떨어져 있어서 판단할 수 없습니다. 서둘러 금성으로 향한 후 그곳에서 방책을 말씀드리고 싶습니다."

　　의기양양한 노장군은 재빨리 현지로 내려가 상황을 파악하고는 정벌을 감행하자며 강경책을 쏟아내는 중앙과 달리 회유책을 써서 지구전으로 몰고 가야 한다고 판단했다. 그 결과 1년 후에는 최소한의 노력으로 멋지게 강족의 반란을 진압해 개선한다.

다른 사람의 감각이나 가치관이 자신과 똑같은 경우는 실생활에서 쉽게 찾아보기 어렵다. 같은 가치 판단의 기준인 '척도'를 조직에서 동일하게 해 놓지 않으면 그 대단한 조조 또한 억측으로 인해 그릇된 판단을 하게 된다.

31 리더가 구심력을 잃는 위험

단좌차인부종궁언, 이지우차. 【위서 여포전 주】

아무것도 하지 않는 리더가 내가 하는 말을 듣지 않았기 때문에 이렇게 되었다.

> 한문 但坐此人不從宮言, 以至于此.

> 영역 This situation occurred because this man did not listen to my words.

199년 조조에게 하비성을 포위당한 지 약 4개월 후 여포는 스스로 성문을 열고 조조에게 항복한다. 여포는 자신이 있었던 걸까? 자신의 힘이 필요할 테니 분명 조조가 목숨을 살려 줄 것이라는 속셈이 있었던 모양이다. 여포는 조조 앞에 끌려 나왔을 때 뻔뻔스럽게 꽉 묶인 포박을 풀어달라고 조조에게 애원하거나 기병을 맡겨주면 조조가 천하의 정권을 잡는 데 협력하겠다고 말하기도 한다. 순간 조조의 마음이 흔들리는 것을 포착한 유비는

"정원이나 동탁의 말로를 생각하십시오."라며 두 주인을 배신한 여포의 성질에 대해 지적한다. 여포는 한때 유비를 자신의 동생처럼 아꼈지만 유비는 자신의 영토를 빼앗겨서 속으로 원망하면서도 겉

으로는 면종복배했다. 여포도 유비의 속마음을 깨달은 적이 있을 것이다. 여포는 외친다.

— 시아최무신자是兒最無信者. (네놈이 가장 못 믿을 놈이로구나.)

토종 무인인 여포의 시각에서 유비는 어딘지 가짜 같아서 신용할 수 없었을지도 모른다.

확실히 유비는 후대해준 조조를 이후에 매우 쉽게 배신한다.

여포의 곁에 똑같이 묶여서 강제로 꿇어앉은 자가 한 명 있으니 그의 참모 진궁陳宮이다. 조조는 예전 동지였던 진궁을 '공대公臺'라고 친근하게 자로 부르며 묻는다.

"경은 예전부터 뛰어난 지혜와 계략을 자랑했는데 이 꼴이 대체 뭔가."

그러자 진궁은 여포를 가리키며 이 주제의 문장으로 포로가 된 이유를 간결하게 알린다.

여포에게는 여러 번 기회가 있었지만 중요한 때에 좀처럼 결단하지 못했다.

— 포용이무계경어거취布勇而無計輕於去就. (여포는 용감하지만 계획이 없고 진퇴에 경솔하다).

서주에서 여포의 참모가 된 진등陳登은 여포가 용맹하기만 하고 술책이 허술하며 판단이 경솔했다고 지적했다. 강하기만 한 리더는 공격할 때는 매력적이지만 수비에 들어갔을 때는 난국을 극복할 구심력이 의외로 약하다. 수세일 때 여포를 따르는 모든 장군은 자신의 의견만 주장할 뿐 아무런 대책을 세우지 못해 서로 불신감만 더욱 키웠다고 한다. 그러므로 조조에게 공격당하기 전부터 와해 직전의 조직이었을 것이다.

전란 시대는 오합지졸 집단이 일반적이며 현대의 비정규직 사원만 있는 기업과 똑같다. 한때의 이익을 위해서 이합집산이 당연해지며 조직 전체를 위해 자신을 희생해서 공헌하려는 사람이 드물므로 시의심을 얼마나 참고 능력 있는 사람을 신뢰해서 이용할 것인지를 판단하는 능력을 갈고닦는 것이 난세에 요구되는 리더십과 경영의 핵심이라는 뜻이다. 그러니 그 누구도 여포를 비웃을 수 없다.

32 인물을 판별하는 날카로운 시선

하연당여군어?　　　　　　　　　　　　　【위서 진등전】

그대와 무슨 말을 하겠는가?

한문　何緣當與君語?

영역　What kinds of topics should I discuss with you?

《삼국지연의》에서 유비는 인덕이 넘치는 인물로 묘사되는데 실제로
는 칭찬이나 비방으로 다른 사람을 평가하는 행동이 지나친 의리와
인정이 두터운 인격자인 유비가 자신에게 호의를 보이며 후대해준
여포, 조조, 원소, 유장 등 많은 사람을 쉽게 배신하지 않았는가?

　정말로 유비가 인정미와 사람의 마음을 사로잡는 매력을 갖췄을
까? 조금 의심스러워지는데 유비의 의연한 성격을 엿볼 수 있는 기
술이 《삼국지 위서》에 나와 있다.

　형주의 유표에게 의탁했을 무렵 유비는 허사許汜와 함께 유표의
연회에 초대받는다. 조조를 섬겼던 허사는 조조가 도겸을 토벌하러
나온 틈에 배신하여 여포를 받아들인 장막, 진궁과 한패였다. 진등에

관한 이야기로 화제가 넘어가자 여포 곁에서 진등과 같이 참모였던 허사가 비난한다.

"그런 거만한 남자는 또 없소. 사람을 대우하는 마음이 없어서 무시하거나 나와 전혀 말도 섞지 않고 자신은 침대에서 자고 손님인 나를 마루에 재워도 아무렇지 않은 놈이더이다."

그러자 유표가 유비에게 묻는다. "세상에 유명한 허경이 하는 말이니 의심할 생각은 없네. 허나 요절했음에도 아직까지 진등의 명성이 높은 이유는 무엇이겠는가?"

유비는 다음과 같이 대답했다.

"허경은 국사로서 명성이 있지만 지위나 부귀를 바랄 뿐이며 세상을 위해 아무런 제언도 하지 않았소. 그래서 진등은 경을 싫어한 것이오."

그리고 이 주제의 문장으로 질문한 후 강하게 비꼬며 말했다.

"나라면 침대가 아니라 높은 누각 위에서 자고 경을 마루는커녕 땅바닥에 재웠을 것이오."

유비의 말을 들은 유표는 대폭소했다. 뒤이어 유비는 진등을 칭찬한다.

"진등과 같이 문무를 겸비하고 용기와 뜻이 있는 인물은 춘추전국 시대에만 볼 수 있다. 요즘 세상에서는 비교할 수 있는 인물이 없을 것이다."

진등은 도겸이 죽기 전에 유비에게 서주를 양도하려고 했을 때 적극적으로 유비를 지지한 인물이지만 서주를 여포에게 빼앗기자마자 유비에게서 여포로 갈아탄다. 여포가 토벌되자마자 진등은 조조를 따라 지방 행정을 맡아 뛰어난 실적을 올리지만 애석하게도 39세의 나이에 사망한다.

　유비를 가망이 없다고 판단해서 여포에게 붙은 진등을 원망하지 않고 정당하게 평가한 유비는 역시 확실히 올곧은 면이 있다.

　유비는 난세의 처세에 관해서는 스스로 합리적으로 판단하고 또 타인이 합리적인 판단을 해서 포기하는 것에도 달관하여 받아들인 것일까? 이 점이 유비의 리더로서 뛰어난 기질이며 마지막에는 황제의 자리까지 오른 이유 중 하나일 것이다.

　참고로 허사는 당시에는 국사로서 그럭저럭 이름을 알렸으나 이 일화 후에는 역사에 전혀 기록되지 않고 사라진다. 정말로 도량이 좁은 사람의 말로다.

33 인재를 떠맡기 위한 도량

부인의기유상, 도지즉군자, 배지즉소인. 【위서 장홍 전】

인의는 저절로 있는 것이 아니다. 이를 실행하면 군자가 되고 이를
외면하면 소인이 된다.

[한문] 夫仁義豈有常, 蹈之則君子, 背之則小人.

[영역] Humanity and justice are not fixed attributes.
Anyone can become virtuous if these qualities are
pursued or a billain if they are forsaken.

장홍은 서주 광릉군 사양현(장쑤성 양저우시揚州市 바오잉현寶應縣)의
사람으로 풍채가 좋고 재능이 넘쳐서 젊은 나이에 현령으로 발탁되
었다. 그러다 영제의 치세로 정치가 혼란에 빠지자 관직에서 물러나
고향인 광릉군에 틀어박힌다. 장홍은 그곳에서 광릉태수 장초에게
임용되어 재능을 발휘하며 크게 활약한다. 장초는 형인 장막과 함께
반동탁군에 합세했던 제후 중 한 명이다.

　장홍은 장초로부터 유우劉虞에게 사자로 파견되는 도중 공손찬과
원소의 싸움에 휘말려 원소의 진에서 금족을 당하는데 그곳에서 원
소의 마음에 들게 되어 청주자사로 임명된다. 재임한 지 2년 만에 뛰
어난 통치 실적을 남긴 장홍은 뒤이어 동군태수로 임명된다.

194년 장초가 형인 장막, 여포와 함께 조조를 공격해서 궁지에 몰아넣는다. 그러나 이듬해 봄에는 조조가 반격했고 여름에는 장초가 옹구雍丘(허난성 카이펑시 치현杞縣)에서 적들에게 포위당해 성을 지키며 고전한다.

장초가 포위되었다는 소식을 들은 장홍은 병사를 모았고 원소에게 병마를 빌려 옹구로 향하려고 하지만 조조와 좋은 관계에 있던 원소로부터 거절당했다.

195년 12월 장초가 일족과 함께 자결하는 바람에 옹구가 함락되자 장홍은 원소를 원망하며그와의 관계를 끊는다. 그러자 이번에는 화가 난 원소가 장홍의 성을 에워싼다. 장홍의 기량을 평가한 원소는 장홍의 고향 친구인 명문가로 유명한 진림에게 항복을 권고하는 편지를 보내게 한다.

《장홍전》에는 장홍이 진림에게 보내는 항복을 거절하는 장문의 답신이 실려 있다. 훗날 진림이 '건안의 삼조칠자' 중 한 명으로 유명해진 덕택에 장홍의 명문이 후세에 남았다.

군량이 다 떨어져서 인육을 먹을 정도까지 장렬한 농성전 끝에 성은 함락되고 생포된 장홍은 원소의 앞에 강제로 끓어앉는다. 원소는 마음속으로 그를 살려주고 싶었지만 장홍은 완고한 태도를 바꾸지 않았고 결국 이를 본 장홍의 심복이자 동군의 승(차관)이었던 진용陳容은 "천하를 위해 일어서면서도 기골이 있는 충성스러운 자만 처형하지 않는가"라고 소리 높여 말하며 "원소와 동시대를 산다면 장홍과 함께 죽는 게 낫다"고 외친다. 크게 분노한 원소는 진용도 그 자리에서 처형한다. 그 자리에 있던 원소의 중신들은 '오늘 영웅을 둘이나 죽였다'며 모두가 한탄했다고 한다.

원소의 곁에는 뛰어난 인재가 모였지만 그는 인내하며 허용하는 도량을 갖추지 못한 까닭에 도망치거나 인재를 자기 손으로 없애버렸다. 오늘날에도 '삼고초려'해서 외부 인재를 스카우트하지만 빨리 싫증이 나서 다른 사람으로 바꾸는 리더가 있는데 그야말로 원소와 똑같은 어리석은 행동이다.

'사위지기자사士爲知己者死(선비는 자신을 알아주는 자를 위해 목숨을 바친다)'는 현대에도 리더에게 필요한 불변의 마음가짐이다.

34 훌륭한 인재는 철저히 존중한다

오문태상사신, 기차우신.　　　　　　　【위서 하후돈전 주】
최고의 처우는 자신의 구성원을 스승으로 삼고 그다음에는 친구로
삼는 것이다.

〔한문〕 吾聞太上師臣, 其次友臣.

〔영역〕 The best action is to treat one's member first as a
teacher, then as a friend.

하후돈이 여포를 토벌할 때의 일화는 유명하다. 그는 화살을 맞아
왼쪽 눈을 다쳤는데 부모에게 받은 육체를 버릴 수 없다며 화살촉에
뽑혀 나온 눈알을 삼켰다고 한다.

형제처럼 자란 조조의 종형제 중에서 하후돈은 반동탁으로 190
년에 군사를 일으켰을 때부터 함께한 이른바 창업 멤버다. 그리하여
조조는 권력의 높은 자리에 올라도 출정할 때 하후돈과 같은 마차에
타고 침실까지 자유롭게 드나들게 할 정도로 그를 신뢰했다.

219년 하후돈은 위왕 조조에게서 전장군(앞장서서 나가는 군대의 장
군, 전 장군이라는 의미가 아니다)으로 임명된다. 당시 하후돈은 다른 장
군들과 달리 동진태수, 진류태수, 하남윤, 건무장군, 복파장군 등의

관직을 후한 헌제에게서 임명받아 역임했기에 한 황제 앞에서는 조조와 지위가 같은 셈이었다.

위왕이 되어도 조조는 하후돈을 각별히 여겼으나 하후돈은 자신의 위치를 정확히 파악했기에 특별 대우를 받지 않겠다고 말한다. 그때 조조는 이 주제의 문장을 말한 뒤 조직의 구성원이란 훌륭한 인격을 갖추고 의무를 가장 먼저 생각하는 사람을 말하며 이제 와서 한이니 위니 연연하지 않아도 된다고 하며

— 이신족이굴군호而臣足以屈君乎. (신하는 몸을 굽혀 주군을 섬기면 충분하다.)

'자네에게 머리를 숙이게 할 수 없다'고 말한다. 하후돈은 그래서는 조직에서 상하 구별이 되지 않으며 다른 이들의 모범이 되지 않는다고 물러서지 않았고 결국 조조는 마지못해 인정하고 하후돈을 위의 장군으로 다시 임명했다.

조조는 조직 구성원의 실력, 인격, 실적 등 모든 것을 감안해서 공평하게 처우하며 뛰어난 인물은 스승이나 친구로서 어울리고 결코 거만한 태도로 임하지 않는 인재 경영의 기미를 이해했다.

조조와 하후돈의 우정을 동반한 신뢰 관계는 프랑스 황제 나폴레옹과 제국 원수 장 란과의 관계와 비슷하다. 나폴레옹이 가장 신뢰하는 장군이자 친구이며 여러 원수 중에서 나폴레옹을 '자네'라고 부를 수 있었던 사람은 장 란뿐이었다.

젊은 시절 조조는 오의 주유에 대한 평판을 듣고 사람을 보내 스카우트를 시도한 적이 있다. 주유는 자신과 손책, 손권 형제의 유대가 단단해서 마음이 움직이는 일은 없을 것이라며 다음과 같이 말했다.

"리더는 자신을 잘 아는 최고 권력자를 우연히 만나서 조직에서는

상하관계가 있어도 실제로는 가족과 간다. 이렇듯 기탄없는 의견과 지적을 건네고 기쁨과 괴로움을 함께 나눌 수 있는 관계를 얻는 것보다 더 나은 행복은 없다."

조씨와 하후씨

조조의 부친인 조숭은 환관으로 최고 자리에까지 오른 조등의 양자였다. 진수가 쓴 《삼국지》의 '무제기'에는 조등의 출자는 알 수 없다고 쓰여 있는데 429년에 양粱(삼국시대 후 진 다음 왕조)의 문제에게 명령받은 배송지가 여러 문헌과 전승을 모아 《삼국지》에 내용을 보충한 주기에서 조숭은 하후씨의 출신이라는 설이 언급된다.

한을 건국한 고조 유방은 패현 사람(이웃하는 풍현이야말로 유씨의 고향이며 유방의 출생지라고 하여 두 현 사이에서 현재도 논쟁 중)으로 같은 고향에 처음부터 행동을 함께한 동지로 소하蕭何, 조참曹參, 하후영夏侯嬰이라는 세 공신이 있다.

중신을 대표하는 상국이 된 소하의 뒤를 이어 조참이 2대 상국이 되었으며 하후영은 유방의 친위대장을 맡았다. 그로부터 400년을 거친 후에 조참의 자손 밑으로 하후영의 자손이 양자로 들어갔다고 한다.

2009년 푸단대학교 연구팀이 조조의 대숙부인 조정曹鼎의 치아에서 채취한 DNA를 해석해 Y염색체 O2-M268형을 가진 사람이 조조의 자

▲ 하후돈의 무덤 흔적(산시성陝西省 싱핑시興平市)

▲ 하후연의 무덤(허난성 쉬창시)

손이라고 결론을 내렸다. 중국 전역의 조씨 258계통의 자손을 조사했더니 9계통의 가족이 조조의 직계자손으로 규정되었다. 참고로 조조의 남계 자손은 현재 1만 5천 명 정도가 있다고 한다.

아울러 하후씨의 여러 계통 자손의 DNA 조사를 실시한 결과 조씨와 하후씨의 자손 사이에서 DNA가 일치하는 것이 없다고 발표되었다.

《삼국지》에는 하후씨 성을 가진 인물이 여럿 등장한다. 그중에서 하후돈과 하후연이 특히 유명한데, 그들은 조조의 사촌동생으로 고향이 같은 패국 초현(허난성 보저우시)이며 하후돈의 작은 아버지가 조숭이라고 기록되어 있다. 사서의 기술을 믿는다면 조숭은 하후씨 출신이 된다.

35 리더가 성장을 막으면 안 된다

장당이용위본, 행지이지략. 【위서 하후연 전】

리더는 용기를 기본으로 해야 하지만 행동으로 옮길 때는 지략을
이용해야 한다.

한문 將當以勇爲本, 行之以智略.

영역 The most fundamental qualities for a leader are
courage plus wisdom and strategy in action.

조조와 하후돈의 사촌 동생인 하후연은 조조에게는 처제의 남편이
기도 하기 때문에 매우 친한 친족 중 한 명이며 하후돈과 나란히 조
직에서 가장 중요한 창업 멤버였다.

하후연은 수많은 병사를 이끄는 장군으로 뛰어난 재능을 발휘해
'3일 만에 5백 리, 6일 만에 1천 리를 이동한다'는 평가를 받는 빠른
용병술로 적에게 두려움의 대상이었다. 현대의 기업으로 말하자면
동종 업계의 타사에서도 높이 인정받는 노련한 전무이사 혹은 영업
본부장이라고 해야 할 것이다.

조조가 결기한 이후 하후연은 모든 전쟁터에서 활약하며 용맹을
떨쳤다. 강력한 양주병을 거느리는 마초와 한수를 거듭되는 격전 끝

에 마침내 괴멸시켜 양주를 평정하는 큰 공을 거뒀다.

215년 장로를 항복시킨 하후연은 정서장군으로 한중을 맡는다. 한중은 위와 촉의 경계가 되는 요충지 중의 요충지로 하후연이 이끄는 위군과 유비군이 일진일퇴의 격전을 펼친다.

219년 하후연의 본영이 있는 정군산으로 닥친 유비군과 전투에서는 유비의 참모인 법정의 책략에 빠져서 하후연은 촉의 노장군인 황충의 칼을 맞고 사망했다.

— 위장당유겁약시爲將當有怯弱時, 불가단시용야不可但恃勇也. (장수는 모름지기 두려워하고 약할 때가 있어야 하며 단지 용맹함에만 기대서는 안 된다.)

평소에 조조는 용맹한 하후연에게 이렇게 알아듣겠끔 말하며 이 주제의 문장으로 경고했다.

무서운 기세로 강하게 돌진하는 스타일의 사람은 나라를 건설하거나 조직의 창업기에는 크게 활약해서 중요한 역할을 담당한다. 미개의 숲을 개척해서 길을 만들고 힘차게 나아가는 데는 큰 에너지가 필요하므로 이만저만한 각오로는 지지부진한 성과만 거둘 뿐 큰 결과를 얻지 못하기 때문이다.

모든 조직은 개발이 어느 정도 무르익으면 새로운 도전을 시작하고 싶어 하며 이때 기존 사고와 방식만 고수한다면 막다른 곳에 몰려 실패를 겪고 만다. 공략할 목표를 확실히 정한 후에 자료를 수집하고 충분히 숙고한 후에 전략을 짜야 한다. 아울러 전술을 전환하는 것도 중요하다. 이러한 중요성에 대해 조조가 하후연에게 설명한 것이다.

오늘날에는 기업 조직 내에서 출세 경쟁을 하거나 동종 업계 타사와 경쟁할 때 격투기를 하는 등 몸을 써서 싸우는 일은 없을 것이다. 이렇듯 기세나 기합, 완력만으로는 경영을 하는 데 한계가 있다.

실패를 두려워하지 않고 과감하게 도전하는 정신을 유지하면서도 지략을 구할 수 있는 경영 능력을 갖추고 싶은가? 그런 리더라면 늘 겸손한 태도로 성장을 위해 공부에 매진하는 태도가 필요하다.

36 비상시에 발휘하는 담력이 있는가

사소연, 경용독서하위사　　　　　　　【위서 조상전 주】

사태는 확실하다. 당신은 무엇을 위해 책을 읽고 공부했는가?

　한문　事昭然, 卿用讀書何爲邪.

　영역　The situation becomes clear. What did you read books for then?

조조에게는 병사를 일으킨 이후 하후돈과 하후연뿐만 아니라 수많은 친척의 지원이 있었다. 오늘날에도 신생 회사들은 그와 같은 방식으로 성장하곤 한다. 인재나 자금 면에서 먼저 의지할 사람은 가까운 친척이다.

　조조와의 혈연관계에 대해서는 자세한 내용이 나와 있지 않으나 조씨 성을 가진 여러 친족이 따랐다고 전해진다. 조등 형들의 손자인 조인曹仁과 조홍曹洪은 조조의 육촌 형제, 또 육촌 형제의 자식인 조진曹眞과 조빈曹彬 형제는 조조의 사촌 조카뻘로 간주된다.

　조진은 조조, 조비, 조예를 섬기며 위 황실을 지지하는 친족의 필두격이 되었고 대장군으로서 제갈량의 북벌로부터 위를 방위하며 실력을 보였다. 이 조진은 아들 다섯 명을 낳았는데 그중에서도 장남 조상曹爽과 차남 조의曹義는 명제 조예의 어린 시절부터 놀이 친구였다. 조예가 죽을 때 두 사람은 황태자 조방曹芳을 사마의와 함께 보좌하도록 명령을 받는다.

처음에 조상은 위의 중진이며 부친과 같은 세대인 사마의에게 지위를 내줬지만 권력의 맛을 느끼기 시작한 후 사마의를 멀리하게 된다. 경험이 많고 교활한 사마의는 조상의 마음이 변화했음을 헤아리고 거리를 두었고 조상은 정치적 재량권을 대폭으로 늘리며 거만해진다.

사마의가 치매 걸린 노인인 척하며 심각한 상태라고 연기하자 그 정보를 진짜로 받아들이고 안심한 조상은 동생 조의와 함께 249년 정월에 황제의 성묘를 따라가 수도 낙양을 떠난다. 그 기회를 호시탐탐 노렸던 사마의는 즉시 조상을 타도하기 위한 쿠데타를 일으킨다.

그러자 대사농(내무 + 농무장관)인 환범桓範은 낙양에서 탈출하여 조상에게 사마의가 반역했음을 급히 보고한다. 조상은 황제를 봉해서 조씨 일족의 본거지인 허창에서 병사를 모집하고 사마의에게 반격하도록 진언한다. 미적지근한 조상의 태도를 본 환범은 조의에게 결기를 재촉하지만 그 또한 결단 내리기를 머뭇거린다. 결국 환범은 이 주제의 문장으로 조상과 조의 형제에게 따지고 덤볐다.

손바닥 안에 있는 어린 황제 조방을 낙양으로 돌려보내고 스스로 관직을 반납하면 목숨과 재산을 보장한다는 사마의의 감언을 믿고 조상 형제는 항복하고 만다. 환범은 분해한다.

"이 늙은이도 너희 형제에게 연루되어 일족이 몰살될 줄은 생각지도 못했다."

항복하고 일주일도 채 지나지 않은 사이에 조상 일족은 사마의에 의해 모조리 처형당했다.

명문가 자제거나 부귀하게 태어난 기업 대표나 엘리트 코스를 밟은 조직 리더 중에는 지식이나 교양이 풍부하고 어학에 능통한 자가 많다. 이처럼 많은 것을 갖췄더라도 난처한 상황에서 빠져나오는 경험이 없다면 실행력이 떨어지는 것은 물론 결단력과 담력도 실력자와 비교해 부족해진다. 1800년 전에 이미 조상 형제가 비참한 사례를 남기지 않았는가. 이후 위는 사마의 일족에게 점령당한다.

37 공명정대한 인사를 실시한다

관자소이표재야. 【위서 순욱전】

관리직이 된다는 것은 가진 재능을 발휘하는 것이다.

【한문】 官者所以表才也.

【영역】 To become an effective leader is to showcase one's own talent.

순욱은 예주 영천군 영음현潁陰縣(허난성 쉬창시) 출신으로 젊었을 때부터 '왕을 보좌할 재능'을 갖춘 능력자로 이름이 알려졌다. 게다가 수려한 외모를 가진 것으로도 유명하다. 사상가 순자의 13세 손자로 사촌 형의 아들인 순유와 함께 조조를 모시며 같은 열전에 수록되었다.

　　― 오지자방야吾之子房也. (순욱은 내 자방이다.)

　자방이란 유방에게 천하를 빼앗긴 장량의 자로 처음 만난 자리에서 조조는 순욱을 높이 평가했다.

　순욱의 '선견지명'은 196년에 장안을 탈출해서 낙양으로 달아난 헌제를 조조의 근거지인 허창으로 모시도록 계책을 세운 것으로 유명하다. 헌제를 데려온 조조는 대장군으로 임명되었고 후한의 정당한 홍호자로서 대의명분을 얻게 되었다.

순욱은 조직에서 높은 지위에 있었지만 필요 이상으로 겸손했고 검소한 데다 청렴했다. 순욱에게는 능력이 부족한 조카 한 명이 있었다. 어떤 사람이 순욱에게 권력을 가졌으니 조카에게 관직을 내리면 어떻겠냐며 쓸데없이 참견하자 순욱은 이 주제와 같이 말했다. 또한 "많은 사람이 무슨 말을 할지 모르니까"라고 웃음 띤 얼굴로 말하며 상대하지 않았다고 한다.

순욱 일족은 대부분이 우수해서 후한의 고관 자리에 올랐기 때문에 순욱은 자연스레 궁정 정치의 비결뿐만 아니라 조직 내에서 사욕을 우선으로 생각하면 안 된다는 점을 명심했을 것이다.

조직에서 간부가 된다는 것은 거들먹거리며 원하는 대로 권력을 휘두르는 것이 아니라 자신의 재능을 충분히 발휘해서 조직의 대표와 조직 전체를 위해 힘쓰는 것이다. 순욱은 그러기 위해서는 리더가 공평한 인사를 명심해야 한다는 것을 잘 인식했다.

또한 순욱은 조직 전체를 위해서 리더에 대한 진언을 삼가지 않았다.

212년 후한의 헌제가 조조에게 9종류의 최고 은상인 '구석九錫'을 하사하려고 하자 순욱은 이를 단호하게 반대했다. 헌제로부터 황제 자리를 물려받을 기회를 조조에게서 빼앗은 것이다. 순욱에게 조직의 대표는 조조가 아니라 후한의 헌제였다.

'구석'을 거절한 조조가 손권 정벌을 위해 출병하자 순욱도 종군하지만 수춘(안후이성 화이난시淮南市 서우현壽縣)에서 갑자기 병사하고 만다. '구석' 문제를 포함해 노선이 다른 것이 명확해진 조조와의 불화로 순욱이 음독자살한 것으로 알려졌다. 그의 나이 50세였다.

조조는 이듬해 '구석'을 받아 황제 바로 아래 자리인 위공이 되었고 다시 위왕에 올라 그 뒤를 이은 조비는 헌제에게서 선양 받아 위의 황제로 즉위한다. 순욱이 죽은 지 불과 8년 후의 일이다. 후한의 공신으로 죽은 순욱은 《위서》뿐만 아니라 《후한서》에도 열전이 기록되어 있다.

38 리더를 돕는 조언자의 한마디

성유기재, 수약필강. 　　　　　　　　　　　　【위서 순욱전】

정말로 재능이 있다면 지금은 못 쓰더라도 반드시 싹이 튼다.

〔한문〕 誠有其才, 雖弱必强.

〔영역〕 Real talent buds in all circumstances, even when the environment is not conducive.

조조는 용감무쌍하고 의사가 확고하며 자존감이 뛰어난 강력한 리더의 이미지를 갖고 있다. 그러나 실제 조조는 매우 신중한 성격이며, 불안으로 괴로워하면서도 살얼음판을 걷듯 아슬아슬한 느낌으로 조직을 가장 좋은 방향으로 이끌고자 노력한 사람이다.

다시 말해 조조는 누구도 흉내 낼 수 없는 천재나 슈퍼스타가 아니었다. 보통 사람과 다를 바 없는 능력을 갖춘 사람이 묵묵히 일해서 결과를 축적했기 때문에 조직의 훌륭한 리더가 된 것이다. 이 사실을 《삼국지》 곳곳에서 알 수 있다.

조조가 리더로 성공한 비결을 꼽자면 단연 뛰어난 참모들을 들 수 있다. 아무리 강하고 리더십이 넘치는 인물이라도 자신이 나아가야 할 길이 올바른지, 바른 판단을 내리는지를 늘 고민하고 주저한다.

조조는 자신을 잘 관리해서 많은 인재를 끌어모았고 그들의 간언이나 진언에 귀를 잘 기울였다. 그중에서도 조조는 좌절할 것 같은 때에 순욱의 조언이나 직언으로 여러 번 도움을 받았다.

원소는 하북의 광대한 영토에 정예병을 거느려서 조조가 맞붙을 수 없는 커다란 세력을 자랑했기 때문에 조조의 비호를 받은 후한의 헌제를 보고 정통성이 없다고 경시했다. 하지만 아무리 꼭두각시 황제라도 재위를 거듭하면 권위와 가치가 생기는 것을 깨닫고는 헌제를 약탈하기 위해 군사 훈련을 구실로 조조의 영지 안으로 침입해 압박을 가한다.

조조가 서주의 여포와 긴장 관계에 있으면서도 완(허난성 난양시)에 할거하는 장수의 정벌을 시도해서 반격당해 궁지에 몰릴 때였다. 원소는 보란 듯이 조조에게 건방진 편지를 보낸다. 이때 그 무례하고 깔본 내용에 격노하여 조조의 얼굴색이 순식간에 달라졌다. 이를 본 중신들은 장수에게 패배했기 때문에 조조가 동요하는 거라 오해한다.

순욱은 조조가 끝난 일에 신경 쓰지 않는 사람이라는 사실을 알기에 다른 이유가 있는지 조조에게 은밀히 물었다. 그러자 조조는 원소에게 온 편지를 순욱에게 보여주며 분해서 발을 동동 구르며 묻는다.

"지금 힘으로 쓰러뜨리려고 해도 도저히 해치울 수 없다. 어찌해야 하는가?"

순욱은 과거의 역사를 보면 알 수 있으며 그 승패를 결정하는 요인에 대해서 이 주제의 문장으로 대답한다. 그러고는 유방과 항우의 대립 관계를 증거로 들며 조조와 원소의 우열에 관해서 이야기한다.

순욱은 조조와 원소를 냉정하게 분석했을 때 도량, 결단력, 솔선 수범 능력, 조직 운영 능력의 모든 면에서 조조가 뛰어나다고 생각했다. 아무리 원소가 강대하더라도 그 기량을 보면 쇠퇴, 약체화하는 것이 명백하다고 하며 순욱은 조조에게 용기를 주고 격려했다.

39 어떻게 가장 좋은 선택을 이끌어낼 것인가

부사고유기차취피자. 【위서 순욱전】

모든 것은 이것을 버리고 저것을 취하느냐의 선택이다.

> 한문 夫事固有棄此取彼者.

> 영역 Any matter that is the result of abandoning one idea and adopting another is a choice.

인간은 누구나 날마다 '선택'을 강요당하며 살아간다. 인생의 중대한 결단뿐만 아니라 잠에서 깨어나 무슨 일부터 시작할 것인가 하는 사소한 일도 이미 '선택'을 하고 있다.

최소 두 가지부터 많으면 여러 가지 중 하나를 골라야 하기에 '선택'은 골치 아픈 일이다. 쉽게 결단을 내릴 수도 있는가 하면 결단하기 너무 어려울 때도 있는 이유는 그 선택에 강약이나 결과에 관한 크고 작은 차이가 있기 때문이다.

어떤 의미에서 인생은 '사다리 타기'와 같다. 현재도 수많은 평행선 사이에 가로선을 넣은 사다리 모양의 선을 그어서 성공과 실패나 순서를 기다리기 위해 이용되고 있다.

조조는 인생 '사다리 타기'에서 마지막에 '승자'가 되는 '당첨'을 낚아챘지만 일직선이 아니라 '사다리 타기'의 가로선을 좌우로 자주 오락가락하며 참모들에게 좀 더 좋은 선택에 대한 조언을 받은 후에 결단을 내렸다.

서주목인 도겸이 죽었다는 사실을 안 조조는 서주를 병합할 기회를 살펴서 대치하던 여포를 그대로 두고 서주로 가려고 한다.

"잠시 자리를 비운 사이에 여포가 공격하면 본거지를 잃게 되는데 하물며 서주를 공략하지 못했을 때는 도대체 어디로 돌아갈 생각이십니까?"

순욱은 이 주제의 문장으로 조조를 깨우치며, 이어서 이렇게 말한다.

"작은 것을 버리고 큰 것을 취하는 것, 위험한 길을 버리고 안전한 길을 택하는 것, 안정을 버리고 한때의 기세를 타는 것, 이 세 가지가 들어맞을 경우라면 성공할 수 있을 것입니다. 그러나 이번에는 어디에도 들어맞지 않습니다."

순욱은 그렇게 마음을 뒤집도록 촉구한다. 조조는 정신을 차리고 다시 생각한다. 그리고 마침내 여포와의 교착 상태를 타파하기 위해 모든 병력으로 여포를 공격하고 여포가 점거한 지역을 회복해서 연주 전역을 되찾는 데 성공한다.

순욱은 늘 난국으로 좌절할 것 같은 조조가 주저할 때 정확한 조언으로 조조를 격려한다. 순욱은 조조가 갖춘 리더로서의 자질을 간파하고 그 능력을 조금도 의심하지 않았다. 이는 조조가 갖춰야 할 기본 자세에 대해서 순욱이 단적으로 한 말에 응축되어 있다.

— 이지약당지강以至弱當至强. (가장 약한 군사로 가장 강한 군사와 맞

선다.)

이 말에는 맨몸으로 강력한 적에게 싸움을 걸면 당연히 실패하게
마련이니 좌절하지 말고 고난을 극복한 뒤에 뜻을 관철해야 한다는
의미가 담겨 있다.

40 조직은 리더의 각오로 결정된다

삼군이장위주, 주쇠즉군무분의. 【위서 순유전】

조직은 리더가 전부이며 리더가 의욕이 없으면 조직 전체가 엉망이
된다.

> 한문 三軍以將爲主, 主衰則軍無奮意.

> 영역 In an organisation, the top is everything. If the top
> is lacklustre, the quality of the whole organisation
> becomes inferior.

3군이라고 하면 전통적으로 육군, 해군, 공군이 떠오를 것이다. 미국
에서는 해병대, 연안경비대에 더해 2019년 12월 우주공간에서의 미
사일 탐지와 인공위성방위를 위해 창설된 1만 6천 명 체제의 '우주
군'을 합하여 무려 6군이 존재한다. 중국인민해방군의 경우 육, 해,
공 3군에 로켓군과 전략지원군을 더해서 5군으로 구성되어 있다.

옛날 주나라 시대의 병제의 경우 제후의 군대는 상군, 중군, 하군
으로 구성되는 3군으로 정해져 있었다. 각 군에서 각각 병사 1만 2천
5백 명을 보유해서 3군은 총 3만 7천 5백 명의 군대이며 예로부터 '3
군＝전군'을 의미한다. 3군은 '전중후', 또는 '좌중우'로 나눈 것에서
전장군이나 좌장군 등의 관직이 생겼다. 유비는 오랫동안 한의 좌장

군이었다.

지금의 기업 조직으로 말하자면 3군은 영업, 생산, 경영관리 부문에 해당한다. 조직 전략에 IoT가 필요한 현대에서는 인터넷 부문이 해병대와 같은 독립군이랄까?

고대 군대의 3군이든 현대 기업의 세 부문이든 그 근거 기반은 똑같아서 통괄하는 리더의 재량에 따라 조직이 강해지거나 약해진다. 인간이 만들어내는 조직의 성질은 천 년 단위로 시간이 흘러도 달라지지 않는다.

— 용장 밑에 약졸 없다.

이 말은 북송의 정치가인 소식蘇軾이 지은 시가 출전이다. 조직이라는 존재는 전부 리더가 어떻게 각오하느냐에 따라 그 힘이 결정된다는 것을 의미한다. 조직 내 구성원을 잘 활용하는 것이 리더의 경영 능력이다. 조직을 구성하는 구성원의 무능함을 한탄하는 리더가 현대 기업에도 수두룩한데 무능하다고 따지는 리더 본인이 가장 무능한 경우가 많다.

— 일장공성만골고—將功成萬骨枯.

당나라 말기의 시인인 조송曹松이 '황소의 난'이 일어났을 때 읊은 시가 출전인데 한 장수의 공명에는 병사 1만 명의 희생이 있다는 뜻이다. 구성원이 조직을 위해서 목숨을 내던질 각오로 일하면 대승을 얻을 수 있다. 하지만 리더에게 가장 필요한 건 리더의 명성을 신경 쓰지 않고 구성원을 어이없는 죽음에 이르게 하지 않고 승리를 거두는 것이다.

198년, 농성하는 여포를 함락하지 못한 조조가 전군의 피로를 이유로 철수하려고 했을 때 순유가 딱 한 번이면 되는데 그리 약한 소리를 하느냐며 이 주제와 같은 문장으로 나무랐다. 조조조차 힘껏 버텨야 할 때 끝까지 버틸 결단에 망설였다는 사실을 엿볼 수 있다.

이를 생각하면 조조와 같은 재능을 바랄 수 없는 현대의 리더가 망설이는 것이 당연하다. 이를 두려워하지 않고 오히려 자신이 내린 결단의 결과에 책임을 지겠다는 각오와 떳떳한 태도가 중요하지 않을까?

41 일을 끝까지 해내는 것의 중요성

순령군지진선, 부진불휴, 순군사지거악, 불거부지야.

【위서 순유전 주】

순령군은 선을 추진하며 나아가기를 쉬지 않았고, 순군사는 악을 제거하며 완전히 없애기 전까지 멈추지 않았다.

한문 荀令君之進善, 不進不休, 荀君師之去惡, 不去不止也.

영역 Lord Xun Yu persisted in promoting goodness until he achieved the goal, and Master Xun Yun persisted in fighting the evil force until it was eliminated.

삼국시대 후 통일 정권인 진晉에서 정치가이자 학자로 활약한 부현 傅玄(217~278년)은 《삼국지》의 기초가 된 《위서》의 편찬에 관여했고 《부자 傅子》 120권을 저술했다. 이 주제의 문장은 바로 그 《부자》 에서 인용된 말이다.

순령군은 순욱의 별명이며 순군사는 순유를 말한다. 순유는 순욱 의 조카였지만 순욱보다 여섯 살이 많았다. 189년에 후한 영제가 붕 어하고 황후의 오빠인 대장군 하진이 정치 실권을 잡자 하진은 국내 에서 유명한 명사 20명을 초대해서 참모로 삼는다. 그중 한 명이 순 유다.

하진이 환관에게 암살당해서 동탁이 실권을 장악한 후 그 전횡을 증오한 순유는 동료들과 동탁의 암살을 꾀하지만 발각되어 투옥된다. 그러나 사형이 집행되기 직전에 동탁이 왕윤 등에게 암살당하는 바람에 형주로 도망칠 수 있었다. 순욱으로부터 순유의 평판을 익히 들어왔기에 조조는 순유에게 편지를 보내서 초빙한다. 그러고는 처음 만나 이야기를 나누고 크게 감명받아 순욱에게

— 오득여지계사吾得與之計事, 천하당하우재天下當何憂哉.

"내가 그와 일을 계획할 수 있게 된다면 천하에 무엇을 걱정하겠는가"라고 하며 순유를 그 자리에서 군사 참모인 '군사'로 임명한다. 이후 214년 순유는 58세의 나이로 죽을 때까지 조조의 진영에서 '군사'로 일컬어졌다.

조조가 위공으로 봉해지자 순유는 조조의 영지인 위국의 행정장관 상서령으로 임명된다. 순유는 상서령으로서 뛰어난 인재를 발굴해 조조에게 추천했고

"순욱과 순유의 인물 평가는 시간이 흐를수록 더욱더 신뢰할 수 있다"라며 추천한 인재가 출세하고 많은 실적을 남기는 사람뿐이라며 조조로부터 높은 평가를 받았다. 또한 조조는 "겉모습은 우둔하게 보여도 내면은 지혜가 뛰어나며 겁이 많아 보여도 용감하며 선을 과시하지 않고 귀찮은 일은 남에게 강요하지 않는다. 그의 지혜에는 다가갈 수 있지만 우직함에는 다가갈 수 없다"라고 말하며 아들 조비에게

— 인지사표야人之師表也. "모든 사람의 본보기이다"라고 하며 예의를 다해 순유를 존경하라고 타이른다. 조조는 "순유는 진정한 현인이며 온량공검양溫良恭儉讓(온화, 선량, 공경, 절제, 겸양)의 정신을 이해했다"라며 공자가 안영晏嬰(전국시대 제나라의 명 재상)을 칭송한 말

을 인용해 순유를 칭찬했다.

훌륭한 인재가 선행을 추진하는 것은 당연하다. 허나 상황을 개선하기 위해 나쁜 점을 없애고 우직한 태도로 끝까지 맡은 바 임무를 완수한다는 점에서 순유의 비범함이 돋보인다. 일은 그냥 하기만 하는 것이 아니라 끝까지 완수하는 것이 매우 중요하다는 점을 이 항목의 문장을 통해 알 수 있다.

42 시절의 도래를 놓치지 마라

부난득이이실자시야.　　　　　　　　　【위서 가후전 주】

애초에 손에 넣기 어렵고 잃기 쉬운 것은 시절이다.

한문　夫難得而易失者時也.

영역　Time is hhard to get and easy to lose. Time
management is essential for achieving goals and
avoiding losses.

후한 말기 184년 도교계 종교를 기반으로 한 농민 신도가 일으킨
'황건적의 난'의 기세는 대단해서 대군을 이끄는 동탁과 노식盧植으
로도 평정할 수 없었다. 그래서 파견된 황보숭(황보가 성)은 교주인
장각의 두 동생을 베고 병으로 세상을 떠난 장각의 목을 낙양으로
보내어 '황건적의 난'을 진압하고 천하에 그 이름을 퍼뜨린다. 차기
장군, 기주목에 임용된 황보숭에 대해 염충閻忠이라는 사람이 이 항
목의 문장을 말하며 자신이 후한을 대신하듯 진언한다.

　"때가 왔을 때 잡지 않으면 놓치는 게 기회입니다. 그래서 성인은
늘 시절에 순응하며 행동하고 지혜로운 자는 반드시 기회를 이용해
일을 일으켰습니다. 장군은 손에 넣기 어려운 때와 운수를 만나 쉽게

사라지는 좋은 기회를 만났습니다. 그러나 시운을 타면서도 잡으려고 하지 않고 좋은 기회를 앞에 두고도 일을 시작하지 않습니다. 도대체 어떻게 명예와 이익을 누리실 생각입니까?"

염충은 부패하는 환관에게 지배당하는 후한을 멸망시키고 새로운 나라를 세울 좋은 기회라며 열변을 토한다. 아무리 공을 세워서 충의를 다해도 전한을 건국한 고조 유방이 대장군 한신을 나중에는 베어버린 것과 마찬가지로 마지막 순간에 이르러서는 후회할 것이라고 다그친다.

황보숭이 이 제언을 거절하자 염충은 어쩔 수 없이 도망쳤다. 나중에 자신보다 지위가 낮은 동탁이 정치 실권을 장악하자 황보숭은 동탁의 발밑에서 순응하게 된다. 동탁이 죽은 후 황보숭은 태위(군 최고 사령관) 자리까지 오르지만 결국 195년 병으로 죽는다.

황보숭은 수많은 전공을 올렸지만 동료나 부하의 공적으로 양보하고 자신의 공을 자랑하지 않았기에 남에게 원한을 사거나 계략에 빠지는 일이 없는 청렴한 무인이었다.

황보숭처럼 실력이 있지만 조직에 충실한 인생도 훌륭하다. 그 조직이 세상을 위해 온 힘을 다하든 말든 상관없이 조직에 계속 충실한 것은 의외로 어려운 일이기 때문이다. 옳은 방향으로 향하는 배를 함께 타면 좋지만 옳지 않은 방향으로 가는 배를 함께 나면 재난을 만날 수밖에 없다.

황보숭이 쿠데타를 일으켜서 정권을 떠맡았다면 동탁보다는 나은 권력자가 되었을 것이고 원소, 조조, 유비 등의 활약도 조금 달라졌을 것이다.

조직에서 일하는 사람에게는 반드시 한두 번의 시기가 도래하며 이를 잘 포착하면 최고의 자리를 차지하거나 독립할 기회를 얻을 수 있다. '계구우후鷄口牛後(닭의 머리가 될지언정 소의 꼬리가 되지 말라. 작은 집단의 우두머리라도 되는 것이 낫다는 뜻 – 역주)'를 노리고 호시탐탐 기회를 엿보는 기개를 갖는 것은 인간 성장의 관점에서는 절대로 나쁜 일이 아니다.

195년에 병으로 사망한 황보숭은 후한의 충신으로서 《후한서》에 전기가 기록되어 있다.

43 남다른 능력이 있는 인재에게 힘을 빌린다

사아신중우천하자, 자야. 【위서 가후전】

나에게 천하 사람들의 신뢰와 존경을 주는 사람은 자네다.

〔한문〕 使我信重于天下者, 子也.

〔영역〕 You are the person who gives trust and respect from the people of the world.

한때 염충은 젊은 가후를 보고 전한의 장량과 진평과 같은 재능이 있다고 평가했다고 한다. 가후는 양주 무위군武威郡(간쑤성 우웨이시武威市) 출신이며 효렴으로 발탁되어 낙양으로 출사한다.

효렴이란 지방 행정관이 지역의 젊고 우수한 인재를 1년에 한 번 관리 후보로 중앙에 추천하는 제도다. '효성스럽고 정직한 사람은 정치에서도 유능할 것이다'라는 유교의 기준으로 뽑는 인재 등용은 전한의 무제 시대에 시작되어 지방 유력자의 자제가 뽑히는 구조였는데 아무리 연줄이 있어도 우둔한 자는 추천 대상이 되지 않았다.

동탁이 후한의 실권을 장악하자 양주인인 젊은 관리라는 점에서 가후는 토로교위(장교)로 임명된다. 동탁이 암살된 후 부장인 이각,

곽사, 장제 등이 양주로 도망을 논의하는 가운데 "군세를 거느리고 장안을 공격해서 동탁의 복수를 해야 합니다. 성공하면 천하를 얻을 수 있을 것이고 실패하면 그때 도망치면 될 것입니다"라고 가후는 계책을 세운다.

이각 등은 '지당하다'라며 장안을 공격해서 점령에 성공하고 가후에게 감사하며 높은 자리를 주려고 한다.

— 차구명지계此救命之計, 하공지유何功之有. (이는 목숨을 구하는 계책인데 무슨 공이 있는가.)

"살기 위한 계략이었기 때문에 무슨 공적이 있습니까"라며 가후는 고사한다. 그 지략을 인정받았지만 그릇이 작은 이각의 곁을 떠나 가후는 같은 고향의 단외段煨라는 장군에게 몸을 의탁한 후 남양에 할거하는 같은 고향의 장수에게 참모 제의를 받는다. 조조가 199년에 장수를 공격했을 때 가후는 계책을 강구해서 크게 활약하며 조조의 맹공을 다 막아낸다.

이듬해 '관도대전' 때 가후는 장수에게 "강대한 원소가 아니라 약소한 조조의 편을 들어야 합니다"라고 진언한다. 적인 조조와 한 편이 되라는 말에 깜짝 놀라 망설이는 장수를 가후는 다음과 같이 타이른다. "원소군은 강대하기 때문에 적은 군세로는 존중하지 않을 것이지만 조조군은 약소하므로 아군이 된다면 감사할 것입니다. 야심 있는 조조라면 원한을 잊을 도량이 있을 것입니다."

가후의 예상대로 조조는 장수를 환영하고 가후의 손을 잡으며 이 주제의 문장으로 격찬하며 가후를 자신의 참모로 받아들인다. 관도에서의 대립이 이어지고 군량이 부족해졌을 때 조조는 불안한 마음에 가후에게 고민을 털어놓는다. 그러자 가후가 이렇게 대답한다.

"총명함에 있어서 원소를 이기고 용맹함에 있어서도 원소를 이기며 사람을 쓰는 방법뿐만 아니라 기회를 놓치지 않고 결단하는 힘에 있어서도 원소를 이깁니다. 반년이 걸려도 원소를 쓰러뜨리지 않는 이유는 만반의 준비를 하기 위함이니 기회가 오면 결단을 내리십시오."

가후의 이 말에 용기를 얻은 조조는 공세로 나가 원소를 무찌른다. 매사를 똑똑히 살피는 가후의 능력은 신기에 가까웠다. 당시 이런 남다른 재능을 보인 가후를 조조는 잘 활용했다.

44 참모의 조언 기술

사원본초, 유경승부자야.　　　　　　　　【위서 가후전】

원본초와 유경승 부자의 일을 생각했습니다.

> 한문 　思袁本初, 劉景升父子也.
>
> 영역 　I was thinking of the fathers and the sons of General
>   Yuan Shao and General Liu Biao.

가후는 동탁, 이각, 단외, 장수 등 효웅을 섬긴 후 조조에게 중도 채용되었는데 다른 막료나 참모보다도 장수한 덕분에 문제 조비 시대에도 그 지위를 유지하며 일생을 다했다.

　최고 권력자를 곁에서 섬기는 막료나 참모는 요절하지 않는 한 그 명민한 두뇌에 질투와 경계심을 품은 최고 권력자로부터 어느 일정한 목표에 이른 시점에서 말살당하거나 불우한 처지에 몰린다. 최고 권력자의 치부나 실패를 속속들이 아는 탓에 오히려 노여움을 사기 때문이다.

　가후의 노회함이랄까 교활함이랄까 그 시치미를 떼는 태도를 엿볼 수 있는 일화가 있다.

조조가 자신의 후계자 문제로 고민했을 때 중신들은 조비를 미는 무리와 조식을 미는 무리로 양분되어 기세 좋게 논의가 이루어졌다.

조비는 조조를 닮아서 문무를 겸비한 리더이며 조식은 글재주에 관해서는 아버지를 뛰어넘을 뿐만 아니라 훌륭한 문관들에게서 인정받을 정도로 천재급이었다. 함께 리더로서 정치를 할 때 능력적으로는 전혀 손색이 없었다.

고민하는 조조는 후계자 문제에 전혀 관심을 보이지 않고 참견하지 않는 가후에게 의견을 구한다.

그런데 무슨 일에나 숙고를 거듭한 듯한 대단한 계략을 즉답하는 가후가 무슨 이유인지 반응을 안 보이는 게 아닌가.

조조는 조바심이 나서 따진다.

— 경은 무슨 생각에 잠겼는가?

그러자 가후는 시치미를 떼듯이 이 주제의 문장으로 조조에게 대답했다.

후계자 문제를 제대로 끝내지 못한 원소(자 본초)와 유표(자 경승)는 아들 대에 조조의 공격으로 멸망되었다. 강대한 영토와 병력을 보유했지만 적자 이외를 후계자로 삼아서 조직에 쓸데없는 혼란과 분열을 만들어 힘을 잃은 것을 이용한 장본인인 조조에 대해 자신은 모르겠다고 시사한 것이다.

가후의 대답에 조조는 크게 웃으며 즉시 적자인 조비를 후계자로 지명했다. 조비의 이름을 언급하지 않고 조조에게 속으로 이해시켜서 행동하게 하는 교묘함이 가후의 참모로서 지닌 특색이다.

참모는 단순히 직언이나 간언으로는 충분하지 않다. 역시 힌트를 제공해서 리더가 직접 깨닫게 하고 선택하게 하며 판단하게 하는 기술을 갖추는 것이 중요하다.

결과적으로 문제 조비도 가후에게 고마워했다. 그 결과 가후는 위에서 오랫동안 중용 받았고 223년에 77세의 나이로 천수를 누렸다.

45 이 두꺼운 조직은 강하다

천지소조자순, 인지소조자신. 【위서 하기전】

하늘이 돕는 것은 순응하기 때문이며 사람이 돕는 것은 신의가 있기 때문이다.

한문 天之所助者順, 人之所助者信.

영역 Those who receive help from heaven will bring about order, and those who receive help from the people will gain trust.

하기何夔는 예주 진군陳郡(허난성 저우커우시周口市) 출신으로 증조부는 후한 안제의 치세(삼국시대 50년 정도 전)에 차기장군에까지 올랐다. 그러나 하기는 어릴 때 부친을 여의었기 때문에 가난과 역경 속에서 모친, 형과 살아갔으며 그럼에도 8척 7촌(약 2미터)의 장신에 수려한 외모로 성장했다. 제갈량과 성장 과정이 조금 비슷하다.

전란을 피해서 이주한 회남에서 하기의 소문을 우연히 들은 원술이 그를 불렀다. 하기는 완고하게 거절하지만 어쩔 수 없이 출사했고 얼마 지나지 않아 원술의 밑에서 탈출해 고향으로 돌아왔다.

196년 조조가 후한의 헌제를 허상으로 모시자 헌제는 조조를 사공, 차기장군으로 임명한다. 후한에서 관료의 최고 자리는 사도, 태위, 사공의 '3공'이라고 불린 지위다. 이 3공은 모두 막료로 연속掾屬, 즉 오늘날의 조직으로 말하자면 기획조정실이나 경영기획실의 정예 멤버에 해당된다고 할 수 있다. 사공이 된 조조는 새롭게 젊은 인재를 계속 모집했고 그중 한 명으로 하기란 인물이 조조 휘하로 들어왔다.

조조는 단순히 훌륭한 인재를 모집할 뿐만 아니라 직접 엄격하게 인재를 단련했다. 연속이 직무에 관해 잘못을 저지르면 조조는 지팡이로 가차 없이 때렸다. 그래서 하기는 늘 독약을 품에 숨기고 다녔고 조조에게 처벌을 받을 것 같다면 즉시 독약을 들이킬 각오로 일에 임했다고 한다. 이 결사의 기백이 조조에게 전해졌는지 하기는 한 번도 조조에게 맞은 일이 없었던 드문 사람이었다고 한다.

어느 날 원술의 진영이 잘 통제되지 않는다는 정보를 들은 조조는 원술을 모셨던 하기에게 그 진위를 묻는다. 하기는 이 주제와 같은 문장을 말하며 다음과 같이 이어 말한다.

"원술은 순응하는 자세도 갖추지 못했거니와 신의 또한 없는데도 하늘과 사람의 도움을 기대합니다. 이래서는 천하에 뜻을 얻을 수 없을 것입니다. 도의에서 벗어났기에 형인 원소와도 불화를 일으켰으니 그를 모시는 자들의 수준도 헤아릴 수 있을 것입니다."

— 조직을 운영하는 리더가 인재를 놓치면 멸망한다. 원술은 자네를 이용하지 못했다.

그렇다면 혼란한 것도 당연하다며 조조는 만족스럽게 말했다. 훗날 하기는 군태수를 역임하고 문제 조비의 대에는 위의 열후(귀족) 자리를 수여받았다.

하기는 리더가 우수한 인재를 모으는 것이 얼마나 중요한지, 그리고 뛰어난 인재가 시류를 탄 리더를 섬기며 자신의 능력을 발휘하는 것이 왜 중요한지를 시사한다.

하기는 현대 기업에서 보면 집행임원급이었을 것이다. 조조의 조직은 상급, 중급 관리직의 인재 층이 두꺼운데, 그는 아주 혜택을 받은 대표적인 사람이었다.

위황제 원술

기량이 초라하고 무능한데도 자신을 '황제'라고 칭했다고 해서 원술은 《삼국지연의》 속에서도 가장 어리석은 자의 대표적 인물로 다뤄진다. 그러나 이복형제인 원소를 따라 부패한 환관을 모두 살해하는 데 가담한 젊은 날의 원술은 무명을 천하에 퍼뜨린 기대되는 영걸 중 한 명이었다.

원술은 후한의 명문인 여남 원씨의 정통 혈통이었으며 아버지 원봉袁逢은 사도까지 되었다. 이복형인 원소와 달리 원술은 정실의 적자였기 때문에 자존심도 세고 언제부터인지 원소를 경쟁 상대로 보며 사이가 틀어진다. '형제는 타인의 시초'라는 본보기 같은데 원술도 이복형인 원소와 똑같이 결국은 패배자가 되었기 때문에 《삼국지연의》에서는 악명만 남아 있다.

원술은 반동탁의 기운이 세지는 혼란한 상태를 틈타 후한을 건국한 광무제 유수의 고향인 남양군을 거점으로 삼아 태수가 되었다. 당시 인구 200만 명에 달하는 풍족한 땅을 지배하며 원술은 자신이 광무제와 같다고 생각했고 이를 부추기는 사람들이 주위에 모여들었기 때문에 착각했을지도 모른다.

　원술 한 사람이 갑자기 날뛰어서 스스로를 '황제'라고 칭한 것이 아니라 황제 밑에서 관위 관직이나 명예, 재산을 얻으려고 계획한 무례한 사람이 무더기로 넘쳐났으며 그러한 무리가 거의 받든 것은 아닐까?

　원술은 손견, 손책 부자의 스폰서가 되거나 한때는 도겸, 여포, 유비 등 군웅들도 의지해 올 정도로 무력과 재력을 갖췄기에 무능하고 매력 없는 리더였다고 볼 수 없다.

　오늘날까지 원술의 것으로 전해지는 멋진 능묘가 남아 있는 것을 보면 사람들에게 미움을 살 정도로 가혹한 징세를 해서 악정을 펼치기만 한 어리석은 군주가 아니라 적어도 사후에도 일정 기간은 지역에서 나름대로 공경받은 자질이 있는 리더였음을 엿볼 수 있다.

▲ 원술의 무덤(안후이성 화이난시淮南市)

풍부한 자금을 배경으로 해서 기세를 타고 '시대의 총아'라고 부추김 당한 리더는 현대에도 허다하다. 세상을 움직일 정도의 실력이 있는 리더라고 해도 작은 부분에서 잘못된 판단을 하거나 운이 따르지 않아 몰락하는 일은 빈번하며 크든 작든 조직과 업계에서도 원술과 같은 처지에 놓이는 경우도 많다. 이야기의 사이에 그런 일을 감회 깊게 생각하게 하는 점에《삼국지》를 읽는 재미가 있는 것일지 모른다.

46 먼저 리더가 진심을 보여준다

군열우상, 이화우하.　　　　　　　　　【위서 사마지전】

조직에서 리더가 상부에서 실수를 저지르면 하부에서 구성원이 화를 입게 된다.

한문 君劣于上, 吏禍于下.

영역 A human at the top of organisation makes mistakes as a leader, while a human at the bottom experiences misfortunes as a member.

사마지는 사예 하내군 온현(허난성 자오쭤시 원현)을 본관으로 하는 사마씨 일족이며 사마의의 친척 형에 해당한다. 어떤 경위가 있었는지 명확하지 않지만 사마지는 모친을 데리고 전란을 피해 형주로 도망쳐서 10년 남짓 농경 생활을 했다.

208년에 조조가 형주 유종을 항복시키고 형주의 뛰어난 인재들을 등용해 출사시켰는데 사마지도 그중 하나였다. 현령으로서 법에 엄격했기에 좋은 평판을 얻어서 대리정(검찰장관), 군태수를 역임했으며 그러는 동안 고관의 일족이나 관계자라 해도 법의 잣대로 엄하게 처형한 탓에 하남윤(하남군＝낙양을 중심으로 하는 수도권의 장관)의 자리까지 출세한다.

사마지는 하남윤을 11년에 걸쳐서 맡았고 후세까지 명 장관으로 사마지를 넘을 만한 인물이 나오지 않았다고 할 정도의 명성을 떨친다. 공사 구분이 엄격해서 아내의 숙부인 동소는 황제의 총애를 받는 중신이었지만 사마지를 두려워해서 개인적인 의뢰 중개를 전혀 하지 않았을 정도다. 그러나 한편으로 절도가 의심되어 궁녀를 체포했을 때 사마지는 조조에게 진언한다.

"고문하면 무죄라도 인정할 것이니 억울한 죄를 입게 되면 큰일납니다."

조조도 그 말에 동의하며 석방했다. 또한 조홍과 명제 조예의 딸과 관계있는 사람이 죄를 저질러 투옥되었을 때 변황태후의 참작해달라는 강력한 요청에도 사마지는 주저 없이 사형을 집행했다.

사마지의 정책은 '억강부약抑强扶弱(강한 자를 억누르고 약한 자를 돕는다)'이었다.

하남윤에 재임 중 그는 자신의 조직에 속한 구성원들에게 강하게 훈계했다.

· 리더는 규칙을 정할 수는 있지만 구성원들이 위반하지 않게 만들 수 없다.
· 구성원은 규칙을 위반할 수 있지만 리더에게 들키지 않을 수 없다.

조직의 규칙을 정해서 위반하면 리더의 실수이며 규칙을 위반한 것이 드러나면 그 구성원의 과실이라고 명확히 말하며 이 주제의 문장으로 조직 운영이 실패하는 이유가 여기에 있다고 지적한다. 또한 사마지는 조직이 하나가 되어

— 가불각면지재可不各勉之哉! (각자 이를 힘써야 한다!)

'각자 노력하자'라고 외쳤다. 이 덕택에 리더인 사마지 이하 조직

의 말단 구성원까지 기합을 넣고 직무에 매우 힘썼다고 한다. 정말로 리더의 마음가짐에 따라 조직이 하나가 되어 각자의 자리에서 능력을 발휘할 수 있는 사례다. 정말로 단순 명쾌하지만 리더가 자세를 바로하는 것 외에 조직을 굳게 하는 방법은 《삼국지》의 구석구석을 찾아봐도 어디에도 쓰여 있지 않다.

사마지는 명제 조예에게 대사농(내무부 + 농무부 장관)으로 임명되어 재임 중에 죽었다.

47 흔들림 없는 강한 의지를 갖는다

이여구의, 기지불의.　　　　　　　　　【위서 화음전 주】

이미 일행이 되었다. 그를 내버리는 것은 박정하다.

한문　已與俱矣, 棄之不義.

영역　Once he becomes a teammate, abandoning him is an injustice.

청주 평원군 고당현高唐縣(산둥성 더저우시德州市)에서 태어난 화음華歆은 영제 시대에 효렴(경력 관료 후보)으로 추천받아 관리가 된다. 가도를 따라 번화가가 붐비는 거리의 관리였는데 동료와는 달리 화음은 일이 끝나면 유흥을 즐기지 않고 집으로 직행했다고 한다.

189년 대장군 하진이 지방에서 명성이 있는 젊은 정태, 순유와 함께 화음을 중앙으로 불러들였다. 화음은 동탁이 실권을 장악한 후에는 원술을 모셨으나 뜻이 맞지 않아 떠난다. 그리고 얼마 후 헌제로부터 예장태수로 임명되었는데 공평하고 청렴하게 통치한 것으로 유명하다.

200년 화음은 조조의 추천으로 요직을 역임하고 순욱의 뒤를 이어 상서령(행정장관)이 된다. 214년에는 조조의 참모가 되었고 후한의 어사대부(부재상급)로도 임명된다. 조비가 황제로 즉위하자 화음은 위의 사도(재상급)로 임명된다.

높은 자리에 올라가도 화음은 검소한 음식을 먹으며 철저히 청빈하게 생활했는데 어느 날 황제가 고관들에게 나라가 관리하는 여자 노예(범죄자의 부녀자)를 하사했을 때 화음은 모두 노예 신분에서 풀어줬다고 한다. 명제 조예가 즉위해도 중용되어 박평후로 봉해져 태위(군 최고사령관)가 된다.

230년 조진이 진령산맥의 자오가도를 통해 남하해서 촉으로 진군한다. 촉의 1차 북벌 때 위연魏延이 지나가려고 한 경로의 반대쪽을 가는 계책으로 화음은 그 어려움과 무모함을 간파해서 진언하고 명제 조예는 조진에게 철수를 명령했다. 그 이듬해 화음은 75세의 나이로 사망한다.

화음은 단순히 청렴하고 성실하며 신중한 성격이었을 뿐만 아니라 의협심이 넘치는 위장부였다. 동탁이 일으킨 동란으로 화음은 정태 등 동료 6, 7명과 함께 장안에서 지름길을 따라 무관으로 향하고 있었다. 한 남자가 혼자 가기 두려우니 자신을 일행에 포함시켜달라고 부탁했다. 모두 불쌍하게 여겨 받아들이려고 했을 때 화음만 반대했다.

"위험한 상태에 있는 지금 재난을 만나도 모두 함께 마음을 합치는 우의가 중요하다. 다른 사람을 더한 경우 만약의 경우에 내버려둘 수 없다."

결국 남자는 일행에 포함되었지만 어리석게도 도중에 우물로 떨어진다. 사람들은 모두 남자를 내버리려고 했으나 화음은 이 주제의 문장을 말하며 일단 일행이 된 사람을 내버려 두고 가는 것은 의리가 없다고 설득해서 모두 함께 건져냈다.

한 번 떠맡거나 결단을 내려야 하면 무슨 일이 있어도 끝까지 철저하게 행동하는 흔들림 없는 강한 의지야말로 리더가 갖춰야 할 가장 중요한 자질이다.

화음이 난세의 파란 시대에서 훌륭하게 조직의 리더 자리에 올라가서 평생을 다할 수 있었던 비결을 이 주제의 문장에서 엿볼 수 있다.

48 배움에는 끝이 없다

독서백편이의자견. 【위서 왕랑전 주】

책을 많이 읽으면 그 의견도 저절로 이해할 수 있다.

한문 讀書百遍而義自見.

영역 Reading a book one hundred times clarifies its
meaning.

이 주제의 문장은 처음에는 의미를 알 수 없는 어려운 책도 여러 번
다시 읽으면 그 내용을 이해할 수 있게 된다는 뜻이다.

동우董遇는 동탁의 난을 피해서 형과 함께 군웅의 한 명인 단외의
비호를 받는다. 가난한 생활을 하는 틈틈이 책을 손에서 놓지 않았
고 형이 비웃어도 독서를 그만두지 않았다고 한다.

218년 조조의 암살 미수 사건이 일어났을 때 동우는 사건에 관여
했다는 의심을 받아 조조에게서 멀리 떨어진다. 곧 황제가 된 조비에
게 억지로 끌려갔고 조예 시대에는 대사농(내무부＋농무부 장관)의 지
위까지 오른다.

후한 헌제의 시대부터 학문의 길이 매우 부패했다고 하는데 이른

바 전란기였기 때문에 진정하고 학문할 수 있는 환경이 아니었을 것이다. 인구 약 5천만 명이었던 당시 후한에는 모든 영토에서 2만 명의 관리가 있었고 그중에서도 1만 명이 중앙정부에 출사했다고 한다. 또한 궁정에 드나들 수 있는 고급 관료는 장관급을 포함해 400명 정도였지만 고전에 조예가 깊은 사람은 그중 수십 명도 안 되었다고 한다.

자신의 뜻으로 꾸준히 면학에 힘쓴 사람은 매우 적었는데 그중에서 특히 유학자로 유명한 7명의 대가 중 한 명에 동우가 있었다. 동우는 《노자》의 주석을 쓰고 《춘추좌씨전》에도 매우 정통했는데 제자들에게는 억지로 가르치지 않고

— 선당독서백편先當讀書百遍.

"먼저 책을 백 번 읽어라"라고 하며 이 주제의 문장으로 그 효과에 대하여 단적으로 깨우쳤다. 그러자 제자 중 한 명이 "생활이 곤궁하기에 그럴 시간이 없습니다."라고 호소했다. 그래서 동우는 "세 가지 남은 시간을 사용하면 된다"고 대답한다. 그 의미는

— 겨울은 1년의 나머지, 밤은 하루의 나머지, 비는 계절의 나머지.

즉 겨울과 밤과 비 오는 날에 시간을 허비하지 말고 독서 시간으로 충당하라고 가르친 것이다. 현대로 바꾸면 출퇴근할 때, 잠들기 전에, 출장 중 등 모든 시간을 태만하거나 술독에 빠지지 말고 한정된 시간을 효과적으로 사용하면 좋다는 뜻이 아닐까?

오늘날 현대인들은 독서에서 손을 놓은 지 오래다. 인터넷의 발달로 다양한 명저의 요약을 쉽게 읽을 수도 있고 얇은 노트 크기의 태블릿에 수천 권의 책을 저장해서 들고 다닐 수 있는 시대에 살고 있

는데도 말이다. 따라서 조등이라면 현대인의 환경을 필시 부러워할
것이다.

49 역경을 만회하는 힘이 있는가

의자장군태림시이구, 불연하려지심야! 【위서 정욱전】

사태를 앞에 두고 기가 죽었습니까? 왜 깊이 생각하지 않습니까!

> 한문 意者將軍殆臨時而懼, 不然何慮之深也!

> 영역 Do you become diffident in anticipation of a situation?
> Why do you not utilise deep conemplation?

정욱은 문관이지만 키가 8척 3촌(약 190cm)이나 되었고 턱과 뺨에 멋진 수염을 길렀다고 한다. 현대인이 연상하는 관우상과 비슷한 인물일 것이다.

정욱은 형주 동군 동아현(산둥성 랴오청시聊城市 둥어현東阿縣) 사람으로 연주자사인 유대가 황건적에게 살해당하고 연주에 몰려온 조조를 시대의 영웅으로 보고 스스로 관직에 오르겠다고 말한다.

194년 조조는 서주의 도겸을 정벌하러 가면서 본거지인 견성鄄城을 지키도록 정욱과 순욱에게 명령한다. 그러자 갑자기 조조의 맹우인 장막이 반기를 들었다. 장홍이 여포를 불러들여서 복양(허난성 푸양시濮陽을 공격해 하후돈을 포로로 잡았고 순식간에 연주의 모든 성을 항복시킨다. 《후한서》에 따르면 연주에는 80개의 성시가 있고 총인구 40만 명이었다고 하는데 그중 견성, 번, 동아만 조조 쪽에 겨우 남았다. 그야말로 풍전등화다. 그러나 그 세 성을 정욱과 순욱은 조조가 귀환할 때까지 어떻게든 지켜낸다.

여포는 복양에서 농성하며 1년 넘게 조조와 격전을 펼친다. 가뭄과 메뚜기로 인한 피해로 군량이 떨어진 조조에게 원소가 원조하겠다고 한다. 그 조건은

— 조조의 가족을 원소의 본거지인 업으로 이주시키는 것.

다시 말해 인질을 넘기라는 뜻이다. 그 대단한 조조도 궁지에 빠졌기 때문에 응하려고 한다. 그 말을 들은 정욱은 조조에게 이 주제의 문장을 말하고 뒤이어 직언한다.

"원소는 광대한 영토를 가졌지만 지략이 부족합니다. 그의 밑으로 들어가겠습니까? 연주를 빼앗겼다고는 하나 3성이 아직 남아 있고 정예병도 1만 명이나 있습니다. 장군의 용기에 더해서 순욱과 제 책략이 있으면 패업을 이룰 수 있습니다. 다시 생각하십시오."

조조도 문득 깨닫고 원소의 제안을 거절했다. 그리고 이후 공세로 뒤집은 조조는 여포, 원소를 무찌르고 마침내 하북을 평정했다. 그때 조조는

"경의 말이 없었으면 여기까지 오지 못했다"고 가장 먼저 정욱에게 고마움을 표했다고 한다.

기업의 대표라면 이 일화를 잊지 말아야 한다. 조조도 궁지에 몰리자 나약한 모습을 보였기 때문이다. 이는 현대 기업에서 자금 변통으로 궁지에 몰리게 되어 대기업이나 펀드에서 원조를 제안했을 때와 비슷한 상황이다.

역경에서 분발하지 않는 리더는 인생의 승자가 될 수 없다. 예컨대 서양의 카이사르나 나폴레옹도 궁지에 몰렸으나 끝까지 포기하지 않았다. 중국사에 이름을 새긴 영웅 중에도 비슷한 이야기가 많은데 전한을 건국한 고조 유방, 후한을 건국한 광무제 유수는 한계에 몰려도 끝까지 소리 없이 역경을 극복해서 마지막에는 황제의 지위까지 올랐다.

50 승리를 가져오는 신속한 판단

병귀신속. 【위서 곽가전】

조직이 행동할 때 가장 중요한 것은 귀신 같은 속도다.

한문 兵貴神速.

영역 Prompt actions bring success.

조직이 하나로 똘똘 뭉쳐서 싸워야 할 때, 신속하게 대응해서 행동해야 할 때라면 이 주제가 가장 적절히 취해야 할 태도를 시사한다. 조직의 운명이 달린 위기가 될 만한 사태, 사고, 불상사가 일어났을 때의 대응, 새로운 시장에 진출할 때나 신상품을 출시했을 때 가장 중요한 것은 뭐니 뭐니 해도 속도다.

이번 주제는 순욱이나 가후와 나란히 훌륭한 참모 중 한 명으로 조조를 섬긴 곽가가 조조에게 의견을 올릴 때 한 말인데, 《손자》에 있는 '군사는 졸속을 숭상한다'를 비꼬아 표현했다.

— 고병문졸속故兵聞拙速, 미도교지구야未睹巧之久也. (전쟁은 졸렬해도 신속하게 끝내는 것이 좋고 교묘하게 싸우면서 오래 끄는 것이 좋다는 말

은 들은 적이 없다.)

손자는 승리를 얻으려면 완전한 전략을 짜기보다 병사를 일단 빨리 움직이라고 주장했다. 꾸물거리다가 승리를 놓칠 것이라면 조금은 불완전한 상태라고 해도 기선을 제압하면 유리하다는 점을 지적했다.

선택지가 많을 때 리더가 아니더라도 깊이 생각을 거듭하려고 한다. 잃을 것이 많을 때는 어떤 조직의 리더라도 주저하는 것이 당연하다.

그럴 때 객관적인 시선에서 '꾸물거리며 망설일 상황이 아니다'라고 간결하게 직언할 수 있는 유능한 참모가 중요하다. 조조는 인재 모집에 열심이었기 때문에 기라성과 같은 유능한 참모들을 두었는데 그중에서도 곽가는 빼어난 인재였다.

곽가는 예주 영천군 양책현陽翟縣(허난성 우주시禹州市) 출신으로 춘추전국시대의 한비와 같은 고향이다. 젊었을 때부터 학문에 뛰어났기 때문에 《한비자》나 《손자》와 같은 고전에 정통했을 것이다. 처음에는 원소를 섬기려고 했지만 그 인물에 낙담해서 떠났고 같은 고향 출신인 순욱의 추천으로 조조에게 출사한다. 조조는 곽가를 처음 만나고는 '내 대업을 이루게 할 사람은 이 자다'라고 극찬하며 곽가를 즉시 참모로 세운다. 기업의 대표와 면접을 본 당일에 경영 전략을 담당하는 최고 간부로 발탁된 것이다.

201년 원소의 아들인 원희가 북방 이민족 오환烏桓의 곁으로 도망쳐서 조조가 원정을 나가려고 했을 때 유비가 배후에서 공격해올 것을 경계한 장군들이 머뭇거리며 논의하자 곽가는 이 주제와 같은 문장을 말하며 가벼운 장비를 갖춘 기병으로 눈앞의 적을 즉시 토벌해야 한다고 제언했다. 조조는 오환을 급습해서 보기 좋게 항복시키지만 돌아오는 길에 38세의 나이로 곽가가 사망한다.

비즈니스를 전쟁에 비유하는 것을 주저하는 경영인이 있는데 조직의 임직원과 그 가족, 주주와 거래처, 하청업자를 크게 포함한 이해관계자라고 생각하면 격렬한 경쟁에서 살아남는 것이 정말로 전쟁이 아닐까? 비즈니스에서든 전쟁에서든 리더는 모든 일에 신속하게 판단하고 처리하는 것이 매우 중요하다.

51 정보전에 대한 대처법

의응권이밀, 이내로지.　　　　　　　　　　　　【위서 동소전】

비밀로 하겠다고 말해 놓고 몰래 정보를 흘리자.

한문 宜應權以密, 而內露之.

영역 To keep a secret while leaking information secretly.

배신이나 변심, 변절과 같은 행동과 방침을 전환하는 것의 경계는 어디에 있을까? 중국 역사를 펼쳐보면 배신하거나 약속을 어겨서 상대방을 타도한 이야기가 너무 많아서 일일이 셀 수 없다.

중국인의 사고로 보면 유리한 상황이나 결과를 얻어서 이익이 된다면 맹약이나 협정에 위반하는 행동은 결코 나쁜 것이 아니라 정당한 행동으로 용인된다. 인덕으로 알려진 유방은 익주의 유장이 초래한 천재일우의 기회에 승부를 걸어서 촉을 빼앗는 데 성공했다.

일본 전국시대의 무장 중에서는 다케다 신겐武田信玄, 마쓰나가 단조松永弾正, 모가미 요시아키最上義光, 우키타 나오이에宇喜田直家 등은 신에게 맹세한 약속이라도 아무렇지 않게 어기고 상대방을 토벌한 사례가 있다. 현대인의 가치관과는 크게 다른 점인데 오늘날의 현대인이 어느 정도 평화에 취해 있는 것일지도 모른다.

현재의 국제 정세가 매우 긴박하고 또 격렬한 생존 경쟁에 노출되어 있는 가운데 다양한 조직의 리더가 이 주제의 문장으로 배우면 큰 이익을 누릴 수 있을 것이다.

형주 남부를 점거한 유비의 움직임에 초조해진 오의 손권은 208년 '적벽대전'에서 막 교전을 시작한 적국 위나라에 접근한다. 손권은 유비에게 일시적으로 빌려줬다고 인식한 형주를 빼앗을 수 있다면 어제의 적과도 손을 잡는다고 합리적 판단을 내린 것이다.

형주를 지키기 위해서 유비의 의형제인 관우는 형주에 침공해 번성(허베이성 샹양시)에 머물고 있는 위의 조인을 대군으로 포위한다. 그 사실을 안 손권은 위에 사자를 파견해 형주 남부의 두 도시 강릉江陵과 공안公安에 공격을 준비해서 관우를 협공하자고 권유한다. 그때 손권의 사자는 정보가 새지 않게 해달라고 강력하게 요청한다. 조조는 중신들에게 의견을 묻는다.

'군사에서는 권모술수를 숭상해서 합리를 기해야 한다'고 먼저 말한 후 동소가 이 주제의 문장으로 진언한다.

군사는 '임기응변'이 중요하며 이 상황을 이용해서 오나라에는 비밀로 정보전을 취할 것을 제언한다. 조조는 그 의견을 받아들여서 즉시 손권에게 온 편지의 사본을 화살에 동여매서 번성 안의 위군과 관우의 진으로 각각 쏘게 한다. 그 편지를 읽은 성 안에 있던 위군의 사기가 올라갔고 관우는 격분해서 포위를 풀 것인지 주저한다. 그 결단을 내리기 전에 육손이 이끄는 오군에게 배후를 공격당한 관우는 패배해서 참수당하고 그의 잘린 목이 조조에게 전해지는 사태에 이르렀다.

현대로 바꾸면 괴문서나 고발문을 기업의 컴플라이언스 담당에게 투서하는 것과 같은 일이다. 투서류는 그 진위를 조사하는 것도 중요하지만 어떻게 판단해서 처리하느냐가 중요하다. 잘못하면 관우와 똑같은 괴로운 일을 당하게 된다. 역시 현대 사회에서는 말 그대로 목이 몸통에서 떨어지는 결과가 되지는 않지만 조직에 큰 타격을 주는 것은 당연하다.

52 1대 1로 깊이 논의하라

정신가학이득호. 【위서 유엽전 주】

기합은 배워서 익힐 수 있는 것인가.

한문 **情神可學而得乎.**

영역 Is the spirit something that I can learn and master?

양주 부릉국阜陵國 성덕현成德縣(안후이성 화이난시 서우현) 출신인 유엽劉曄은 후한 광무제 유수의 아들 후릉왕 유연의 자손으로 아버지 유보劉普는 성덕후라고 하는 진짜 황족이다. 조조를 '난세의 간웅'이라고 본 허소가 양주에 전란을 피해 왔을 때 유엽을 '왕을 보좌해 큰 일을 할 재능'이 있다고 평가했다고 한다.

유엽은 7세 때 돌아가신 어머니의 유언에 따라 13세 때 아버지의 주위에서 못된 짓을 하는 사람을 죽일 정도의 대담함을 보였으며 스무 살 무렵에는 지역의 난폭한 사내들을 처벌하는 완력과 배짱을 갖춘 남자였다.

조조는 양주를 지배하에 놓으며 지역에서 뛰어난 인재와 이름 높은 청년 5인을 불렀다. 그중에는 장제蔣濟(훗날 위의 태위), 호질胡質(훗날 형주자사)과 함께 유엽도 있었다. 조조가 있는 업까지 가는 도중 숙소에서 장제 등은 조조가 질문할 만한 양주의 현재 상황이나 역사, 용병술 등 열 가지 가정 문답에 대해 잠도 자지 않고 동이 틀 때까지 논의하는데 유엽은 언제나 누워서 뒹굴며 아무런 발언도 하지 않았다고 한다. 이상하게 여긴 장제가 묻자 유엽이 대답한다.

— 훌륭한 리더를 상대할 때는 기합이 들어가야 인정받는다.

학문뿐인 지식으로는 어차피 탁상공론에 지나지 않으며 학문으로는 얻을 수 없는 열정적인 마음과 기개가 있어야 조조의 마음을 사로잡을 수 있다고 큰 소리로 말하며 이 주제의 문장으로 질문했다.

업에 도착한 후 그들은 조조를 접견한다. 아니나 다를까 조조가 건넨 여러 개의 질문에 유엽을 제외한 4인은 경쟁하며 조조에게 대답하지만 유엽은 입을 열지 않았다. 여러 번 비슷한 접견이 있고 나서 조조가 질문을 그만두었을 때 비로소 유엽이 입을 연다.

— 정말로 깊은 논의를 바란다면 한 사람만 불러서 질문해야 하며 좌담을 시켜도 의미가 없습니다.

유엽의 기합이 들어간 말에 조조가 깜짝 놀란다. 결국 조조는 4인을 현령으로 임명하고 유엽만 참모로 세운다. 이후 유엽은 타고난 '선견지명'으로 오와 촉에 대한 정확한 계책을 세워 조조에게 말하는 유능한 막료로 귀히 여겨진다. 리더가 우수한 인재의 지혜를 빌리려고 할 때는 일대일로 밀담하지 않으면 인재끼리 서로 견제해서 진짜 좋은 계책이 나오지 않는 경우가 흔히 있다는 점을 유의해야 한다는 일화다.

위에 귀순한 촉의 장군 맹달孟達이 마음에 들어서 문제 조비가 후대했을 때 유엽은 사마의와 함께 맹달은 반드시 모반을 일으킬 것이라고 충고한다. 훗날 맹달은 모반을 일으켜서 사마의에게 죄를 물어 죽임을 당한다.

유엽은 명제 조예의 측근으로도 섬겨서 종종 밤을 지새우며 논의할 정도였고 대홍려(외무부장관)로 임명된다. 그러나 유엽은 황제의 의견에 영합하기만 하는 충성스럽지 못한 사람이라는 진언을 믿은 명제로부터 신임을 잃었고 훗날 발광하다가 세상을 떠났다.

53 인재를 활용하지 못하는 이유는
리더의 게으름 때문이다

연호현이불능용, 고기사거지. 【위서 왕찬전】

현명한 사람을 좋아하지만 임용하지 않기 때문에 인재는 떠나갔습니다.

> [한문] 然好賢而不能用, 故奇士去之.

> [영역] In his foudness for wise person, he did not make use. Therefore, that excellent person went away.

증조부와 조부도 '3공'의 지위까지 오른 후한의 명문에서 태어난 왕찬은 어릴 때 대학자인 채옹으로부터 재능을 인정받았으며 방대한 양의 책을 읽고 수집했을 정도로 뛰어난 인물이었다. 확실히 견문이 넓고 기억력이 좋아서 무엇을 물어봐도 대답할 수 있었다고 한다.

어느 날 친구와 길가의 석비를 읽은 후 한 번에 외우는지 친구가 시험하자 석비를 등지고 한 글자도 틀림없이 술술 외워 보였을 정도로 뛰어난 기억력을 자랑했다.

바둑 대국을 구경할 때 바둑판의 돌이 물에 젖어 엉망이 된 모습을 본 왕찬은 그 바둑판을 천으로 덮은 후 다른 바둑판에 똑같이 재현해 보인다. 한 수도 잘못 놓지 않아서 모두가 그의 기억력에 신의 솜씨라며 혀를 내둘렀다. 암산도 잘하고 글쓰기나 말재주도 뛰어났다고 전해진다.

동탁이 죽은 후 전란을 피해 고향을 떠난 왕찬은 유랑 끝에 형주의 유표를 섬기는데 풍채가 별로 안 좋아서인지 유표에게 중용되지 않았다.

208년 유표가 죽고 아들 유종이 후계자가 되었을 때 왕찬은 형주로 밀고 들어오는 조조에게 서둘러 항복하도록 유종에게 권했다. 훗날 조조는 왕찬을 막료에 더해 관내후(한의 20단계의 작위 중 밑에서 두 번째)로 세운다.

어느 날 한수 근처에서 잔치가 열렸을 때 왕찬은 잔을 들고 조조를 칭송한다.

— 원소는 하북에서 일어나 많은 사람을 의지해 천하를 병합하려고 했습니다.

왕찬은 그렇게 말한 후 이 주제의 문장으로 인재를 효과적으로 활용하지 못한 원소의 리더로서의 어리석음을 지적하고 유표에 관해서는 자신의 불우함을 겹쳐서 다음과 같이 말한다.

— 세상의 변화를 무시한 채 유표는 형주의 주인이라는 껍데기에 틀어박혀서 전란을 피해 많은 인재가 형주로 도망쳐왔는데도 임용하지 않았습니다.

그리고 다시 조조가 어떻게 인재를 끌어모아서 이를 얼마나 열심히 활용하는지를 적극적으로 어필한다.

— 문무관을 각각 적재적소에 이용해서 많은 인재가 리더(조조)를 위해 힘쓰려고 합니다. 확실히 옛 성왕의 위업에 필적합니다.

힘 있는 조직에는 우수한 인재가 저절로 모이지만 그만큼 쉽게 떠나기도 한다. 어느 시대에나 조조와 같은 리더는 보기 드물며 원소나 유표와 같은 리더를 많이 볼 수 있다.

조직은 곧 사람이다. 리더는 조조와 똑같이 뛰어난 인재를 존대하며 모으고 그 인재를 '적재적소'에 배치해서 임용한다. 이 두 가지만 철저히 명심하면 강력한 조직을 만들어낼 수 있다. 그것만으로 충분하다.

최염崔琰과 공융孔融과 양수楊脩

후한은 역대 황제 중에서 초대와 2대를 빼고 즉위할 때 스무 살이 넘은 사람이 없고 나이 어린 군주뿐이었던 데다 성장해도 30대에 모두 세상을 떠났다. 그래서 모친의 친족인 외척, 또는 젖먹이 무렵부터 보살펴준 환관, 이 두 세력이 늘 정권을 추구하며 서로 다퉜다. 어쨌든 권력을 잡은 쪽은 비리에 손을 댔기 때문에 후한은 정치적으로 부패가 만연했다.

그런데도 200년 가까이 후한이 존속한 이유는 초대 황제인 광무제 유수의 뛰어난 통치 정책과 이를 계승한 2대 황제 명제 유장이 확고한 기반을 구축한 점, 또 무엇보다도 청빈함을 좋게 여기는 훌륭한 인재가 명사층을 형성하고 관료가 되어 국가 통치에 참여하는 제도가 확실히 정비된 점에 있다.

일부 명사는 청빈을 가장 으뜸으로 여겨서 스스로 '청류파'라고 일컫고 환관과 결탁하는 반대파를 '탁류파'라고 해서 모멸했다. 환관의 양자인 관료의 아들이었던 조조는 '탁류파' 중에서도 '청류파'에 가까운 어중간한 위치에 있었다.

조조의 양조부이자 엄청난 재산을 보유한 환관 조등 덕택에 보통 명사들과는 비교되지 않을 정도로 풍족한 환경에서 성장한 조조는 '청류파'에 속하는 명사에게는 매우 냉담했다. 그 첫 번째가 원袁 일족이고 삼국시대에 종지부를 찍고 진을 건국한 사마司馬 일족도 그중 하나이며 앞에서 소개한 왕찬 일족도 그렇다.

조조의 휘하에서 따르지만 마지막에는 조조에게 처형당한 명사로 말하자면 최염, 공융, 양수일 것이다.

원소 부자를 섬기며 그 청렴함으로 유명한 최염은 조조가 승상이 되자 상서로 임명되어 민완을 발휘했다. 후계자 문제로 고민하는 조조에게 최염은 형의 딸이 조식과 결혼했음에도 조비를 후계자로 추천했다. 이를 계기로 조조는 최염의 인물을 높이 평가했다. 사마의의 재능을 일찍부터 인정한 사람이 바로 최염이다.

최염은 매우 위엄 있고 멋진 풍모를 지닌 것으로 유명했다. 그래서 흉노의 사자가 방문했을 때 몸집이 작고 외모가 떨어진다고 자각한 조조는 최염을 대역으로 삼고 자신이 호위하는 척하다가 들키기도 했다. 훗날 이 최염은 억울한 죄로 조조에 의해 투옥당했다. 감옥에 갇혀도 위풍당당했기 때문에 격분한 조조가 216년 처형했다. 그의 나이 53세였다.

공융은 공자의 20대 자손이며 어릴 때부터 총명한 것으로 유명했다. 10세 때 어느 고관으로부터 '어릴 때 머리가 좋아도 성인이 된 후에 머리가 좋다고 할 수 없다'라며 빈정대는 말을 듣고서 '관리님은 어릴 때 분명히 똑똑했겠군요'라고 대답한 일화로 유명하다. 최염과 마찬가지로 직언하기를 꺼리지 않았고 조조에게 미움을 사서 208년 56세의 나이에 처형당했다.

이 공융과 함께 '허창에는 인재가 두 명뿐이다'라고 일컬어진 양수는

▲ 공융의 무덤(산둥성 쯔보시 淄博市)
▶ 양제의 무덤(산시성 화인시 華陰市)

'4대 태위'를 배출한 명문 중의 명문으로 선조인 양창楊敞은 전한 소제의 승상을 맡았으며 사마천의 사위이기도 하다. 219년 조조가 한중에서 유비와 지구전을 벌였을 때 조조가 '계륵'이라고 중얼거린 말을 '버리기에는 아깝지만 먹을 정도로 살이 없다'라고 순식간에 깨달을 정도로 명석한 탓에 조조의 미움을 받아 219년에 45세의 나이로 처형당했다. 모친이 원소, 원술의 사촌 여동생이었던 점도 조조의 역정을 산 원인 중 하나일 것이다.

마음이 남달리 넓고 훌륭한 인재를 받아들이는 자세를 무너뜨리지 않았던 조조지만 일면에서는 '청류파' 명사에 대해 매우 냉담했고 때로는 신랄했다. 어떤 영웅이라 해도 남자의 질투는 무섭다는 사례가 아닐까?

54 적대하는 인물을 받아들이는 담력

위경합도, 천인순지. 　　　　　　　　　　　【위서 왕찬전】

초법규적인 수단이라도 정의를 위해서라면 무슨 일이든 할 수 있다.

한문 違經合道, 天人順之.

영역 All actions that serve justice are fair even when the
means are outside the law.

삼국시대의 계기가 된 것은 후한 말기인 184년에 일어난 '황건적의
난'이다.

당시 후한의 영제는 총애하는 황후의 오빠 하진을 대장군으로 발
탁해 반란 진압에 내보낸다. 하진은 원래 푸줏간의 주인으로 여동생
덕택에 궁정에서 출세한 인물이다. 그의 밑에서 황보숭, 주준朱儁, 노
식, 장온 등 기라성과 같은 명장들이 활약하여 평정에 성공한다.

머지않아 영제가 붕어하고 하진의 어린 조카가 황제가 되자마자
환관의 전횡을 시기하는 문관과 무관들은 하진에게 쿠데타를 일으
켜서 환관을 배제하도록 강요하지만 하진은 망설인다. 이를 보다 못
한 하진의 주부, 즉 비서실장으로 섬기는 진림이 다음과 같이 하진을

재촉했다.

"병권을 장악하고 있으니 환관 퇴치는 큰 화로로 머리털 하나를 태우는 것과 같습니다. 단 질풍신뢰와 같이 상황에 따라서 결단하십시오."

야심만 있고 큰 뜻도 없는 데다 전문 군인도 아닌 하진은 중요한 때에 주눅이 들었다. 그래서 진림은 이 주제의 문장으로 하진의 용기를 북돋는다. 하지만 그래도 하진은 결단을 주저했고 환관의 반격을 받아 189년에 살해당하고 만다. 그로부터 280년 서진의 중국 재통일까지 동란의 삼국시대가 열린다.

진림은 기주(산시성山西省과 허베이성의 일부)로 도망친다. 하진 밑에서 동료였던 원소가 기주를 병합하자 원소는 옛 친구이며 글을 잘 쓰는 진림을 비서로 맞아들인다.

원소는 하북 통일을 노리고 조조 타도를 결정하고 나서 진림에게 명령해 격문의 기초를 쓰게 한다. 붓을 잡자마자 단숨에 써낸 문장은 원소가 지배하는 영지 안팎으로 뿌려진다.

이 격문을 읽은 조조는 머리에서 단번에 땀이 솟아나 오랫동안 앓았던 두통이 나아서 기분이 상쾌해졌다고 했을 정도로 크게 분노한다. 204년 원씨의 본거지인 업을 조조가 함락시켰을 때 진림은 붙잡혀서 조조 앞에 끌려 나왔다. 조조는 진림에게 이 격문을 낭독하게 한다.

"여기에 쓰여 있는 조조라는 놈은 정말로 나쁜 놈이다. 읽은 나 역시 화가 머리끝까지 치밀어 올랐다."

조조는 그렇게 화를 내면서도 문장력에 감탄하여 진림의 글재주를 칭찬하고는 물었다.

"나의 죄상을 쓰는 것은 좋지만 내 아버지를 걸인이라거나 조부는 탐욕스러운 환관이라는 등 선조의 욕까지 이렇게 장문으로 쓸 일은 없지 않은가."

— 잔뜩 당긴 활은 쏠 수밖에 없습니다.

즉 필요할 때는 과감하게 행동할 수밖에 없다고 진림은 대답했다.

일류 시인이기도 한 조조는 타인의 재능을 평가하는 능력이 뛰어났기 때문에 진림의 글재주와 직분을 완수하는 업무 태도를 높이 평가했다. 조조는 웃으며 죄를 용서하고 진림을 자신의 비서로 발탁했다.

55 구성원의 의견을 신중히 받아들인다

비단군당지신, 신역당지군.　　　　　　　　【위서 유이전】

리더라면 구성원을 알아야 함은 물론 그 구성원도 리더를 알아야
한다.

[한문] 非但君當知臣, 臣亦當知君.

[영역] Not only must the top leader know each member, but
each member must also know the top leader.

219년 조조가 장안으로 병사를 움직여 촉을 공격하려고 했을 때 막
료인 유이劉廙가 상소문을 올리며 진언한다. 유이의 이야기가 끝나
자마자 조조는 이 주제와 같은 문장으로 일갈한 후

　"주나라 문왕과 같은 덕을 행하라는 것인가. 나는 그런 성인이 아
니라는 것을 모르겠는가?"

　라고 단언했다. 조조가 결기한 지 30년의 세월 동안 이길 수 없는
적은 없었다. 하지만 멸망시킨 원소와 비교하면 대수롭지 않은 존재
인 손권과 유비를 복종시키지 않는 상황에 대해 유이는 상소문으로
지적한 후, 그 이유는 조직의 구성원이 어리석고 약한 것이 아니라
리더가 조직을 아직껏 확고히 하지 않았기 때문이라고 직언했다.

유이가 예를 든 '문왕의 덕'이란 숭이라는 나라에 세 번을 출병해도 정복하지 못한 문왕이 자국의 안녕을 위해서 덕을 닦았더니 숭이 항복했다는 일화를 말한다.

"승상도 아무것도 하지 않고 궁전 안에 눌러앉아서 뛰어난 인재를 임용해 경제 진흥과 절약에 힘쓰며 10년을 보내면 모든 사람이 풍족해지고 국가 조직도 안정될 것입니다."

이 유이의 간언에 조조는 절대로 화를 낸 것이 아니다. 하지만 자신은 기회를 포착하는 데 매우 재빠른데 성격상 촉을 눈앞에 두고 병사를 퇴각시키자는 태평한 소리를 할 사람이 아니라는 점을 바로 옆에서 모시면서도 모르냐고 질타한 것이다.

사실 조조는 '직언'하는 유이를 좋아해서 중용했다. 조조에 대한 반란을 일으킨 무리로서 동생이 붙잡혔을 때 유이는 연좌로 처형당해야 하는데도 특별 사면을 받았을 정도다.

유이는 형주 남양군(허난성 난양시) 출신으로 우국지심으로 넘치는 청년이었던 형이 형주목 유표에게 간언하고 그 역린을 건드려 처형당했기 때문에 형주에서 망명해 조조의 연속掾屬이 되었다. 유이는 조조의 휘하에서 형과 마찬가지로 군주에게 끊임없이 직언했다.

형주를 잘 다스리면서도 천하를 얻지 못한 유표에게는 간언을 받아들일 도량이 없었다. 한편으로 조조에게는 젊은 인재의 의견에 불끈 화를 내면서도 귀 기울이는 도량을 갖췄다는 것을 유이의 일화를 통해 엿볼 수 있다. 오늘날에도 통하는 이 비결은 업계를 제압할 수 있는 뛰어난 리더라면 명심해야 하는 말이다. 유이는 이때의 상소문에서 다음과 같이 말한다.

· 성인은 뛰어난 지혜를 가졌다고 해서 속인의 의견을 경시하지

않으며, 군주는 상대의 지위가 하인이라고 해서 그 발언을 무시하지 않는다.

· 천 년 후에 남을 대업을 이루는 사람은 반드시 가까이에 있는 것으로 먼 것을 살피고, 뛰어난 지혜로 정확한 판단을 내리는 사람은 아랫사람에게 질문하는 걸 부끄러워하지 않는다.

· 구성원의 의견을 받아들이고 그들과 토론하면서 조직 운영을 하는 것이 가장 중요하다.

56 넓은 도량으로 어떤 사람이든
받아들여서 난국을 극복한다

이차절격물, 소실혹다.　　　　　　　【위서 화흡전】

절약을 가장 중요한 기준으로 삼아 모든 일을 바로잡으면 많은 것
을 잃는다.

한문 以此節格物, 燒失或多.

영역 You will incur considerable losses if you organise
things on the basis of cost savings.

조조를 '난세의 간웅'이라고 평가한 허소가 추천한 인물은 중간 관리
직급 관리를 포함하면 기록할 수 없을 정도로 그 수가 많았다. 그는
단순히 사람을 잘 볼 뿐만 아니라 기대에 못 미치는 수준에서 정체
된 인물에게도 말을 걸어 추천하는 등 매우 인정이 넘치는 사람이었
다고 한다. 허소는 195년 중앙에서 벌어진 전란을 피해 예장(장시성
江西省 난창시南昌市)으로 도망쳐서 46세에 병사했다.

　허소가 추천한 인재 중 가장 뛰어난 인물로 알려진 이는 화흡和洽
이다.

　화흡은 예주 여남군汝南郡 서평현西平縣(허난성 시핑현) 출신으로 효
렴을 통해 추천받아 원소의 초빙을 받지만 응하지 않고 친척과 형주

로 이주해서 유표에게 상객의 대우를 받으며 그를 따른다. 그러나

— 어리석은 군주의 옆에 오래 있으면 위험하다.

화흡은 서둘러 단념하고 남쪽으로 이주한다. 형주를 평정한 조조는 화흡을 연속으로 삼아 불러냈다. 모개毛玠와 최염 등 조조의 젊고 우수한 막료들과 함께 화흡도 활약한다.

모개와 최염은 인재를 등용할 때 '절검節儉', 즉 청렴함과 검소함을 가장 중요하게 생각했다.

— 국가 조직은 '적재적소'에서 인물 본위의 능력에 달려 있지 절검이 기준이 되어서는 안 된다.

이렇게 말한 후 화흡은 이 주제의 문장으로 절검을 가장 중시하는 인재 등용에는 폐해가 있다고 지적한다.

위나라의 궁정에서는 당시 멋진 옷을 입고 좋은 마차를 타면 청렴하지 않다고 지탄받았다. 그런 탓에 궁정에 입궐할 때 일부러 새 옷을 찢거나 커다란 마차나 좋은 말을 숨겼으며 고관이라도 검소한 도시락을 지참하는 등 겉으로만 청렴을 가장하는 어이없는 일이 유행이었다고 한다. 그래서 화흡은 옳은 방식이나 자세라고 해도 도가 지나쳐서 극단적으로 치우치면 거짓말이나 속이는 일이 많아진다고 그 폐해를 비판한 것이다.

20세기 후반 버블 경기가 붕괴한 이후 일본에서는 기업과 개인 모두 절약주의를 가장 중요하게 생각해서 지나치게 청렴함과 검소함이 강조되는 사회로 변모했다. '물이 너무 맑으면 고기가 놀지 않는다水至淸則無魚'라는 고사성어처럼 도가 너무 지나쳐서 다른 사람의 흠만 들추어내면 물고기가 살 수 없는 강처럼 우수한 사람은커녕 아무도 얼씬하지 않는 빈껍데기뿐인 조직이 되고 만다.

성실하고 정직한 것은 중요하다. 한편 청탁을 포함해 현실 문제에 대처하는 기량도 리더에게 필요하다. 청렴결백이라는 이름에 갇혀 사회가 정말로 필요로 하는 유능한 인재를 임용하는 기회를 놓치면 안 된다. 21세기에 들어선 지 20년이나 지났다. 이제는 절약제일주의의 폐해를 깨달아야 할 필요가 있다.

화흡은 문제 조비, 명제 조예를 고관으로 섬기고 최종적으로는 태상(제사장관)의 자리까지 출세했다. 하지만 화흡은 평생을 화려함을 멀리한 채 검소한 생활을 보냈다고 한다.

57 자신의 신념을 굽히지 않고 끝까지 고수한다

언유대장부욕위공이훼기고절자야. 【위서 신비전】

어떤 대장부가 리더가 되고 싶다는 이유로 자신의 원리 원칙을 굽히겠는가.

한문 焉有大丈夫欲爲公而毀其高節者邪.

영역 Will a true man compromise his principles if he is offered a top position?

의지가 강해서 권력이나 재력에 굴하지 않고 자신의 신념을 쉽게 굽히지 않는 남자를 '경골한硬骨漢'이라고 하는데 현대 사회에서는 사어가 된 옛날 말 중 하나다.

단순히 고지식한 아저씨와 달리 정의와 정통성을 고수하고 자신의 입신출세나 부귀를 누릴 기회를 지켜보는 고상함에서 시원스런 기개가 느껴진다.

신비辛毗는 예주 영천군 양책현(허난성 우주시) 출신으로 형 신평辛評이 원소의 중신이 되었기에 원소에게 출사했고 원소가 사망하자 그의 장남 원담袁譚을 섬긴다. 204년 조조에게 사자로 갔을 때 원담과 화친해서 얻는 이로움에 대해 논리정연하게 설명했다. 조조는 그의 유능함을 인정하며 그대로 자신의 곁에 있어 달라며 붙잡는다.

한번은 원담과 조조의 화친이 이뤄지지만 동생 원상을 무찌르고 세력을 확대하자 원담은 조조와 반목한다. 이듬해 조조가 업을 공략해 원담이 패하자 신비는 조조의 막료에 가담했고 특히 조조의 아들인 조비의 마음에 들게 된다.

조비가 황제로 즉위할 때 한몫한 점도 있어서 신비는 간언하는 역할로 궁정에서 존중받는다. 명제 조예의 세상이 되자 조조 시대부터 경력이 있는 관료 유방劉放과 손자孫資가 황제의 총애를 받으며 정치를 농단한다. 이 두 사람은 유능한 문관이었지만 말단 벼슬아치가 그대로 대신이 된 듯한 가벼운 인물인 만큼 정론을 말하는 중진의 신비를 멀리하며 정치의 중심에서 멀어진다.

다른 대신들과 마찬가지로 유방과 손자에게 뇌물을 주거나 아첨하지 않는 아버지를 보다 못한 아들 신창辛敞이 세상에 맞춰 조금 타협해서 두 사람과의 친분을 맺도록 진언한다. "내 삶에는 확실히 기둥이 있다. 그 사람들과 잘 지내지 않아도 고작 내가 3공이 되는 것을 방해할 정도밖에 안 되며 나를 처형할 배짱이 없다."

신비는 그렇게 깔본 후 이 주제의 문장을 당당하게 말한다. 얼마 후 상서복사(부총리급)의 후임으로 신비의 이름이 올랐을 때 명제는 먼저 유방과 손자에게 묻는다. 두 사람은

"신비는 성실한 인물이지만 고집이 세고 타협성이 없으므로 재고하십시오."

라고 진언했기 때문에 신비는 후임 후보에서 제외되고 궁정 호위 병사를 총괄하는 위위라는 명예뿐인 한직을 얻고 만다.

자신의 원리 원칙을 미동도 않고 끝까지 고수하는 일은 쉽지 않

다. 조직에서의 타협은 때로는 필요한 것이 현실이지만 조직의 리더나 간부 자리에 오르려고 할 때 자신의 신념을 굽히지 않는 사람이기 때문에 큰일을 할 수 있다. 리더가 되는 것이 목적이 아니라 리더로서 자신이 무엇을 할 수 있는지를 아는 것이 진정한 리더다.

58 사소한 일에 주의한다

군자지행, 개적소이지고대.　【위서 종회전 주】

리더의 행위는 전부 사소한 일을 축적해서 높고 커지는 것이다.

한문 君子之行, 皆積小以至高大.

영역 An effective leader accumulates small things and achieves large purposes.

263년 사마소에게 촉의 원정을 명령받은 종회鍾會는 어머니를 매우 생각하는 효심 깊은 아들이었다. 마마보이 저리 가라 할 정도로 어머니를 끔찍이 생각했으며 어머니의 죽음을 맞이해 전기를 쓸 정도다. 그 덕분에 당시 여성으로서는 보기 드물게 그의 어머니의 본명이 밝혀졌다.

　종회의 어머니이자 종요鍾繇의 후처는 장창포張昌蒲라는 이름으로 병주幷州 태원군太原郡 자씨현玆氏縣(산시성 뤼량시呂梁市) 출신이었다. 맹자의 어머니와 마찬가지로 교육열이 높아서 5세에 부친을 여읜 아들 종회에게 엄하게 공부를 가르친다. 장창포도 어려서 부모를 여의었기 때문에 고생한 모양인지 그녀도 열심히 공부했으며 자신에게 매우 엄격한 사람이었다. 평소에 "모든 사람이 왜 저절로 덕을 익힐 수 있을까요. 오로지 노력하는 것, 신분이 낮은 사람을 대해도 자신의 언동에는 책임을 지고 다른 사람과 무엇을 주고받을 때는 분명히 구별하는 것이 중요합니다."라고 했다고 한다. 어떤 사람이 "그런 것은 사소한 일이 아닙니까?"라고 묻자 장창포는 담담하게 이 주제의 문장으로 대답했다. 뒤이어

"쓸모없는 일이라고 생각해서 작은 선을 행하지 않으면 이는 소인의 태도입니다. 좋은 요령만으로 큰 성과를 얻으려고 하는 것을 저는 좋아하지 않습니다."

그렇게 장창포는 자신이 살아가는 지침을 말한다. 장창포에게는 의붓아들이자 종회의 형인 종육鍾毓이 아직 어린 위의 3대 황제 조방을 대신하여 최고 권력을 잡은 대장군 조상이 매일 밤 크게 연회를 벌이는 것에 대해 말하자 장창포는 교만함에서 오는 자만심에 경종을 울린다.

"즐거운 일은 즐겁겠지만 오래 지속하기 어렵다. 위에 있는 사람은 그 지위에 교만하지 않고 자신의 분수를 알고 성실하기 때문에 재난을 부르는 일이 없습니다."

그 예상대로 조상은 사마의 쿠데타로 실각하고 처형당한다.

순조롭게 출세하는 아들을 끝까지 지켜보며 장창포는 257년에 사망한다. 엄격한 어머니를 여읜 후 종회는 정신이 해이해졌는지 자신의 공적을 과시하게 되었다. 친구들도 '조금 신중하게 조심스러운 태도를 취하라'며 나무랐지만 점점 더 심해진다.

촉을 평정한 후에는 경쟁자인 부장군격의 등애에게 성도 공략이라는 가장 큰 공적을 빼앗겨서 종회는 항복한 촉의 강유를 끌어들여

▲ 순욱의 묘비(안후이성 화이난시 서우현)

▲ 가후의 무덤 흔적(허난성 쉬창시)

▲ 종요鍾繇, 종회鍾會의 무덤(허난성 쉬창시)

등애를 고발하고 실각하게 한다. 종회는 촉에 그대로 눌러앉아 위에서 독립해서 제2의 유비가 되려고 시도한 것이다.

모친의 입버릇이었던 '분수를 알라'를 잊어버린 종회는 촉의 새로운 군주가 된 축하연 자리에서 부하들에게 배신당해 40세라는 젊은 나이로 생을 마감했다.

3

조직을 움직이는 원리 원칙

59 인재에게서 득이 되는 자질을
끌어낼 수 있는가

귀기소장, 망기소단. 【오서 오주전】

장점을 존중하고 단점을 잊게 한다.

한문 貴其所長, 忘其所短.

영역 I prefer to value his strength and overlook his
weakness.

조조와 유비에 필적하는 영웅인 손권은 젊었을 때부터 '총명하고 어
질며 지혜롭고 웅대한 계략이 있는 군주聰明仁智, 雄略之主也'라고 할
정도로 도량이 크고 인품은 '성도강랑性度强朗', 즉 밝고 배려심이 있
으며 훌륭한 왕인 아버지나 형에 뒤지지 않는다는 평판을 받았다.

손권은 9세에 부친 손견, 19세에 형 손책을 잃는다. 죽어가던 손책
은 유언을 남긴다.

— 현자를 세우고 능력 있는 사람을 임용하는 재주는 네가 나보
다 낫다.

손권은 형을 섬기던 장소張昭, 주유, 여범呂範, 정보程普 등 뛰어난
인재를 그대로 중용했다.

강동의 군주가 되어 8년 후인 208년, 드디어 부친의 원수인 황조黃祖를 물리치고 강하군江夏郡(후베이성 우한시武漢市)를 점령한다. 형주를 복종시킨 기세로 조조가 들이닥쳐서 손권에게 항복을 강요한다.

황제인 유종과 중신들이 조조에게 항복하고 높은 관직을 받았기 때문에 손권 진영에서도 조조에게 귀순해야 한다는 의견이 대부분을 차지했다. 스무 살 안팎의 손권은 주유와 노숙의 지지를 얻어 중신 회의에서 자신의 앞에 있는 상을 칼로 두 동강을 낸다. 그 후 조조와의 결전에 반대하는 사람도 베겠다며 자신의 각오를 보여주고 '적벽대전'에서 조조를 격퇴하는 데 성공한다.

이때 조조에게 몰래 내통한 것으로 추정되는 여러 중신에 대해 손권은 전쟁이 끝난 후 전혀 추궁하지 않았고 그들을 계속 중용했다. 이번 주제에서 말하는 바가 절대로 거짓이 아니며 젊은 손권이 리더로서 갖춘 기량이 얼마나 큰지 살펴볼 수 있다. 일본의 도쿠가와 이에야스는 다음과 같은 명언을 남겼다.

— 사람을 활용하려면 그 뛰어난 점을 잘 취해야 한다.

20세기 경영의 거장인 피터 드러커도 다음과 같이 말했다.

— 단점에만 주목하는 인물은 매니저로 승격시켜서는 안 된다.

다른 사람의 단점에 시선이 가는 사람은 자기중심적이고 기량이 작은 사람이라고 지적받는데 자칫 인간은 타인의 단점에 시선이 가기 쉽다. 인간의 장단점은 50대 50이 아니라 단점 덩어리라고 착각할 정도로 다른 사람의 결점은 쉽게 찾을 수 없다. 한편 장점은 쉽게 눈에 띄지 않아서 인내심을 발휘하며 찾아야 겨우 발견할 수 있다.

경영의 관점에서 보면 인격이나 내력과 상관없이 악습과 악벽이 있든 간에 조직에 유익한 자질을 갖춰서 공헌할 수 있다면 그만이며 특별히 다른 것에 대해 리더는 관심을 두지 않도록 하면 된다. 이를 거듭하면 저절로 장점만 보이게 될 것이다. 손권은 젊었을 때부터 이를 터득했을 것이다.

부친과 형을 여의고 어린 나이게 리더가 되어 반세기에 걸쳐서 어려운 조직 운영을 멋지게 완수한 손권의 리더십에서 2대, 3대 경영인이 배워야 할 점이 가득하다.

60 간언을 순순히 받아들이는 태도

당시역이위락, 불이위악야. 【오서 장소전】

그때는 즐기려고 했을 뿐이며 나쁜 짓을 했다고 생각하지는 않았다.

한문 當時亦以爲樂, 不以爲惡也.

영역 At that time, I did not think that I had performed an evil deed; I just enjoyed my actions.

손책은 200년 임종 때 동생 손권에게 내정을 장소에게 맡기라고 명령한 후 장소에게는 다음과 같은 유언을 남긴다.

— 손권에게 리더가 될 능력이 없다면 자네가 경영을 맡아주길 바라네.

유비와 제갈량 사이의 미담이 20여 년 전에 손책과 장소 사이에도 똑같이 있었다. 영걸인 손책의 곁에는 뜻과 야심으로 넘치는 인재가 많이 모였기 때문에 리더의 갑작스러운 죽음으로 조직이 동요한다. 하지만 장소는 손권을 리더로 세우고 조직 운영을 훌륭하게 시행한다. 또한 형의 죽음에 비탄하며 심하게 동요한 손권을 다음과 같이 격려한다.

— 선인의 뒤를 잇는 사람에게는 선인이 깔아놓은 길을 올바르게 계승하고 이를 발전시켜서 훌륭한 업적을 이루는 것이 가장 필요합니다.

장소는 서주 팽성국彭城國(장쑤성 쉬저우시徐州市) 출신으로 스무 살때 효렴으로 추천받지만 출사하지 않고 서주목 도겸에게서도 모재(관료 후보)로 추천받지만 거절했다. 그래서 격분한 도겸은 그를 감옥에 처넣는다. 아이러니하게도 도겸의 장례식 때 조사弔辭를 쓴 인물은 장소였다.

동탁이 일으킨 난으로 서주에도 위험이 닥치자 많은 이들과 함께 장소도 양주로 이주한다. 그곳에서 이제 막 군사를 일으킨 손책과 만난다. 손책은 장소를 스승이자 벗으로서 장사·무군중랑장으로 임명하고 자신의 오른팔로 삼아 경영을 맡긴다. 또한 손권이 차기장군으로 임명되었을 때는 그 즉시 장소를 군사로 지명한다. 손권은 장소를 '장공'이라고 부르며 늘 스승으로 공경했다.

형의 뒤를 이은 손권은 젊은 데다 엄청난 술꾼이어서 매일 밤 대연회를 열었다. 만취한 사람이 있으면 물을 끼얹어서까지 술을 엄청나게 마셨다고 한다. 어느 날 밤, 손권은 이런 건배사를 남긴다.

"오늘은 의자에서 굴러떨어져서 쓰러질 때까지 마시겠다."

장소는 이 말을 듣고 가만히 술자리에서 물러난다. 모두 즐기려고 하는데 왜 화를 내느냐는 손권의 물음에 장소는 은나라 주왕이 매일 밤 '주지육림'의 연회를 열어서 나라를 멸망시킨 것을 손권에게 환기하며 이 주제의 문장을 말한다. 손권도 깜짝 놀라서 자신의 어리석은 행동을 깨닫고 연회를 그만두었다.

조직의 커뮤니케이션을 원활하게 하거나 일체감을 형성하기 위해야자타임을 하며 다 함께 술잔을 주고받는 일은 아주 최근까지 중요하게 여겨졌다. 그러나 조직 내 괴롭힘에 대한 사회 문제가 대두되며 오늘날 조직의 리더는 구성원을 모아서 술잔치를 여는 것은 극구 삼가야 하며 술자리에서의 언동에 관해서는 주의를 기울여야 한다.

장소는 평생 손권에게 직언했고 손권도 발끈해서 검을 뽑을 때도 있었지만 늘 장소에게 사과하며 몸을 바르게 했다. 장소의 존재는 오나라에 있어서 정말로 뜻밖의 행운이었다.

61 부하에게 전폭적인 신뢰를 보낸다

자유지불부고, 유고지불부자유야.　【오서 제갈근전】

자유가 나를 등지지 않는 것은 내가 자유를 등지지 않는 것과 같다.

한문 子瑜之不負孤, 猶孤之不負子瑜也.

영역 General Zhou Yu never betrays me as I do him.

214년 유비가 촉을 지배 하에 두었기에 손권은 유비에게 일시적으로 영유를 인정한 형주 반환을 요구하기 위해 제갈근을 사자로 파견한다. 유비의 참모인 제갈량의 형이라서 손권도 이야기가 순조롭게 진행되리라 판단했을 것이다.

유비를 방문한 제갈근은 사자로서 공식적인 자리에서 동생을 만났지만 회의가 끝난 후에도 공사를 구분하여 형제로서 제갈량과 만나려고 하지 않았다고 한다.

제갈량이 동생과 함께 숙부 제갈현을 따라 형주로 이주했을 때 7살 위인 제갈근은 계모를 데리고 낙양에서 공부했기 때문에 동생들과는 헤어져서 양주로 옮겨 손권을 섬겼다.

제갈근과 제갈량의 부친은 태산군(산둥성 중부)의 승(차관)의 지위에 오른 제갈규라는 인물이다. 아들의 '근'과 '규'는 같은 '임금 왕王변'을 쓰는 한자명인데 나이순에 엄격한 유교적인 관점에서 보면 형제가 함께 같은 '변'의 한자를 쓰기는 하지만 부모와 자식의 경우 불효로 간주했다. 어쩌면 제갈근과 제갈량은 사실 형제가 아니라 숙부와 조카 관계가 아니었을까.

손권은 관우를 공격해 쓰러뜨리고 형주를 탈취한 후 화를 내는 유비에 대해 제갈근을 시켜 화친 공작을 펼친다. 전부터 제갈근은 오나라의 중신들에게서 제갈량을 통해 촉에 내통하는 것이 아니냐는 의심을 받았기 때문에 육손은 손권에게 불안을 호소한다. 그러자 손권은 이 주제의 문장으로 제갈근을 절대적으로 신뢰한다고 육손에게 전하고 그럴 생각으로 있다는 듯이 타이른다. 자유란 제갈근의 자이다. 제갈근이 두 마음을 품었다고 해도 리더가 이렇게까지 말하면 그 신뢰에 부응하려고 해야 훌륭한 인재다.

제갈근은 그 후에도 손권을 위해 충실히 일하고 오의 대장군으로까지 출세했으며 241년에 68세의 나이로 사망한다. 그는 검소한 관에 평상복을 입은 상태로 매장하도록 유언한다.

제갈근의 무덤은 2010년대까지 창저우시常州市 교외에 있는 제약 공장 부지 안에 있었다. 아무리 퍼 올려도 물이 마르지 않는 신기한 연못 안에 묘실이 있으며 연못 옆에는 작은 정자도 설치되어 정비되고 있었다. 하지만 현재로는 연못째로 파괴되어 방치된 상태다.

제갈근은 얼굴이 길어서 이른바 말상이었다고 한다. 어느 날 손권이 장난으로 당나귀 얼굴에 '제갈 자유'라고 써서 그 자리에 모인 사람들에게 놀림을 당한 적이 있었다. 그러자 제갈근의 여섯 살짜리 아들인 제갈각諸葛恪이 손권에게 붓을 빌려서 이름 뒤에 '지려之驢'를 써서 '제갈근의 당나귀'라는 말을 만들었다. 손권은 제갈각의 임기응변에 감탄해서 그 당나귀를 줬다는 일화가 있다.

훗날 이 영리한 제갈각은 아버지와 마찬가지로 오나라의 대장군이 되었고 손권의 아들 대에는 승상으로 올랐다. 하지만 정적에게 패하고 주살당해서 오에 있던 제갈 일족은 모두 죽임을 당했다.

▲ 주유상(장쑤성 루장현廬江縣)

▲ 손권상(장쑤성 난징시南京市)

▲ 노숙의 무덤(장쑤성 진장시鎭江市)

▲ 손권의 묘비(장쑤성 난징시)

▲ 주유의 무덤(장쑤성 루장현)

▲ 제갈량의 무덤 흔적(장쑤성 창저우시)

62 굳이 어설프게 나선다는 회유책

오득경, 해야.　　　　　　　　　　　　　　　**【오서 주유전】**

당신을 얻을 수 있어서 뜻이 이루어졌다.

> 한문　吾得卿, 諧也.
>
> 영역　My wished come true, and I could attain you.

주유는 양주 여강군廬江郡 서현舒縣 출신으로 고조부가 후한의 상서
령(행정장관)으로 임명된 이후 일족에게는 사공이나 태위 등의 3공,
태수의 자리에 오르는 사람이 있는 명문에서 태어났다. 주유의 부친
주이周異도 낙양현령과 지방장관을 역임했으며 주유도 어릴 때부터
높은 뜻을 품는다.

　손견이 반동탁군에 호응했을 때 그의 아들인 손책의 평판을 들은
주유는 수춘(안후이성 화이난시 서우현)에 방문한다. 주유와 손책은 함
께 젊고 외모가 수려하며 의협심이 넘치는 데다 신기하게도 나이가
같아서 즉시 의기투합하여 '단금지교斷金之交'를 맹세한다. 두 사람의
힘을 합치면 아무리 단단한 쇠붙이라도 끊어낼 수 있을 정도로 굳은

인연을 맺은 친구가 되었다는 뜻이다.

194년 원술의 명령으로 손책이 양주의 유요劉繇를 정벌하러 가기 위해 장강을 동쪽에서 건너려고 역양歷陽(안후이성 마안산시馬鞍山市)에 주둔하고 있을 때 주유가 병사를 이끌고 서둘러 달려온다. 그때 손책이 이 주제의 문장을 말하며 주유를 맞아들였다. 마침내 애타게 기다렸던 동지 주유와 함께 대업을 이룰 수 있다며 손책은 확신했기 때문이다. 이때 손책과 주유는 유요를 크게 무찌른다.

대업을 이루는 훌륭한 리더에게는 자신보다 더 큰 뜻을 가진 동지의 도움이 필요하다. 동지와의 만남이 있는 리더이기 때문에 사람은 대업을 이룰 수 있다. 《삼국지연의》의 영웅들을 보면 한눈에 이해할 수 있는데, 오늘날에도 이 법칙은 변하지 않는다.

손책을 지원하는 원술도 주유를 눈여겨보지만 주유는 원술이 조만간 실패하리라 예측했다. 그는 손책의 본거지인 오(소주시蘇州市)로 도망쳤고 손책은 주유를 건위중랑군(부장군격)으로 임명한다. 24세의 주유를 사람들은 '주랑周郎', 즉 주의 젊은 대장이라고 부르며 모셨다.

200년에 손책이 사망하자 주유는 중진인 장소와 함께 조직 운영을 집행한다. 손책과 손권의 모친인 오부인은 손권에게 주유를 형으로 모시라고 명령하는 한편, 주유는 손권을 애송이라며 깔보는 중신들을 무시한 채 직접 경의를 표하여 정중하게 말하며 솔선해서 손권을 리더로 받들어 모신다. 주유가 정중하게 섬기는 모습을 보고 곧 누구나 손권에게 예의를 차리게 되었다.

또한 장군인 정보는 주유보다 연장자였기 때문에 종종 주유를 모욕한다. 하지만 주유는 정보에게 거스르지 않고 늘 겸손한 자세를 보여서 결국 그 대단한 정보의 인정을 받게 된다. 주유의 겸손함이 정보를 진심으로 따르게 했다는 평판을 들었다.

오늘날에도 실력주의를 주장하는 곳들이 존재하지만, 기본적으로는 사회는 연공서열 위주로 돌아간다. 하지만 나이가 많다는 것만으로 거만하게 구는 속 좁은 사람, 나이가 어린 주제에 능력이 뛰어난 것은 건방지다며 시기하는 콤플렉스를 가진 사람이 많다. 이런 사람에게는 일단 머리를 숙이는 방법밖에 없다. 한편 리더는 후배에게 겸손한 마음도 잊어서는 안 된다.

63 리더와 구성원의 철벽같은 신뢰관계

비단군택신, 신역택군.　　　　　　　　　【오서 노숙전】

리더는 구성원을 선택하지만 구성원도 리더를 선택한다.

───────────────────────────

[한문] 非但君擇臣, 臣亦擇君.

[영역] It is not only leaders who select their followes but followers who select their leaders.

───────────────────────────

서주 하비국 동성현東城縣(안후이성 딩위안현定遠縣) 출신의 노숙은 부친을 일찍 여의었으나 유복한 친가에서 성장한다. 재산을 아끼지 않고 지역의 가난한 사람을 도우며 명사들과도 친하게 지낸 덕분에 이름을 알리게 된다. 그의 소문을 들은 주유는 노숙을 찾아가 친구의 인연을 맺는다.

　원술은 노숙을 동성현장으로 임명하지만 노숙은 원술 밑에서는 대업을 이룰 수 없다고 판단한다. 그러자 교우지간인 유엽이 양주에서 군사를 일으키자고 노숙에게 권한다. 이에 응하려고 하는 노숙을 보고 주유는 후한의 광무제 유수가 장군 마원馬援에게 했던 이 주제의 문장을 인용해 만류한다. 난세의 시대야말로 뛰어난 인재를 믿고 활용할 수 있는 리더를 선택하는 것이 중요하다는 뜻이다. 주유는 젊고 도량이 깊은 손권을 다음과 같이 평가한다.

— 친현귀사親賢貴士, 납기록이納奇錄異. (현명한 사람들을 가까이하고 선비를 예로 대하며 비상한 인재를 받아들인다).

'현명한 사람과 뜻 있는 선비를 소중히 대하고 남다른 재능이 있는 인재를 받아들이는' 도량이 있으니 자신과 함께 손권을 섬기지 않겠느냐고 권한다. 주유에게 추천받아 손권이 처음으로 접견했을 때 노숙은 강동에서 왕이 될 것을 손권에게 거리낌 없이 권유한다. 또한 강대한 조조에게 대항하여 독립을 확보하기 위해서 유비와 동맹을 맺도록 제안한다. 형주를 평정한 조조가 압도적인 군사력으로 손권에게 귀순을 요구했을 때,

— 조정대계早定大計, 막용중인지의야莫用衆人之議也. (서둘러 대계를 정하고 많은 사람의 논의에 이용당하지 말라).

"빨리 결단을 내리십시오. 중의에 휘둘리면 안 됩니다"라고 손권에게 결단을 재촉했으며 중신들의 논의에 종지부를 찍게 해서 조직의 방향을 일원화한다. '적벽대전'에서의 큰 승리는 어디까지나 노숙의 '선견지명'과 행동력, 그리고 주유와의 멋진 연계 행동 덕택이다.

노숙과 주유는 손권을 대표로 하는 조직을 지키고 성장시킨다는 점에서 일심동체로 목숨을 걸고 임한다. 손권도 두 사람을 끝까지 믿고 최대한으로 활약하게 한 점에서 뛰어난 리더였다. 멋진 신뢰관계가 상하 간에 구축될 때 조직은 큰 힘을 발휘한다.

208년 '적벽대전'에 패배해서 지친 조조의 틈을 노리기 위해 주유는 한중의 마초와 동맹을 맺고 조조 북벌이라고 해서 직접 양양에서 출격하는 위대한 계획을 세운다. 손권의 재가를 받아 준비가 한창일

때 주유가 파구巴丘(후난성湖南省 웨양시岳陽市)에서 병으로 쓰러진다. 손권에게 보낸 편지에서

— 인생유사人生有死, 수단명의修短命矣. (인생에는 죽음이 있고 그 길고 짧음은 타고난 운명이다.)

'사람은 언젠가 죽는 법이며 목숨의 길이는 천명이다'라고 달관한 말에 이어서 뜻을 끝까지 이루지 못하고 죽게 되어 리더인 손권의 명령을 완수하지 못한 것이 마음에 남는다고 말한다. 그 후 210년 36세의 나이로 주유는 사망했다. 이 목숨을 건 배턴은 노숙에게 넘어간다. 주유가 이때 병으로 쓰러지지 않았다면《삼국지연의》의 스토리도 크게 달라지지 않았을까.

---

64 세상을 위해서 자기 연마에 힘쓴다

경재상의. 【오서 여몽전 주】

개인적인 욕망에 집착하지 말고 세상 전체에 도움이 되는 일을 생각한다.

한문 **輕財尙義.**

영역 Think about what is beneficial for the whole world without basing one's desires.

여몽은 예주 여남군 부피현富陂縣(안후이성 푸양시阜陽市) 푸난현阜南縣 출신으로 부친을 일찍 여의고 모친과 여동생과 함께 강동으로 이주해서 15세~16세 무렵부터 군대를 따라 전쟁에 임한다. 어느 날 모욕을 준 관리를 칼로 베어 죽인 여몽의 소문을 들은 손책이 여몽에게서 비범함을 보고 측근으로 삼는다.

손권이 대를 이은 후 주유나 정보와 함께 전쟁터에서 무공을 쌓아 하사관에서 장군으로 출세한다. 어느 날 손권이 여몽과 같은 장군인 장흠蔣欽에게 질문한다.

"둘 다 요직에 있어서 일을 잘하지만 공부해서 지식을 넓히는 것도 중요하다."

무도에 관한 지식만으로는 대국적인 조직 운영을 할 수 없다는 지적에 여몽은 다음과 같이 대답한다.

"군에 있으면 직무가 바빠서 책 읽을 시간이 없습니다."

"학자가 되라는 게 아니야. 나도 어렸을 때 책을 가까이 한 것이 훗날 매우 유익했다고 느낄 때가 있다네. 총명한 두 장군이 공부하면 얻는 것이 많을 거야."

그렇게 타이르는 손권은 《손자》, 《육도》, 《춘추좌씨전》, 《국어》, 《사기》, 《한서》, 《동관한기》를 먼저 읽도록 추천하고, 후한의 광무제 유수, 그 유명한 조조도 진영 안에서 책을 손에서 놓지 않았다는 일화를 예로 들어 설득한다. 그 말에 순순히 따른 여몽은 학문에 힘쓰게 된다. 여몽의 독서량은 엄청나서 일반 유학자도 맞설 수 없는 정도로 많은 책을 독파했다.

주유의 후임으로 관우와 대치하는 임무를 맡은 노숙은 여몽이 주둔하는 육구陸口(후베이성 셴닝시咸寧市)에 인사차 들른다. 여몽은 힘센 무인이라고 해도 교양 있는 문인은 아니라고 속으로 얕잡아 본 노숙은 여몽과 대화를 나누자마자 예전의 여몽과는 지식이 현격하게 차이가 나서 깜짝 놀라

— 비복오불하몽非復吳下阿蒙. (오나라에 있을 때의 여몽이 아니다.)

"오의 수도(소주)에 있었을 무렵의 여몽과는 다른 사람 같다"라고 칭찬하며 태도를 바꾼다.

— 사별삼일士別三日(즉경괄목상대卽更刮目相對). (선비와 헤어지고 3일이 지나면 괄목해서 상대해야 한다.)

"리더는 3일이나 만나지 않으면 얼마나 성장했는지 새로운 눈으로 봐야 한다." 관우도 자신과 똑같이 성인이 된 후에 학문에 뜻을 두

어 《춘추좌씨전》을 통째로 외울 수 있을 정도의 지식을 축적했기 때문에 무인이라고 얕잡아 보지 말라고 노숙에게 전하고 여몽은 대책안을 전수한다.

훗날 손권은 높은 지위에 오른 후에도 교만하지 않고 학문에 힘쓰며 적극적으로 자기 개혁에 노력한 여몽과 장흠을 뛰어넘을 자는 없을 것이라고 크게 칭찬한다. 그런 후 이 주제의 문장을 말하며 권력자가 되어도 부를 축적하는 데 급급해하지 않고 세상을 위해서 자신을 연마하는 높은 뜻을 가진 이 두 사람이 자신의 조직을 대표하는 인재라는 사실이 대단하다고 칭송했다.

219년 여몽은 관우를 베고 형주를 탈환하는 큰 공을 세우지만 42세에 애석하게도 병으로 죽었다.

65 리더로서 청렴함을 추구한다

광시방략, 이관기변. 　　　　　　　　【오서 육손전 주】

널리 계획을 정리하고 정세 변화를 기다린다.

한문 廣施方略, 以觀其變.

영역 Let us prepare and develop a certain strategy for observing the changes in the situation.

조직을 대표하는 사람의 임무는 조직이 확실하게 이기도록 전략을 정하는 것이다. 궁지에 몰려서 이판사판으로 움직여도 실패하기 마련이다. 승리를 확실히 이끌어 낼 수 있는 리더는 늘 용의주도하게 만반의 준비를 해서 실수가 없으므로 싸움이 시작되면 승리를 거둔다.

아무리 강한 조직이라도 역풍을 맞으면 그 힘을 최대한으로 발휘할 수 없다. 하지만 환경이나 조건이 충분히 유리할 때는 큰 힘을 쓰지 않아도 목적을 쉽게 달성할 수 있다. 따라서 자신이 이길 수 있는 환경과 조건이 갖춰지고 호시탐탐 절묘한 기회를 노릴 수 있을 때까지 조직의 말단까지 통솔할 수 있어야 한다.

양주 오吳군 오현(장쑤성 쑤저우시蘇州市)의 유력가 집안에서 태어난 육손陸遜은 203년 21세 때 손권의 비서역으로 임명되었고, 손권에게 잘 보여서 그의 형 손책의 딸을 아내로 맞아들이게 된다.

219년 관우와 대치하던 여몽이 병에 걸렸을 때 육손이 후임으로 발탁되었고 편장군(준장)에 임명되어 파견을 나간다. 육손은 관우에게 정중한 편지를 보내 친밀한 관계를 맺으려 했으나 관우는 무명의 육손을 얕보고 방심한다. 결국 관우는 크게 패하며 붙잡혀 육손에게 참수당한다.

222년 관우의 복수와 형주 탈환을 노린 유비가 직접 앞장서서 촉군을 거느리고 장강을 내려와 오에 침공한다. 손권은 육손을 대도독(원정군 최고사령관)으로 임명해서 5만 대군을 지휘하게 한다. 다가오는 촉의 대군에 즉각 요격하려고 하는 장군들에게 육손은 이 주제의 문장으로 동요를 막는다. 적이 기세 넘치게 공격해올 때는 당황해서 싸우지 말고 우선은 상황을 살피며 깊숙한 곳까지 유인하자는 육손의 계책을 듣고 고참 장군들은 젊은 육손이 두려워한다고 여기고 비웃었다. 그러자 육손은 칼을 만지며

— 복수서생僕雖書生, 수명주상受命主上. (나는 비록 서생이나 주상의 명령을 받았다.)

"나는 풋내기일 수도 있지만 리더의 명령을 받아서 지휘하는 것이니 군령을 위반하는 사람은 용서하지 않겠다"라고 표명해서 자신보다 나이와 경력이 많은 용장들을 입 다물게 한다. 그 후 육손이 세운 작전을 따라서 오군이 촉군을 격퇴하며 유비는 패배했다. 육손은 결과적으로 유비를 백제성에게 죽게 만들었다.

육손은 훗날 오의 승상의 자리에 오를 정도로 출세했는데 교만하지 않고 충의가 두터우며 청렴한 인품을 자랑했다고 한다.

손권의 후계자 문제로 어수선한 상황에서 육손은 245년 실의에 빠져 63세의 나이로 죽는다. 제갈량과 마찬가지로 최고의 권력을 가졌지만 집에 개인적인 부를 하나도 축적해놓지 않았다고 한다. 역시 청렴함이야말로 리더의 가장 중요한 조건이 아닐까?

육손이 당시 훌륭한 리더로서 존경받은 증거는 《삼국지》에서 군주를 제외하고 단독 열전이 실린 사람이 제갈량과 이 육손뿐이기 때문이다.

66 조직의 틈새를 간과하지 마라

일사불뢰, 즉구수기패. 【오서 여범전 주】

만약에 한 군데라도 구멍이 있으면 즉시 모두 함께 침몰의 쓰라림을 겪는다.

한문 一事不牢, 即俱受其敗.

영역 If there is a hole in one spot on the boat, we will drown along with everybody else.

예주 여남군 세양현細陽縣(안후이성 푸양시 타이허현太和縣) 출신의 여범은 젊은 나이에 관리로 임용된다. 그 지역의 유력가에게 아름다운 딸이 있어서 여범이 아내로 바랐더니 그녀의 모친이 맹렬히 반대한다. 그러나 부친은 여범의 풍모를 보자 가난한 말단 관리로 끝날 남자가 아님을 간파하고 허락했다고 한다.

　원술의 세력 밑에 있던 손책을 만난 여범은 부하 100명과 함께 그의 휘하로 들어간다. 그는 손책의 어머니를 맞이하는 사자로서 양주로 가던 도중 서주목 도겸에게 붙잡혀서 고문을 받고 감옥에 갇히거나 손책이 산야로 도망쳐 온갖 고생을 했을 때도 행동을 함께했다. 그래서 여범은 손책에게 가족과 다름없는 대우를 받았고 그의 오른

팔로서도 활약한다.

여범은 손책과 함께 바둑을 두다가 군의 규율이 풀어졌다는 소문을 듣는다.

"잠시 도독(군의 감독관)으로 조직의 기강을 잡게 해주십시오."

막료로서 이미 집행임원의 지위에 올라있던 여범이 중간관리직으로 계급을 떨어뜨려 달라고 자청한 것이다.

"새삼스럽게 조직 말단의 자질구레한 일을 직접 처리할 필요는 없지 않은가?"

손책은 여범이 일부러 나서야 할 일이 아니라며 거절하려고 하자 여범은 다음과 같이 말한다.

"세상을 위해 공헌하려는 뜻을 두고 모인 자들은 한 배를 타고 넓은 바다를 건너려고 하는 것과 같습니다."

이 말에 뒤이어 이 주제의 문장을 말한다. 그렇게 말하자마자 말을 타고 성문을 나가려고 하니 손책도 어쩔 수 없이 도독 임명서를 내린다. 조직에서 규율이 소홀해지면 사소한 일이라도 큰일로 번지기 때문에 서둘러 손을 써야 한다는 뜻이다. 조직의 기강 단속을 맡은 여범은 조직 구성원들에게 규율을 철저히 지키게 하고 긴장감이 있는 조직으로 다시 단련시켰다.

조직의 빈틈은 커지기 전에 빨리 대처하는 것이 원칙이다.

손책이 여범에게 회계를 맡겼을 때 젊은 손권이 종종 생각 없이 돈을 달라고 했다고 한다. 여범은 손책의 허가 없이 절대로 돈을 주지 않았기 때문에 손권에게 미움을 샀다. 손권이 현장을 맡았을 때 공금을 유용한 탓에 주곡周谷이라는 사람이 감사를 피하기 위해 장부를 고쳐 써서 손책에게 제출했다. 당시 손권은 기뻐하며 그에게 고

마워했지만 훗날 군주가 되자 그는 여범이 조직에 충실하다며 중용했고 주곡은 임용하지 않았다.

여범은 개인적으로 조금 사치스러워서 저택도 호화롭고 의복도 화려했다고 한다. 하지만 열심히 일하고 규율을 엄수했기에 손권은 참언을 받아도 여범을 한 번도 질책하지 않았다고 한다. 손권은 일을 잘하면 개인의 취미와 취향은 따지지 않겠다는 입장을 고수한 군주였다.

《삼국지》 주석의 저자 배송지

배송지(372년~451년)는 동진 시대에 태어났다. 동진은 진이 북방 이민족에게 공격당해서 진의 종가 중 한 명인 사마예司馬睿가 건업建業(현재의 난징南京)에 세운 왕조다.

배송지는 하동군河東郡 문희聞喜의 사람으로 8세의 나이에 《논어》, 《시경》에 정통해서 신동으로 이름이 높았다. 20세가 되어 전중장군이 되었다. 효무제의 측근에서 섬기며 자문에 대답하거나 밤에는 말벗이 되는 중요한 직무다. 그 후 순조롭게 출세했다. 얼마 지나지 않아 오두미도를 신봉하는 손은孫恩이 농민을 거느리고 반란을 일으켰다. 반란은 무인인 유유劉裕가 평정했는데 권력은 유유가 장악하게 되고 배송지는 이 유유를 섬겼다.

곧 유유가 왕조를 세웠다. 이것이 송 왕조인데 훗날의 송 왕조와 구별하기 위해 유송이라고 한다. 즉위한 유유는 명령을 내렸다.

"배송지는 대신에 어울리는 인물이다. 태자 보조관으로 임명한다."

머지않아 유유가 죽고 장자인 유의부劉義符가 뒤를 잇지만 그는 노는

데만 정신이 팔려 정치를 돌아보지 않았기에 신하에게 살해당했다. 뒤이어 문제 유의륭劉義隆이 즉위했다.

문제는 정치 공적을 들어서 황제 비서로 오른 배송지에게 명령했다.

"진수의《삼국지》에 주석을 달도록 하라."

배송지는 사방으로 흩어진 서적을 수집하고 수많은 이설을 들어서 주석을 달았다. 그렇게 완성된《삼국지》를 보고 문제는 칭찬을 아끼지 않았다고 한다.

"그대의 이름은 길이 후생에 전해질 수 있을 것이다."

배송지는 그 후 관립대학박사관이 되었고 심의관이 되었다. 또한 하승천何承天이 완성하지 못한《국사》를 계속 편찬하도록 명령을 받았지만 완성을 기다리지 못하고 사망했다. 그의 나이 79세였다.

4

사람을 믿고 육성한다

67 리더의 풍격이란 무엇인가

소어언, 선하인, 희로불형어색. 【촉서 선주전】

말수가 적고 겸손하며 감정을 얼굴에 드러내지 않는다.

한문 少語言, 善下人, 喜怒不形於色.

영역 He is a polite man of few words and who does not show their feelings on their faces.

유비의 생김새는 《촉서》에 확실히 기술되어 있다. 그림에 조예가 있는 사람이라면 유비의 초상을 쉽게 그릴 수 있을 것이다. 키는 7척 5촌(173cm 정도)이며 팔이 무릎에 닿을 정도로 길었고 귀가 매우 커서 자신의 눈으로 볼 수 있었다고 한다.

　당시에는 고귀한 사람을 증명하는 수염이 적어서 본인도 그 점을 콤플렉스로 여긴 모양이다. 수염이 자랑인 장유張裕라는 사람이 유비의 수염을 조롱했는데 시간이 흐른 후 다른 기회에 트집을 잡아서 제갈량의 만류에도 장유를 처형했다. 유비라고 하면 인덕으로 넘치는 인물이어야 할 텐데 의외로 편협하고 자기애가 강한 측면이 있었던 듯하다.

유비의 출신지인 탁군涿郡 탁현 누상촌樓桑里은 오늘날 베이징시 남쪽 교외의 주택 구역이라고 할 만한 쥐저우涿州시내인데, 한漢 시대에는 북쪽 끝 변방의 마을이었다. 유비가 선조라고 자칭한 중산정왕 유승劉勝의 중산국은 현재 허베이성 바오딩시保定市로 쥐저우시 남쪽에 인접해 있다. 유승의 아들 유정劉貞이 탁현을 영토로 삼은 육성정후로 봉해지며 자손이 탁주에 정착했다고 한다.

유비의 부친은 현의 관리로 일했으나 요절해서 유비는 모친과 돗자리를 팔며 생계를 꾸렸다는 일화가 유명하다. 하지만 유명한 노식盧植의 밑에서 공부할 비용을 대준 숙부가 유복했다고 하므로 얼마나 가난했는지는 알 길이 없다. 이 유비의 숙부와 모친이 유비의 출세하는 모습을 언제까지 봤는지 사서에는 전혀 기록되어 있지 않다.

이 주제의 문장은 유비의 기질에 대하여 《촉서》에 기록되어 있는 구절이다. 오늘날 중국뿐만 아니라 동아시아에서 이상적인 리더의 조건 세 가지다. 또한 유비는

— 홍의관후弘毅寬厚, 지인대사知人待士. (의지가 굳세고 도량이 넓으며 사람을 볼 줄 알고 선비를 대우할 줄 안다.)

'도량이 넓고 마음이 깊으며 훌륭한 인물에게 겸손했다'고 한다. 또한

— 개유고조지풍蓋有高先祖之風, 영웅지기언英雄之器焉. (대저 고조(유방)의 풍격이 있고 영웅의 그릇이다.)

'확실히 고조의 풍격을 갖췄고 영웅의 그릇이었다'라며 한을 건국한 고조 유방을 닮았다고 기록되어 있다. 유방은 멋진 수염을 길렀으며 얼굴이 길고 용안(군주의 용모)이었다고 하니 유비는 수염이 없

는 용안이지 않았을까?

　풍모는 그렇다 치고 유비는 고조 유방을 의식한 행동을 했다. 본보기나 목표로 삼는 인물에게 자신을 겹치는 방법은 리더 본인의 성장을 위해서 중요한 접근법이기도 하다. 유비는 유방이 태어난 패현을 본거지로 삼은 적도 있으며 조조를 상대로 끈질기게 버텨서 필사적으로 한중을 차지하기도 했다. 한중은 '한'에서 유래된 지역으로, 진 왕조가 멸망한 후 유방이 한중왕의 자리에 오르고 훗날 황제로 즉위했을 때 국호가 된 것과 관련이 있는 지역이었기 때문이다.

유비의 조상 '중산정왕 유승'

전한의 제6대 황제이자 경제의 아들인 유승은 기원전 154년에 중산왕으로 봉해졌다. 유비가 중산정왕 유승의 후예라고 자칭하며 황제 지위의 계승권이 있다고 주장한 것은 모두가 알고 있다. 중산국은 현재의 허베이성 중부에 있으며 춘추전국시대부터 존재하는 오래된 국명인데 전한의 건국자 고조 유방이 중산군으로 그 명칭을 부활시켰다. 유승은 유방의 증손에 해당한다. 유승이 왕이 된 중산국은 기주에 속해서 14개현을 관할했다고 한다.

기원 8년에 왕망王莽이 전한의 황제를 폐위하고 '신新'을 건국하자 중산국은 상산군으로 변경되었다. 《삼국지연의》에서 조운趙雲이 '상산의 조자룡'이라고 출신지와 함께 이름을 말할 때의 '상산'이다. 즉 유비와 조운은 현재 한국의 부산 사람과 울산 사람이 같은 경상도 주민이라고 느끼는 것보다 더 친근감이 있었을 것이다. 기원 25년 광무제 유수가 후한을 건국하자 그 족장인 유무劉茂가 다시 중산왕으로 봉해지며 중산국이 놓였다.

▲ 중산정왕의 금루옥의
▼ 중산정왕의 무덤(허베
   이성 바오딩시 만청구)

한편 전한의 중산왕 유승은 술과 여자를 좋아하는 전형적인 철부지여서 아들만 50명이 넘었고 손자의 경우 200명 가까이 있었다. 300년 후에 태어난 17대 자손이 되는 유비의 시대에는 구 중산국 영역인 탁군, 상산군에는 1만 명이 넘는 유승의 남계 유전자를 물려받은 사람이 있었다고 추정된다.

1968년 중화인민공화국에서는 대미전을 가정해서 산악지대에 기지와 무기고를 구축하는 작업을 진행하던 중 허베이성 바오딩시 만청현滿城縣의 산간부를 다이너마이트로 폭파했을 때 분명히 도굴당하지 않은 고대의 왕릉묘가 발견되었다. 그것은 중산왕 유승과 왕비 두관竇綰의 무덤이었다. 두 사람의 유해는 각각 금루, 은루로 감싸였고 수많은 유품이 발굴되었다. 2천 년이 넘는 세월을 거친 만큼 유해는 재가 되어 흙으로 돌아갔지만 유승의 금루옥의는 188센티미터나 되었다. 능묘의 매장품에 술잔과 술병이 많이 발견된 점에서 사후에도 연회가 매일 밤 열리도록 유승이 매장된 듯했다. 사마천이 쓴《사기》의 기술에 대한 신빙성이 한층 더 높아지는 발견이기도 했다.

기원전 113년에 죽은 중산왕 유승은 '정靖'이라는 시호를 받아서 중산정왕이라고 불리는 근거가 되었다.《일주서逸周書》시법해에는 183개의 글자가 시호로 수록되어 있다. 상중하로 분류되는 가운데 상에 해당하는 미시美諡(아름다운 뜻을 지닌 시호 — 역주) 중에 '정'이 있는데 온화하다, 평온하다는 의미가 있으며 맛있는 술과 미녀를 사랑한 미워할 수 없는 인품을 방불케 한다.

68 힘을 발휘하기 쉬운 환경을 만든다

개처지현임, 진기기능. 【촉서 선주전】

모두 높은 지위에 올라서 그 힘을 충분히 발휘할 수 있었다.

[한문] 皆處之顯任, 盡其器能.

[영역] Everyone was given a proper position for developing and demonstrating their true abilities.

유비는 '황건적의 난'에 대적하기 위한 의병을 결성해서 이리저리 옮겨 다니며 싸웠고 의형제의 인연을 맺은 공손찬에게 몸을 의탁해서 현령과 경비대장 등의 관직에 올랐다. 공손찬은 그를 서주 도겸에게 원군으로 파견했고 명목뿐이기는 했지만 도겸은 유비를 예주자사로 임명했다.

유비가 좌장군의 자리에 올랐을 때 서주 이후 쭉 함께한 측근 미씨 형제도 조조의 눈에 들어 형 미축麋竺은 영군태수, 동생 미방麋芳이 팽성국상으로 추천을 받는다. 또한 200년 조조의 휘하에 든 관우도 조조가 조정에 건의해서 수정후, 편장군의 자리에 오른 일은 유명하다.

유비에게는 관우 외에 탁주 시절부터 함께한 장비, 진도陳到, 간옹簡雍, 도중에 합세한 조운, 그리고 미씨 형제와 마찬가지로 서주 이후 함께한 측근인 손건孫乾, 형주에서 제갈량, 동화董和, 황충黃忠, 위연 등이 부하가 되었다. 하지만 그 관직은 전부 자신들이 멋대로 지칭한 것이며 후한의 황제가 정식으로 임명한 칭호는 아니었다. 나중에 합세한 마초가 겨우 한의 편장군, 훗날 유비의 주청으로 평서장군의 자리에 오른다.

일본의 전국시대나 에도시대에도 가와라노카미河內守, 가즈사노스케上総介, 사에몬노조左衛門尉 등을 자칭하는 무사가 많았는데 그와 동시에 조정에서 정식으로 관직으로 발급받은 사람이 있었던 것과 마찬가지다.

214년에 익주를 평정한 후 유비의 조직에는 끝까지 익주목 유장을 따른 사람, 유장에게 신임받지 못한 사람, 철저히 유비를 반대한 사람 등을 포함한 익주 무리도 가세했다. 일본의 도쿠가와 정권으로 말하자면 친번, 세록지신, 방계의 혼합체, 즉 건더기만 잔뜩 있는 냄비와 같은 상태가 되었다. 219년 유비가 한중왕을 자칭하며 221년 황제로 즉위하자 마침내 후한을 계승한 촉한으로서 정식 관직을 발급할 수 있게 된다. 공적이 있는 사람에게는 높은 지위를 내렸고 허정許靖처럼 명성만 유명한 사람, 유비를 예전부터 싫어한 유파劉巴에게도 높은 관직을 마련해서 뜻이 있는 사람은 적극적으로 경쟁하며 유비의 신체제에 협력했다. 이 주제의 문장대로 훌륭한 인재가 일치 단결해서 그 힘을 충분히 발휘하는 체제를 만드는 데 성공한다.

유비가 오랫동안 고생한 성과이기도 했지만 단기간에 익주가 타지 사람인 유비의 신체제로 이행할 수 있었던 것은 조직을 이끄는 사람으로서 신구의 조화로 훌륭한 인재가 능력을 발휘할 수 있는 환경, 즉 유비가 '적재적소'를 실행한 점에 있다. 《삼국지》를 읽어보면 '적재적소'에 실패해 멸망한 사람들의 일화가 가득 담겨 있다.

69 인재가 있어야 조직이
성립한다는 점을 명심하라

부제대사필이인위본.　　　　　　　　【촉서 선주전】

대업을 이루려면 무엇보다도 사람이 가장 중요하다.

한문 　夫濟大事必以人爲本.

영역 　An effective leader who wishes to accomplish great achievement must value people as the foundation of his organisation.

유비는 훌륭한 인재의 지혜를 빌리는 것의 중요성을 알았다는 점에서 조조와 같은 식견을 갖췄다. 국가를 경영할 때는 조직을 뒷받침하는 구성원들이 있어야 비로소 조직적인 활동을 할 수 있다는 사실을 두 사람 다 잘 이해했다.

　조조는 평소에 장병의 훈련을 게을리하지 않았다. 또한 196년에 둔전제(병사나 유랑민에게 논밭을 주고 경작하게 하는 제도. 서주목 도겸이 진등에게 명령한 것이 시초이며 훗날 조조가 대규모로 도입했다)를 적극적으로 실시하여 병사, 즉 인재를 육성하는 기반 만들기에도 힘을 쏟았다.

　208년 형주에 침공한 조조는 주목(장관)인 유종에게 항복을 받아

270 ● 삼국지 경영학 수업

내 형주를 합병한다. 하지만 조조의 산하에 들기를 거부하는 유종의 측근을 포함한 형주의 명사, 상인, 농민은 유비를 따라 형주 남부로 도망친다. 유비를 뒤따른 십여만 명의 도피행은 속도가 느려서 곧 조조가 파견한 기병에게 쫓기고 만다. 거치적거리는 사람들을 버리고 도망치자는 진언에 이 주제의 문장으로 자신의 신조를 말한 후 유비는 다음과 같이 확실하게 말한다.

— 나를 따르는 사람들을 내버려 둘 수 없다.

수많은 사상자를 내면서도 유비는 자신만 도망치지 않았고 두 딸까지 조조군에게 붙잡혔다. 하지만 이때 백성을 내버려 두지 않았던 점이 유비의 명성을 드높이는 요인이 된다.

정말로 내버려 둘 수 없었는지, 아니면 많은 백성을 인간 방패로 사용해서 자신을 보호하는 수단으로 삼았는지 그 진의는 알 수 없다. 그러나 유비는 '장판長板전투'를 거쳐 유표의 장남인 유기가 머무는 하구夏口(후베이성 우한시)에 간신히 당도한다. 이후 '적벽대전'에서 오군과 함께 조조를 격퇴했고 유비는 형주 남부를 확보하여 마침내 단독으로 영토를 얻는 데 성공했다.

유비는 인재야말로 자신의 조직을 성립하기 위해 가장 중요한 사항임을 피부로 느꼈다. 다시 말해 경험을 통해 터득한 것이다. 완력이 센 관우와 장비, 또 의동생에 준하는 조운 등과 같은 무인은 주위에 많았지만 전략을 세우는 명사, 즉 지식인 계급의 문인은 좀처럼 오래 따르지 못했다. 무인과 달리 문인은 안전성이 부족한 리더의 밑에서는 그 재능을 살릴 가능성이 적기 때문이다. 그러나 유비를 따라 형주 남부로 이주한 제갈량은 단순한 문인이 아니라 젊지만 배짱이 두둑했다는 사실을 엿볼 수 있다.

— 신의를 천하에 널리 떨쳤으며 영웅들을 장악하고 목마른 자가 물을 찾듯이 현자를 갈망하십니다. 신의저어사해信義著於四海, 총람영웅總攬英雄, 사현여갈思賢如渴.

이처럼 제갈량이 유비와 처음 만났을 때 한 말이 《촉서》의 '제갈량전'에 기록되어 있는데 '삼고초려三顧草廬'가 없어도 이미 제갈량이 유비의 의기에 감동했음을 추측할 수 있다.

70 일생을 바쳐서 그 길을 깊이 연구한다

연이육십유여, 하소복한, 불복자상. 【촉서 선주전】

이미 60세가 넘은 지금 죽는다고 해도 원망하거나 후회할 일이 전혀 없다.

[한문] 年已六十有餘, 何所復恨, 不復自傷.

[영역] No more than 60 years old and close to death. I bear no grudges, and I regret nothing.

100세 시대인 오늘날, 예전에는 환갑이라고 해서 노인 그룹에 속한 60세도 아직 청년처럼 생각이 젊고 외모도 나이에 걸맞지 않게 젊음에 넘치는 남녀가 늘어나고 있다. 유비가 살던 시대의 60세는 오늘날로 치면 80세 정도에 해당할 것이다.

— 인오십불칭요人五十不稱夭. (사람 나이 오십이면 요절이라 일컫지 않는다.)

'인생은 오십까지 살면 단명이라고 할 수 없다'라는 말에 이어 이번 주제의 문장이 아들 유선에게 남긴 유언에 기록되어 있다. 유비의 인생을 대강 살펴보면 161년 당시 북쪽 변방에서 태어나 15세 무렵에 숙부의 도움으로 유명한 유학자 노숙의 밑에서 공부한다. 그다지 성실한 타입이 아니라서 투견이나 음악 등 풍류를 즐기는 청년이었는데 이미 리더와 같은 존재였다고 한다.

184년 스무 살이 될까 말까 한 나이에 '황건적의 난'을 평정하기 위해 의병을 일으켜 인정받았고 현의 경비대장 직위를 얻었다. 그 후 부지사 등을 거쳐 193년 서주의 도겸에게 몸을 의탁하고 이듬해에는 서주목인 도겸의 추천으로 예주자사의 자리에 오른다.

도겸은 병으로 죽기 전에 서주를 유비에게 부탁하는데 이때 유비는 32세였다. 이듬해 여포에게 서주를 빼앗기고 쫓겨나서 조조의 휘하에 들어간다. 유비를 마음에 들어 한 조조는 후한의 헌제에게 건의하여 예주목으로 정식 임명받게 한다. 198년 조조와 함께 여포를 물리쳤을 때 유비는 37세였다. 또한 조조는 유비를 후대하여 좌장군으로 추천하는데 유비는 조조를 배신하고 도망쳐서 조조의 가장 큰 경쟁자인 원소 밑에 들어간다. 그의 나이 39세 때였다.

200년 '관도대전'에서 원소가 조조에게 패배한 후 유비는 형주의 유표에게로 도망쳐서 신야성新野城을 맡게 된다. 오늘날로 말하자면 자회사 사장 지위다. 이곳에서 7년이나 지낸다. 인생이 이렇게 끝나도 이상하지 않았으나 유비는 운수를 잘 타고난 인물이었기에 자회사 사장으로 빈둥거릴 때 제갈량과 만난다.

유비는 지금까지의 인생을 돌아보고 청년 시절에 품은 뜻을 새롭게 해서 208년 '적벽대전'을 거쳐 210년 형주를 장악한다. 212년에는 익주로 침공하고 그 다음 해 익주 전역을 정복했을 때가 53세였으며 219년에는 업계 최고인 위군을 거느리는 하후연을 격퇴해 한중왕, 221년 60세의 나이에 마침내 황제 자리에 오른다. 업계 3위였지만 맨몸으로 도쿄증권거래소 1부 상장기업의 사장이 된 것이나 다름없는 유비는 확실히 대기만성형으로 세상의 단맛 쓴맛을 다 본 리더의 본보기다.

'이릉대전'에서 업계 2위라고 할 만한 오의 육손에게 패하며 223년 백제성에서 62세의 나이로 생애를 마감한다. 하지만 몇 번이고 밑바닥에서 온갖 고생을 반복하며 황제의 지위까지 오른 유비에게는 후회 없는 일생이었을 것이다. 도전 정신으로 가득 찬 생애였다.

71 큰 뜻을 품고 기회를 기다린다

중국요사대부, 오유하필고향야. 【촉서 제갈량전 주】

중앙에는 뛰어난 인물이 많다. 활약할 자리는 고향에만 한정된 것
이 아니다.

[한문] 中國饒士大夫, 遨遊何必故鄉邪.

[영역] There are many superior people in the country. It is
best not to play against them on their home ground.

197년 17세 때 부친을 대신해주던 숙부를 여읜 제갈량은 양양 교외
의 융중(후베이성 샹양시 샹청구襄城區에 틀어박혀서 직접 밭을 가
는 자급자족의 자유로운 생활에 들어간다.

키가 8척(약 184cm)이나 되는 미남이었기 때문에 시골에서도 꽤
눈에 띄었다. 양보음梁父吟(초나라의 가락을 기조로 한 만가)을 즐겨 읊
었고 자신을 제나라 관중管仲과 연나라 악의樂毅에 비교하며 큰일을
하고 싶다고 호기롭게 말한 별종이었다. 모두가 분수를 모르고 호언
장담한다며 비웃었지만 친구인 최주평崔州平과 서서徐庶만은 '제갈량
이라면 할 수 있다'라고 인정했다고 한다.

제갈량은 산동성(전국시대의 제나라가 있던 곳) 출신이기 때문에 고

향의 대선배인 제나라의 명승상 관중을 받들었으며 거莒와 즉묵卽墨이라는 두 성만 남기고 제나라의 모든 영토를 점령한 이웃 나라 연의 장군인 악의를 존경한 점도 이해가 된다.

관중은 법가의 시조 중 한 명으로 명재상으로 삼국시대에도 이름을 널리 떨쳤다. 전략 짜는 솜씨가 좋은 악의와 함께 '신상필벌'을 추구한 사람이었기에 제갈량의 취향을 엿볼 수 있다.

형주목 유표와 전부터 교류하던 숙부 제갈현을 따라 전란을 피해서 형주로 이주하지만 숙부가 건재했을 때는 천하에서 모인 뛰어난 문인들이 넘치는 형주성 안에서 살며 지역 명사의 사제들과 함께 제갈량도 학문에 힘썼던 듯하다.

제갈량은 사소한 일까지 간섭하는 데에는 관심이 없었고 대충 요점만 파악하면 된다고 생각한 모양이다. 친구들이 공부하는 것을 무시한 채 앉아서 휘파람만 불었다고 한다. 친구가 열심히 공부하는 모습을 감탄하기도 하고 야유하기도 하며 "너희들이라면 군 태수나 자사 정도는 될 수 있겠구나"라고 불평한 적이 있었다고 한다. 그래서 친구들이 "자네는 어떠한가?"라고 반론하자 웃으며 얼버무렸다고 한다. 제갈량은 외모가 수려했으나 마음속에 남몰래 열정과 야심의 불꽃을 숨기고 있었다.

세 친구 중 맹건孟建이 고향인 여남(허난성 주마뎬시駐馬店市 루난현汝南縣)으로 자꾸 돌아가고 싶어 한다는 말을 듣고 제갈량은 이 주제의 문장을 말한다. 당시 여남은 조조가 점령한 상태였다.

제갈량의 뜻은 일찍부터 정해져 있어서 존경하는 관중이 섬긴 제나라 환공桓公과 같은 인물을 섬기며 중원(중국 대륙의 중앙부에 위치하는 대평야지대)에서 각축을 벌일 기회를 콧노래를 부르며 초조해하지 않고 가만히 때가 오기를 기다렸다.

유표와 가까운 친척 집안이었지만 형주에서 관직에 오를 뜻은 없었고 조조의 밑에서 재능을 꽃피울 생각도 없었던 제갈량은 늘 현재가 아닌 미래를 바라보며 살았을 것이다. 덧붙이자면 맹건은 조조를 섬기며 위에서 그럭저럭 출세해 이름을 남겼다.

72 약자의 병법으로 싸운다는 것

이약위강자, 비유천시, 억역인모야. 【촉서 제갈량전】

약한 사람이 강한 사람을 이기는 것은 시대를 아군으로 삼을 뿐만
아니라 애초에 계략에 따른다.

[한문] 以弱爲强者, 非惟天時, 抑亦人謀也.

[영역] It depends not merely on heaven when a weak
person can defeat a strong one; victory depends
primarily on the plan.

제갈량은 조조와 같은 강력한 리더가 아니라 자신의 의지를 채택해
서 움직이는 인물을 군주로 섬기기를 간절히 바랐다. 그 인물이 바로
유비다. 의지가 굳고 늘 약소 세력의 리더였다는 점을 후세 사람들은
잘 알고 있다.

201년 일단 조조에게 귀순했지만 인연을 끊고 탈주한 유비는 조
조에게 쫓기다 형주를 다스리는 유표를 의지한다. 유표는 아랫사람
들의 반대 의견을 거절하고 유비를 따뜻하게 맞아 그에게 신야(허난
성 신예현 新野縣)를 맡긴다. 그곳에 서서라는 젊은 선비가 드나들다
서로 의기투합한다. 인재를 구하는 유비의 탄식하는 소리를 들은 서
서는 친구 제갈량을 추천한다.

지역 명사인 사마휘에게서 '와룡 제갈공명, 봉추 방사원(방통)'이라는 소문을 익히 들었기에 유비는 달려가서 친구라면 꼭 데려와 달라고 서서에게 요청한다. 그러자 서서는 다음과 같이 대답한다.

"제갈량은 자존심이 높은 남자이므로 고자세를 취하며 불러도 오지 않을 테니 직접 만나러 가야 합니다."

제갈량이 은둔하는 양양 교외의 초가집을 유비가 세 번이나 찾아가서야 제갈량과 면담했다는 '삼고초려'는 고사성어로도 유명한데 주도면밀하게 준비된 연출이었다는 느낌도 든다. 유비는 47세, 제갈량은 27세인 207년의 일이라고 한다.

유비는 제갈량과 처음 만난 자리에서 말한다. 후한이 멸망에 처하고 악인이 날뛰는 세상이 되었으며 전쟁에서 패배해 낙향한 자신은 대의를 위해 있는 힘껏 세상을 바로잡고 싶지만 지혜가 부족하다고 말이다. 그래도 유비는 여전히 뜻을 굽히지 않았다고 제갈량에게 열정적으로 호소한다. 그러자 제갈량은 자신의 주장을 펼친다.

동탁이 소제를 폐위하고 헌제를 세워서 정치를 농단한 후 수많은 제후과 장수들이 봉기하여 각지에 할거하고 있다. 하북 4주를 다스리는 원소가 가장 강대했지만 원소보다 명성과 세력이 약해도 조조는 정예병을 육성하는 일을 게을리하지 않았다. 또한 후한의 헌제를 받들어 정당한 후원자가 되었기 때문에 조조가 이겼다고 설명한다. 그런 다음 제갈량은 이 주제의 문장을 말한다. 힘이 부족하면 지혜를 써서 보완하면 된다는 뜻이다. 이는 오늘날에도 변함없는 진리다.

뒤이어 제갈량은 이미 손권이 부친과 형에게 물려받은 강동 지역과 병사가 있어서 확고한 세력을 갖췄으니 그와 싸우지 말고 협력관계를 구축한다. 그 후 조조의 편을 들 것인지 말 것인지 입장을 명확히 하지 않은 형주, 익주를 빼앗고 서쪽과 남쪽 변방의 이민족도 더해 제3세력을 만들어내면 언제든지 장안을 탈환해서 한을 부흥시킬 기회를 노릴 수 있다는 방책 '천하삼분의 계책天下三分之計'을 유비에게 알린다.

유비는 벼락을 맞은 정도의 충격으로 그야말로 눈이 번쩍 뜨이는 경험을 했을 것이다.

73 능력이 살아나는 자리를 바란다

성패지기, 재어금일. 【촉서 제갈량전】
성공과 실패의 기회는 오늘의 행동에 달려 있다.

한문 成敗之機, 在於今日.

영역 Future success or failure depends on the present actions.

2008년 6월 조조는 한의 헌제에게 승상(국무총리에 해당)으로 임명받자, 그다음 달에는 대군 15만 명을 거느리고 형주의 유표를 정벌하러 간다. 유표는 조조와 원소의 싸움에 오랫동안 형세만 살피는 입장이었기 때문에 형주에는 전란을 피해 많은 인재가 모였고, 입으로는 위기를 외치면서도 지나치게 번영을 누리며 평화로운 생활에 취해 있었다.

조조에게 귀순한 화평파와 철저하게 항전을 외치는 주전파가 대립하는 도중 8월에 유표가 병으로 사망한다. 유표의 아들인 유종은 형주 북부의 양양(후베이성 샹양시)에서 조조에게 항복하고, 양양 남쪽 강 건너편의 번성에 주둔하던 유비는 당황해서 형주 북부의 하구

(후베이성 우한시)까지 도망친다.

유비는 형주에서 빈객으로 유표에게 후대받았지만 조조에게는 주전파로 간주되어 경계 대상이었다. 조조는 형주를 거저 얻었고 형주의 화평과 명사들에게 잇달아 관직을 하사한다. 그 무렵 주전파에 가담한 제갈량은 유비에게 진언한다.

— 사태가 절박합니다. 명령을 내리십시오. 손권 장군에게 원군을 청하겠습니다.

조조가 형주를 침공한 후 다음은 자신의 차례임을 깨달은 강동의 손권은 시상柴桑(장시성 주장시九江市 차이쌍구柴桑區)까지 대군을 끌고 왔다. 그곳에 유비의 사자로서 젊은 제갈량이 박력 있는 모습으로 나타난다. 신뢰하는 중신 제갈근의 동생이었기에 손권은 기쁘게 접견한다. 죽 늘어앉은 손권의 중신들이 왜 유비의 편을 들고 강대한 조조에게 대항해야 하는지 질문 공세를 펼친다. 조조에게 귀순할 것인지 전쟁할 것인지 결단하지 못하고 주저하는 손권을 보고 제갈량은 급소를 찌른다.

— 사태가 절박할 때 과감하게 결단을 내리지 못하면 끊임없이 재난이 덮칠 것입니다.

유비와 힘을 합해 조조군을 격퇴하고 북쪽으로 돌려보내면 손권은 유비, 조조와 천하를 나눠 삼분정립(삼국정립)을 실현할 수 있을 것이라고 열변을 토한 후 제갈량은 이 주제의 문장으로 손권에게 결단을 강요한다. 손권은 자신보다 한 살 많은 27세의 제갈량이 같은 세대인데 외모가 수려하고 총명하며 말솜씨도 시원시원한 모습에 감탄하여 유비에게 원군을 보내기로 결정한다.

손권의 중신들은 제갈량이 너무나도 마음에 들어서 스카우트하려고 한다. 기반 있는 손권이 불면 날아갈 것 같은 유비보다 낫다, 다시 말해 주식시장에 상장한 중견 벤처 기업이 사업 확대에 계속 실패하는 약소 벤처 기업보다 취직처로는 더 낫다고 유혹한 것이다.

훗날 제갈량은 '손권은 훌륭한 군주지만 내 힘을 이끌어내지 못한다. 그래서 내 능력을 최대한으로 발휘할 수 있는 자리를 만들어주는 유비를 선택했다'라고 말했다.

최근에는 안정적인 대조직이 아니라 자신의 능력을 발휘해서 활약할 수 있는 곳을 판별해서 그곳에 직접 뛰어들겠다고 결심할 수 있는 제갈량과 같은 배짱과 기개가 있는 인물이 점점 적어지고 있는 듯하다.

74 구성원의 공헌에 철저히 보답한다

여부종의자, 사대부각귀구주, 무위종공야.　　【촉서 제갈량전】

리더는 다른 곳에서 더 나은 군주를 찾으러 가서 아무도 따를 사람
이 없게 될 것이다.

한문　如不從議者, 士大夫各歸求主, 無爲從功也.

영역　This is not the only available workplace. A capable
person would leave and look for better leadership in
another organisation.

제갈량의 설득에 넘어간 손권은 주유, 정보, 노숙에게 수군 3만 명을
주고 파견을 보냈고 마침내 유비군과 힘을 합해 '적벽대전'에서 조조
를 격퇴하는 데 성공한다. 형주 남부를 점거한 유비는 큰 공을 세운
제갈량을 군사중랑장, 즉 경영기획 담당 상무이사로 임명한다.

'적벽대전'에 패배했지만 조조의 세력은 쇠퇴하지 않았고 강동의
손권과 형주 남부의 유비 외에 요동遼東의 공손강公孫康, 관중關中의
마초와 한수韓遂, 한중의 장로, 익주의 유장 등 지방 세력만 남게 되
었다. 지방 세력의 대표들은 생존을 걸고 조조에게 귀순할 것인가,
아니면 독자노선을 고집할 것인가 하는 선택을 강요받는다. 오늘날
로 말하자면 시장을 대기업 3사가 70퍼센트 가까이 장악한 업계에

서 생존을 건 지방의 중소기업과 같은 느낌이다.

한중의 장로가 익주에 침공한다. 익주는 188년 형주 강하군 출신의 황족이자 낙양 현령, 기주 자사, 남양군 태수를 역임한 유언劉焉이 주목(장관)에 임명된 후 독립 세력이 되었고 그의 아들 유장이 세습했다. 유장은 천하에 이름이 알려진 유비의 힘을 써서 장로를 견제하려고 시도했고 심복인 법정을 사자로 보내 유비를 부른다. 사실 유장의 중신인 법정, 장송張松, 맹달은 서로 짜고 유비를 새 익주의 군주로 맞을 속셈이었다.

법정이 주저하는 유비를 설득하고 제갈량과 방통 등도 지지한다. 결국 결심한 유비는 관우를 형주에 남기고 법정의 안내를 따라 방통, 황충 등의 장병과 함께 익주로 향한다. 그리고 유장에게 반기를 들어 214년 5월 성도에서 유장을 항복시키고 익주의 새로운 군주가 된다.

7년 동안 익주를 다스리며 유비는 착실히 힘을 기른다. 그러는 와중 조조의 아들 조비가 한을 찬탈해서 위 황제로 즉위했다는 소식을 듣는다. 그래서 제갈량 등이 한을 부흥시켜 황제로 즉위하도록 유비에게 권유하지만 유비는 주저한다. 그때 제갈량은 유비가 매우 존경하는 후한의 건국자 광무제 유수에 관한 고사성어를 말한다.

유수가 가장 믿은 중신인 오한吳漢과 경감耿弇이 유수에게 황제로 즉위하도록 권유했을 때 유수는 여러 번 거절했다. 이를 보다 못해서 경순耿純이라는 중신이 나서서 말했다.

— 여부종의자如不從議者. (만약에 논의하는 자를 따르지 않으면)

"만약에 모두의 합의에 따르지 않는다면"이라는 말에 이어 이 항목의 문장으로 지적했고 유수는 결국 황제로 즉위했다. 제갈량은 유비에게 이 경순의 말대로 모두가 공적에 대한 작은 보상을 바라기 때문에 지금까지 유비와 함께 온갖 고생을 해 온 것이라고 직언한다.

대의명분을 중요하게 생각한 유비도 221년 마침내 황제에 즉위하기로 결심했다. 조직의 대표는 각 구성원의 이익 위에 존재한다는 사실을 잊으면 안 된다는 뜻이다.

75 조직을 어떻게 해서
다음 세대에게 맡길 것인가

약사자가보, 보지. 여기천재, 군가자취. 【촉서 제갈량전】

아들이 어리석어서 어쩔 수 없으면 그대가 이 조직을 맡아 주시오.

한문 若嗣子可輔, 輔之. 如其天才. 君可自取.

영역 If my son turns out stupid and hopeless, you should take over the organisation.

223년 '이릉대전'에서 크게 패한 유비는 백제성(충칭시 평제현현奉節縣)까지 도망치지만 기력과 체력이 쇠하여 병에 걸려 쓰러진다. 임종을 앞두고 깨달은 유비는 성도에서 제갈량을 불러들인다.

— 군재십배조비君才十倍曹丕, 필능안국必能安國, 종정대사終定大事. (그대의 재주가 조비의 열 배이니 반드시 나라를 편안히 하고 마침내 대업을 결정지을 것이다.)

"그대의 재능은 조비보다 열 배나 많으니 반드시 나라를 편안히 다스려서 결국에는 천하를 평정할 수 있을 것이오"라며 제갈량을 머리맡으로 부른 유비는 높이 칭찬한 후 이 주제의 문장을 말한다. 자신의 아들이 무능하다면 나라를 주겠다고 과감히 말한 것이다. 조비가 후한의 헌제에게 왕위를 물려받았다는 형식을 거치며 나라를 찬탈해 위의 황제 자리에 오른 것을 의식한 유비의 수수께끼였다.

유비의 장남인 유선은 이미 17세였기 때문에 능력이 뒤떨어지는 것은 누가 봐도 분명했다고 한다. 하지만 노년에 태어난 아들이라 사실 유비는 유선을 끔찍이도 귀여워했다.

"죽을 때까지 가장 믿을 수 있는 신하로서 헌신하고 충정지절을 관철하기로 각오하겠습니다."

그렇게 제갈량이 울며 말했고 그 호소에 만족한 유비는

— 제갈량을 아버지로 모시고 함께 나랏일에 임하여라.

라는 내용의 조서(황제의 명령서)를 작성해 유선에게 훈계했다. 실제로는 어땠을까? 유비가 죽어가며 한 말을 진심으로 받아들여서

"알겠습니다. 아드님에게는 적합한 처우를 하겠으니 제가 군주를 맡겠습니다."

라고 대답했을까? 뒤에 숨어 있던 호위병의 칼에 찔렸을지도 모른다. 물론 제갈량이 그런 낌새를 모를 리 없겠지만 말이다.

오너 기업을 대표하는 사람은 자신의 피를 나눈 후계자가 아무리 어리석어도 여전히 지위를 물려주고 싶어 한다. 이는 인간의 본성이다. 아무리 대표에게 전폭적인 신뢰를 얻는 2인자라 해도 육친의 정은 이길 수 없다. 유비든 온갖 고생을 한 훌륭한 리더든 마찬가지이며 오늘날 중소기업의 경영 대표라면 확실히 그럴 것이다. 아무쪼록 고용된 사람은 유의해야 한다.

도요토미 히데요시의 일화를 보면 《삼국지》에 대해 알았을까 싶을 때가 있다.

그는 죽기 직전에 다섯 살인 아들 히데요리秀頼의 앞날을 걱정해

서 고다이로五大老에게 혈서를 받고 도쿠가와 이에야스와 마에다 도시이에前田利家와 손을 잡아 아들의 미래를 부탁한다. 도요토미 히데요시는 왜 유비처럼 '그대가 맡으시오'라고 말하지 못했을까? 적어도 도요토미 가문에 충성을 다한 이시다 미쓰나리石田三成는 제갈량을 본받은 듯한 느낌이 들고, 오다 노부나가와 도요토미 히데요시 밑에서 힘을 기른 도쿠가와 이에야스는 마치 사마의처럼 보인다.

76 대의명분을 관철한다

선제창업미반이중도붕조. 　　　　　　　　【촉서 제갈량전】
선대 군주는 창업을 반도 이루기 전에 돌아가셨다.

한문 先帝創業未半而中道崩殂.

영역 The previous top was gone in the middle of the establishment of the organisation.

유선이 황제로 즉위한 지 5년째인 227년, 제갈량은 위를 정벌해서 한을 통일 정권으로 부흥시키기 위한 대원정을 실행하기 전에 주둔지인 한중에서 황제 유선에게 상소문을 제출한다. 이 주제의 문장은 훗날 '전출사표'라고 평가를 받는 명문의 서두 중 한 구절이다.

천하는 셋으로 정립되어 있는데 열세에 있는 촉이 나라를 유지할 수 있는 것은 임무를 게을리하지 않는 충성스러운 신하들이 선제 유비에게 은혜를 갚기 위해 목숨을 걸기 때문이라고 제갈량은 설명한다. 이것이야말로 촉이 유비의 사후 40년이나 명맥을 유지한 기반이 분명하다. 유선에게 제갈량은 간언한다.

· 간언하는 자의 길을 막지 마십시오.

- 편애로 안팎의 상벌에 차이가 있어서는 안 됩니다.
- 현명한 신하를 가까이하고 소인배를 멀리하십시오. 전한이 번성한 이유입니다.
- 소인배를 가까이하고 현명한 신하를 멀리하면 안 됩니다. 후한이 쇠퇴한 이유입니다.

뒤이어 제갈량은 자신의 초심에 대해서 언급한다.

— 신은 일개 서민으로 남양에서 밭을 갈던 신분으로 난세에 목숨만 지키려고 했을 뿐이며, 제후 사이에서 이름을 알리고 싶다고는 꿈에도 생각지 못했습니다.

전한의 고관 자리에까지 오른 선조가 있거나 현부지사인 부친과 주의 장관인 숙부 등이 있으면서도 제갈량은 자신을 서민으로 간주했다. 고관의 자리에 오르더라도 3대나 지나 무위무관하면 당시의 감각으로는 일반인이었을 것이다.

그는 유비가 풋내기인 자신을 상대로 세 번이나 초가집을 찾아와 겸손한 자세로 세상의 동향에 관해 직접 물으며 '삼고초려'해서 스카우트한 일에 감격한 것이 촉을 섬기는 원점이 되었다고 말한다. 이 상소문을 쓰기 21년이나 전에 있었던 일이라고 기록했다.

그러고는 유비가 죽으면서 맡긴 대업 때문에 날마다 온종일 근심하며 유비가 사람 보는 눈이 없었다고 비판받는 일이 없도록 주의했다며 자신의 지침에 관해 말한다. 촉의 최고 권력자로서 제갈량의 조직 운영은 유비의 눈이라는 객관적인 관점을 의식했기 때문에 공명정대를 관철할 수 있지 않았을까?

'위의 토벌과 한의 부흥'이라는 조직의 대의명분을 내걸고 자신을 통제하는 리더의 자세를 명확하게 내세운 제갈량을 통해 오늘날 조직 운영의 요점을 배울 수 있다.

국력도 충분히 갖춘 지금, 후한의 장안과 낙양을 회복해서 중원을 평정해서 유비의 은혜에 보답하고 싶다고 눈물을 닦아가며 상소문을 쓴 제갈량은 한중에서 10만 명에 가까운 장병을 이끌고 출정한다.

77 힘으로 억누르는 것의 한계를 안다

이강기조정, 이, 한조안고이.　　　　　　　【촉서 제갈량전 주】

규율을 관대하게 정해서 조직을 완만하게 안정시켰기 때문이다.

> **한문** 而綱紀粗定, 夷, 漢粗安故耳.

> **영역** Confronting the rationale, I want everybody to somehow obtain relief.

223년 유비에게서 촉의 후사를 부탁받은 제갈량은 2대 황제 유선으로부터 무향후에 봉해지며 승상에 더해 익주목으로도 임명된다. 관리의 임명권뿐만 아니라 안건의 중요도와 상관없이 제갈량이 촉의 모든 일을 지휘하게 된다.

'위의 토벌과 한의 부흥'이라는 대의명분을 실현하고자 하는 제갈량은 북쪽 지역을 습격하러 떠나기 전에 촉의 남방 지역에 있는 이민족을 평정해서 후환을 남기지 않으려고 한다.

이민족의 리더인 맹획孟獲을 '칠종칠금七縱七擒(일곱 번 잡았다가 일곱 번 풀어준다'으로 순종하게 하자 다른 남방 지역의 이민족 수장들도 모두 항복한다. 제갈량은 그 수장들의 지위를 그대로 인정하고 촉의 지방관으로 임명한다. 장기로 말하자면 적의 말을 잡아서 그대로 반격하는 수법이다. 이를 보고 비난한 막료 중 한 명이 간언한다. 그러자 제갈량은

도성에서 관리를 파견한다 → 호위하기 위해 군대를 보낸다 → 병사들을 먹일 식량이 필요하다

라며 첫 번째 문제점을 들고 다음으로 항복한 이민족의 부형 대부분이 전투에서 사망했기 때문에 파견하는 장병에게 원한이 있어서 반드시 화근이 될 것이라고 두 번째 문제점을 설명한다.

또한 제갈량은 예로부터 이민족들은 파견된 관리를 돌려보내거나 죽였기 때문에 그 죄책감을 가진 데다 파견된 관리를 진심으로 믿지 못할 것이라고 지적한다. 그리고 간언하는 막료에게 제갈량은 확실히 밝힌다.

— 군대도 주둔시키지 않고 군량도 보내지 않겠다.

이렇게 자신의 경영 방침을 알린 후 이 주제와 같은 문장을 말한다. 이민족뿐만 아니라 그들을 다스리는 한민족도 서로 차별 없이 원리 원칙에 따라 다스리겠다는 말이다.

— 심전위상心戰爲上, 병전위하兵戰爲下. (마음으로 하는 전쟁을 먼저 하고 군대로 하는 전쟁을 나중에 한다.)

전쟁이든 국가 운영이든 힘으로 억눌러서 조직에 속한 구성원을 통제하는 것이 아니라 마음을 공격해서 조직을 통제하는 것이 제갈량만의 방식이다.

제갈량의 그러한 접근법은 오늘날에도 응용할 수 있는 조직 운영 수법이다. 경쟁에 이겨서 경합 기업을 산하로 거두거나 M&A로 다른 회사나 해외 기업을 인수했을 때 특히 효과적이다.

자회사가 된 기업에 본사에서 많은 사람을 보내거나 자금을 쏟아붓는 방식, 즉 돈과 힘으로 억압하는 것이 아니라 전 간부에게 경영을 맡기며 관대하게 통치해서 '우선 모회사에 이익을 공헌해주면 좋겠다'고 하는 방법이다.

자회사가 되었다고 본사와 똑같은 방식이나 규칙을 강요해서 동일화를 꾀하기 위해 막대한 노력을 퍼붓는 것은 쓸데없는 짓이다. 이 주제는 무엇이 우선 사항인지 분별하는 것이 중요하다는 사실을 알려준다.

78 실패에서 중요시되는 리더의 본분

춘추책수, 신직시당.　　　　　　　　　　【촉서 제갈량전】

실패의 책임은 리더의 직무를 맡은 사람에게 있다.

한문　春秋責帥, 臣職是當.

영역　The responsibility for failure must be shouldered by
the leadership.

제갈량은 228년부터 234년까지 다섯 번에 걸쳐서 '북벌'을 진행한
다. 중국에서는 고대부터 남쪽에서 북쪽 세력에 대해 군사 행동을
일으키는 것을 '북벌'이라고 한다. 전한 무제의 흉노 정벌에서부터
근대의 장제스蔣介石에 의한 통일 전쟁까지 수많은 '북벌'이 반복되
었다.

　삼국시대뿐만 아니라 원희, 원상을 숨긴 오환을 공격한 조조의
'북벌', 합비에 있는 위군을 공격한 손권의 '북벌', 번성의 위군을 공격
한 관우의 '북벌' 등이 있다. 그중 뭐니 뭐니 해도 제갈량의 위 공략
작전이야말로 삼국지 팬에게는 절대 비교할 대상이 없는 '북벌'이다.

　228년 봄의 1차 북벌은 위의 황제부터 일반인까지 공포로 떨게

만든다는 점에서는 성공했다. 223년 유비가 붕어한 후의 촉은 위에게 진령산맥 깊숙한 곳에 숨은 산적에게 털이 난 정도로 하찮은 존재였다. 설마 유비의 유지를 이어서 한의 부흥을 노리고 제갈량이 출병하리라고는 꿈에도 생각지 못했기 때문에 위나라 사람들은 공격을 받고 충격에 휩싸였다.

남방 지역의 이민족을 평정해서 배후를 확고히 한 제갈량은 불퇴전의 결의를 나타내는 '전출사표'를 유선에게 바치고 출전했기에 장병들도 의기양양했다.

위와 촉 사이에는 여러 경로가 있는데 조운과 등지鄧芝를 미끼로 삼아 대군을 거느리게 하여 사곡도斜谷道에서 미郿(산시성 바오지시寶鷄市)를 공략하게 하는 것처럼 꾸몄다. 제갈량의 본진은 애제자 마속에게 정예부대를 줘서 선두에 세우고 우회 경로인 기산祁山에서 가정(간쑤성 톈수이시天水市)으로 진군시켜 양주를 평정하려고 계획한다. 운 좋게 천수, 안정, 남안의 3군은 촉에 항복하고 이때 강유가 촉에 귀순한다.

제갈량이 '가정에서 산에 포진하면 안 된다'고 잘 알아듣게 말한 후 마속에게 병사를 내려줬지만 '고지대를 점거하면 저지대의 적을 상대하기에 유리하다'라는 병법의 철칙에 따라 마속은 산기슭의 성채를 지키지 않고 남쪽 산에 올라가 포진했다. 그때를 놓치지 않고 위의 장군 장합이 수자원을 끊어 공격했고 마속은 크게 패배한다. 이로 인해 제갈량은 어쩔 수 없이 퇴각했고 북벌은 실패로 끝난다.

사실은 가정으로 진군할 때 제갈량은 전쟁 경험이 많은 위연과 오의吳懿를 선두에 세우라는 의견을 거절하고 자신의 방책을 충실히 실행할 것으로 기대해서 마속을 발탁한 것이었다. 하지만 결국 패전했기에 명령을 위반한 마속을 처형하게 되었다.

공자가 엮은 것으로 알려진 《춘추》에는 전쟁의 책임이 '장수', 즉 리더에게 있다고 일관적으로 주장한다. 이에 따라 제갈량은

— 신명부지인臣明不知人, 휼사다암恤事多闇.(신이 사람을 알아보는 명철함이 없었고 일을 돌보는 데 어두움이 많았다.)

'사람을 보는 눈이 없고 판단을 잘못했다'라고 인정한 후 이 주제의 문장으로 최고 책임자인 자신에게 책임이 있다고 밝힌다. 그런 다음 승상에서 3등급 아래인 우장군으로 자신을 강등했다. '신상필벌'을 가장 중요하게 생각한 사람이었기 때문에 본인에 대해서도 자신이 내뱉은 말을 실행할 수밖에 없었다.

79 부하와의 약속을 끝까지 지킨다

오통무행사, 이대신위본. 【촉서 제갈량전 주】

나는 군대를 통솔하는 데 신의를 가장 중요하게 여긴다.

한문 吾統武行師, 以大信爲本.

영역 My principles in commanding the armed forces are based on faith and trust.

231년 4차 북벌에서 제갈량은 장병 8만 명을 거느리고 기산을 포위한다. 포위할 때 제갈량은 장병 20퍼센트를 교대로 쉬게 했다. 마침 장병들이 교대할 시기를 노리고 위의 장군 장합이 정예병 30만 명을 거느리고 몰려온다. 놀란 촉군의 막료들은 제갈량에게 비번으로 귀향하는 병사를 돌려보내지 말고 한 달만 연장해서 전투에 참여하게 해야 한다고 입을 모아 제언한다. 그러자 제갈량은 이 주제의 문장을 말한다.

이미 집에 갈 준비를 한 병사에게 여장을 풀게 하고 그의 처자식이 목이 빠지게 돌아오기를 애타게 기다리고 있는데 고전이 예상된다고 귀환 약속을 파기하다니

― 의소불폐義所不廢. (의리를 폐할 수 없다.)

"휴가를 취소하면 의리가 통하지 않는다"라고 명확하게 말한다. 그러자 비번으로 집에 돌아갈 예정인 장병들은 그 제갈량의 말에 감격해서 이곳에 머무르며 싸우겠다고 자청하고 당번인 장병들도 기꺼이 죽을힘을 다해 싸우겠다고 말한다. 결국 하나로 뭉친 촉군은 혼자서 적병 열 명을 상대할 기세로 전쟁에 임했고 장합을 물리치며 위군을 퇴각하게 하는 큰 승리를 거뒀다.

오늘날에는 '업무 방식 개혁'을 큰소리로 외치지만 연말 등 바쁜 시기를 구실로 삼아 잔업을 강요하는 기업이 여전히 존재한다. 그런데 지금으로부터 약 1800년 전의 시대, 그것도 목숨 건 전쟁터에서 제갈량은 장병에게 약속한 휴가를 지켜야 한다고 말했다. 이러한 자세만을 봐도 제갈량이 얼마나 시대를 초월한 훌륭한 리더인지 엿볼 수 있다.

제갈량은 존경한 관중의 유파에 속하는 '법가'를 본보기로 삼았고 '법'을 엄격하게 운용해서 '신상필벌'을 올바르게 실행하는 조직 운영을 실천하는 사람이었다. 그는 '명예와 은혜로 조직의 상하관계를 구별할 수 있는 것에 경영의 요점이 있다'라는 것을 신조로 삼았다.

조직에서의 신뢰 관계는 약속과 '법'을 엄수하는 유언 실행만으로 만들어낼 수 있다. 또한 자신을 엄격히 통제한 결과 사람이 따른다는 사실을 제갈량은 잘 이해했다. 제갈량은 죽기 전부터 황제 유선에게

― 불별치생不別治生, 이장척촌以長尺寸. (별도로 생계를 다스려 조금도 늘리지 않았다.)

"권력을 행사해 사욕을 채워서 조금이라도 재산을 늘리려고 한 적

이 없습니다"라고 분명히 밝힌 만큼 사망한 후에는 자택에 비단이나 돈 등 여분의 재산이 전혀 없었다고 한다.

234년에 54세의 나이로 오장원에서 전사할 때 제갈량은 위와의 최전선인 한중의 정군산에 지형을 이용해 무덤을 만들었고 매장할 때는 평상복을 입힌 채 부장품을 전혀 넣지 말라고 유언으로 엄명했다. 제갈량도 조조와 마찬가지로 박장(간단한 장례)을 희망했다.

무후사

제갈량의 선조는 후한의 경찰청 장관을 역임했고 아버지는 태산군의 승 (차관), 숙부는 유표에게서 예장태수로 임명되었기 때문에 결코 서민이라고 하기 어려운 혈통이다. 17세에 스폰서인 숙부가 죽고 시골에 틀어박혀서 유유자적하게 10년이나 보냈기 때문에 본인은 서민이었다고 인식했겠지만 관직에 오른 점, 귀족인 점, 명문인 점 등 한국과 중국 사이에 어느 정도의 신분 감각 차이가 존재할 것이다.

실제로 공명 아내의 친정이 유복했고 아내의 이모는 유표의 후처이기도 했기 때문에 권력에 가까운 곳에 있었다. 본인은 관직에 오르지 않았던 점에서 포의布衣, 다시 말해 서민이라고 칭했을 뿐이며 농부나 은둔을 자처한 느낌이 들기도 한다.

그러나 이러한 부분이 어색하게 들리지 않는 점에 공명의 인품과 겸손함이 있다. 서민은 비단 이외의 섬유로 만든 옷을 입었기에 포의라는 말은 중국에서 서민, 벼슬하지 않은 사람이라는 뜻이었다. 일본에서도 신분이 그다지 높지 않은 무사가 착용한 무늬 없는 천으로 만든 가리기

누狩衣를 가리켰다.

　남양은 허난성 난양시이며 현재도 큰 무후사가 있는 것으로 유명하다. 허난성은 중국에서 세 번째로 많은 인구 9,400만 명이 있는 성으로 풍요로운 농촌지대이며 21세기에 들어선 후 중점적으로 개발이 진행되어 난양시는 인구 100만 명을 거느리는 거대 도시다.

　원래 남양은 고대 중국에서 중원으로 알려졌는데 풍요로운 고장이며 후한 광무제 유수의 출신지이기도 하다. 남양의 무후사에는 역대 유명인의 석비가 제갈공명의 유덕을 기리며 글을 남겼는데 사실 공명이 은둔 생활을 한 곳은 남양에서 150킬로미터 떨어진 남쪽의 양양 서북부 교외의 구룽종古隆中이라고 한다.

　확실히 삼국시대의 형주가 있는 위치에서 감안해 보면 남양보다 양양이 더 낫다. 남양은 역사적으로 군사도시로 중요한 거점이었기에 무후사를 크게 모셨을지도 모른다.

　무후사는 청대에 쓰촨四川, 윈난雲南, 구이저우貴州만으로도 100군데 가까이 존재했다고 하는데 비교적 보존 상태가 좋고 큰 무후사가 현재까지 중국에 14군데 정도 남아 있다.

▲ 구룽종의 공명상
(후베이성 샹양시)

▲ 백제성 안의 공명 목상
(충칭시 重慶市 펑제현)

▲ 난양 무후사의 공명 목상
(허난성 난양시)

▲ 청두 무후사의 공명상
(쓰촨성 청두시)

▲ 우장위안 五丈原 무후사의
공명상(산시성 바오지시)

80 리더에게 반드시 필요한 유연성

응변장략, 비기소장? 【촉서 제갈량전】

'임기응변'의 전략은 제갈량이 가장 자신 있어 하지 않았는가?

한문 應變將略, 非其所長?

영역 Zhuge Liang may not estimate the strategic skills needed for adapting to changing circumstances.

리더에게는 여러 가지 사태와 상황에 직면했을 때도 순식간에 적절하게 행동할 수 있는 '임기', 상대방이 원하는 것을 순식간에 헤아려서 정확하게 대응할 수 있는 '응변'의 자질이 중요하다.

《삼국지》에 등장하는 영웅들은 많든 적든 '임기'의 재능을 갖췄다. 가장 뛰어난 인물이 조조이며 그에 견주는 인물이 제갈량인 점은 확실하다.

《삼국지》의 저자인 진수는 제갈량의 '임기'의 재능에 관한 평가에는 박한 면이 있다. 제갈량은 경영 방법을 잘 이해한 천재이며 관중이나 소하에 견주는 명재상이라고 극찬한다. 한편 해마다 군대를 거느리고 북벌을 감행하지만 위를 토멸하겠다는 목적은커녕 장안도

탈환하지 못했다고 이 장의 문장으로 지적한다.

현실적으로 정세를 판단한 제갈량은 장안을 적극적으로 공략하려고 하지 않았을 것이다. 그의 방책은 '위의 토벌과 한의 부흥'이라는 대의명분으로 위와의 국경에 군대를 보내 전시 체제를 구축하고 긴장감을 불러일으켜서 국가를 경영한다는 것이었다.

제갈량이 사망한 오장원은 북벌할 때 최전선의 거점으로서 튼튼한 요새를 세워 놓은 고지대인데 장안에서 150킬로미터 정도나 떨어져 있어서 장안을 공략하려고 노리기에는 거리가 조금 먼 지점이다. 병사의 수가 많다면 5일 동안 행군해야 할 것이다. 참고로 오늘날에는 시안에서 차로 두 시간, 고속철도를 이용하면 고작 40분 정도 걸리는 거리다.

실질을 중시하고 뜻도 높아서 결코 졸속한 결과를 바라지 않으며 늘 냉정한 제갈량은 자신을 엄격하게 통제했기에 '법'을 엄격하게 유지했음에도 많은 이들의 존경을 받았다고 한다.

- 형벌이나 명령은 엄격하게 하고 명확하게 '신상필벌'을 가장 중요시했다.
- 선행은 작은 일이라도 반드시 상을 주고 악행은 사소한 일이라도 반드시 벌했다.
- 모든 일을 빈틈없이 깨닫고 일일이 근본을 존중했다.
- 공정하고 성실한 마음이 있어서 늘 예절을 잃지 않았다.

촉의 상서령은 법정, 유파, 이엄李儼, 장완蔣琬, 비의費禕, 동윤董允, 여예呂乂, 진기鎭祇, 동궐董厥에 이어 마지막으로 번건樊建이라는 인물이 맡았다. 번건은 유선을 따라 촉이 멸망한 후에 낙양으로 갔으며 그 후 진의 무제 사마염을 섬긴다. 어느 날 사마염이 제갈량은 어떤 인물이었는지 묻는다.

— 자신의 나쁜 점을 들으면 즉각 고치고 잘못한 일을 억지로 밀고 나가지 않았으며 확실한 상벌은 진심으로 감동할 정도였습니다.

그의 대답을 들은 사마염은 자신의 보좌역이면 경영 전반을 맡겼을 것이라고 칭찬했다고 한다. 제갈량은 오늘날 태어나도 최고의 리더가 될 것이다.

81 상사의 자존심을 교묘하게 자극한다

유미급염지절륜일군야. 　　　　　【촉서 관우전】

염(관우)은 여전히 특별해서 아무도 미치지 못한다.

> 한문　猶未及髥之絶倫逸群也.

> 영역　Lord Moustache is still the most special and is above the rest of the lot.

관우는 의리와 신의가 두텁고 문무를 겸비한 인물로 같은 시대를 살아간 사람들에게도 존경받았을 뿐만 아니라 오늘날 한국은 물론 중국과 일본에서도 가장 인기 있는 인물 중 하나다.

　관우는 역대 황제에게서 관직과 시호를 받았고 1614년에는 명의 만력제에게 마침내 신의 칭호를 받아 도교의 신이 된다. 이후 '관제'라고 불리며 중국뿐만 아니라 한반도, 동남아시아, 일본의 요코하마, 고베, 나가사키 등에도 화교가 사는 지역에 '관제묘'가 존재한다.

　관우의 고향인 사예 해현解縣(산시성 윈청시運城市)은 함수호(염분이 많아서 물맛이 짠 호수. 염호, 짠물호수라고 함 – 역주)가 있어서 고대부터 소금 산지로 유명하다. 관우도 소금 상인을 했다고 한다. 의리가 두터운 인물로 평가했기에 사람들은 그가 사업상의 약속도 어기지 않았을 것이라 생각하며 장사의 신으로 받들어 모시기 시작했다.

관우는 서민 출신이었기 때문에 출세한 후에도 신분이 낮은 사람에게 친절했다. 하지만 자신보다 윗사람이나 부유하게 태어난 사람에 대한 반골 정신이 강한 탓에 원한을 사기도 했다. 자신의 노력으로 출세했기에 자신감이 넘치고 자존심도 높았을 것이다.

관우는 유비가 아직 유명하지 않던 시절 유주 탁군에서 서로 알게 되어 의형제를 맺은 후 죽을 때까지 유비에게 충성을 다했다. 조조가 후하게 대우했지만 원소와의 전투에서 적장을 참살한 후 조조에게 의리를 다했다며 유비의 곁으로 돌아갔다는 유명한 일화는 관우의 충성을 잘 나타낸다.

중국의 전통극은 물론 오늘날 영화나 TV 드라마에 등장하는 관우는 반드시 붉은 얼굴에 2척(약 50cm)의 턱수염과 구레나룻을 기르고 녹색 두건에 옷과 긴 청룡도로 묘사된다.

생전에 그 아름답고 긴 수염이 유명해서《삼국지연의》에서는 '미염공美髥公'으로 불렸다. 정말로 제갈량이 '염'이라고 불렀음을 이 항목의 문장을 통해 알 수 있다.

'적벽대전' 후 강남의 여러 고을을 얻은 유비는 209년 관우를 양양태수로 삼고 형주 통치를 맡긴다. 214년 익주 평정에 나선 유비의 휘하에 조조를 두 번이나 궁지에 몰아넣은 맹장으로 이름 높은 마초가 가세했을 때 불만스러운 관우는 양양에서 제갈량에게 편지를 보내 "마초의 재능은 누구에 필적하는가?"라고 묻는다. 제갈량은 다음과 같이 대답했다.

"마초는 문무에 뛰어난 영걸이며 장비 장군과는 우열을 가리기 어려울 좋은 경쟁 상대일 것입니다."

이렇게 서두를 뗀 후 이 주제의 문장을 적는다. 관우는 제갈량의 답장을 사람들에게 자랑스럽게 보여주며 크게 기뻐했다고 한다.

어떤 조직에나 중심인물이 되는 선배들이 존재한다. 그 실력과 실적에 아무도 불평할 수 없지만 자존심을 은근히 자극하며 거시적인 관점에서 조직 전체의 분쟁을 진정시키는 솜씨는 제갈량이 갖춘 리더로서의 기량을 짐작할 수 있다.

관우의 진짜 무덤

오의 여몽呂蒙에게 패하여 도망치는 도중 병사들도 사방으로 흩어진 관우는 손권의 항복 권고를 받아들이는 척하고 도주하지만 임저臨沮에서 포로로 잡혀 참수당했다.

손권은 유비의 원한을 사는 것이 두려워서 그 목을 조조에게 보낸다. 재앙을 떠맡은 조조는 손권의 교활함에 쓴웃음을 짓지만 관우를 인물로 인정하고 제후의 예로써 낙양 교외에 정중히 매장했다.

현재 뤄양시의 큰 '관림'이 관우의 무덤으로 알려져서 일대 관광 명소가 되었다. 현재의 낙양은 북송시대부터 불린 곳이며 조조 시대의 낙양은 현재의 동쪽에 위치했다.

1960년대에 낙양 교외에서 큰 홍수가 일어나 뤄양시에 인접하는 옌스시偃師市 일대도 피해를 봤다. 옌스시의 한촌 지역에서 비밀리에 관우의 무덤이라고 전해지던 큰 무덤도 수해를 당했다. 그래서 허난성의 고고학자들이 급히 무덤을 발굴했는데 도굴당한 흔적도 없고 관우의 이름을 기록한 묘비와 함께 커다란 두개골이 나왔다.

▲ 관우의 무덤 흔적(허난성 옌스시)

▲ 관우상
(허난성 뤄양시 관림 내)

▲ 관우상(산시성 제저우시
解州市 관우고리 내)

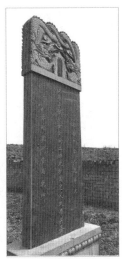

▲ 관우의 묘비
(허난성 옌스시)

그 발굴 현장에 참석했다는 80세의 노인은 마을 남자들이 총출동해서 발굴 작업을 했고 두개골이 나왔을 때는 '역시 관우의 무덤이다'라고 모두 흥분했지만, 그것을 가지고 돌아간 허라고 하는 발굴대장이 '전신의 유골이 나오지 않았기 때문에 정식으로 관우의 무덤이라고 인정할 수 없다'라고 발표해서 무덤도 복원되지 못하고 두개골도 행방불명되었다고 말해줬다. 사서에는 목과 몸통은 따로 매장되었다는 사실이 명백하게 기록되어 있어서 이 발굴대장은 농민들에게 임시방편으로 대답했을 것이다.

뤄양시에서 관광산업은 가장 큰 수입원이기에 관우의 진짜 무덤이 발견된 것에 대한 타격을 두려워한 것이 아닐까 하는 소문이 있다. 관림에 있는 관우묘로서의 매력이 사라지는 일은 전혀 없겠지만 정치가 개입된 판단이기도 했을 것이다. 지금은 농촌 한구석의 잔해 밑에 관우의 진짜 무덤이 묻혀 있으며 10분 정도 농도를 걸어간 곳에 문화대혁명으로 파괴되어 지역 농민의 기부로 재건된 관제묘와 묘비가 쓸쓸히 남아 있다.

82 능력 있는 리더가 빠지는 함정

비애경군자이불휼소인. 【촉서 장비전】

장비는 신분이 높은 사람을 존경했지만 아랫사람에게는 인정사정
없었다.

[한문] 飛愛敬君子而不恤小人.

[영역] General Zhang Fei respected noble people, but he did
not forgive or show mercy to those at the lower ranks.

관우와 장비는 의형제의 맹세에만 만족하지 않고 남 앞에서는 큰형
인 유비를 주군으로 세웠다고 한다. 유비에게는 힘센 용장 두 명이
있다는 사실이 잘 알려졌는데 조조의 참모인 정욱은 다음과 같이 말
했다.

— 장비의 용맹함은 관우에 버금가며 혼자서 1만 명에 필적한다.

조조의 참모인 곽가의 의견도 같았다. 또한 손권의 참모인 주유도
높이 평가했다.

— 관우와 장비를 따르면 대업을 이룰 수 있다.

확실히 유비는 일개 돗자리 장수의 신분에서 황제의 자리에까지
출세했지만 관우와 장비가 없었다면 세상에 나오지도 못하고 제갈

량과 만나지도 못했을 것이다.

장비는 《삼국지연의》 때문에 호인이지만 지혜가 부족한 난폭한 사람, 《서유기》의 저팔계와 같은 코믹한 인물로 묘사되거나 피부색이 검고 못생긴 인물로 그려진다. 《삼국지》 관련 지역에 있는 장비묘에는 돼지코에 추악하고 무서운 얼굴을 한 몸집이 큰 상만 있다.

실제로는 그다지 못생기거나 난폭하지도 않았던 모양인지 글과 그림 솜씨가 뛰어나며 날씬하면서도 힘이 셌다는 이야기도 전해진다. 200년 산속에서 땔감을 줍던 13, 14세의 소녀를 유괴하여 아내로 삼았다는 이야기가 있는데 이 소녀가 하후패夏候覇의 사촌 여동생이며 두 사람 사이에서 태어난 딸은 유비의 아들 유선의 황후가 되었다. 이를 미루어 볼 때 과연 그토록 못생긴 남자였을까?

장비의 지혜가 부족하지 않았다는 것은 '적벽대전'이 끝나고 의도태수로 임명된 후 각 군의 통치자로서 실적을 쌓은 점에서도 알 수 있다. 또한 익주를 공략할 때 생포한 파군태수 엄안嚴顔을 매도하자 '목을 칠 거면 빨리 쳐라, 왜 화를 내는 것인가'라고 말대꾸하는 모습에 깊이 감동해서 엄안을 풀어준 후 빈객으로 대우했다는 일화도 있다.

장비도 관우와 마찬가지로 자신에게 엄격하려 애쓴 인물이었기 때문에 자신을 모시는 사람을 엄격하게 대했다는 사실을 이 주제의 문장을 통해 알 수 있다. 유비도 그 점에 대해 자주 주의를 줬다고 하는데 끝까지 고치지 못한 모양이다.

221년 유비가 관우의 복수전을 위해서 오나라를 공격할 목적으로 병사 1만 명을 거느리고 강주(장시성 주장시)에서 합류하기 전, 장비가 술을 잔뜩 마시고 잠든 틈을 타서 부하 둘이 그의 목을 베고 말았다. 평소에 잘못을 저지른 병사를 사형하거나 채찍으로 때리는 일이 많았지만 처벌을 내린 사람을 용서하고 다시 일을 맡겼다고 한다. 그러나 맞은 사람은 그 원한을 잊을 수 없다는 것을 장비는 이해하지 못한 듯하다.

밑바닥부터 시작해 성공한 자신감 넘치는 리더의 경우 때때로 다른 사람을 아낀다는 생각에 자신과 똑같이 엄격해야 한다고 착각하기 쉽다. 하지만 남들은 자신과 다르다는 사실을 알아야 한다.

83 부하를 끝까지 믿을 수 있는가?

자룡불기아주야.　　　　　　　　　　　　【촉서 조운전】

조운이 나를 배신해서 도망칠 일은 없다.

한문　子龍不棄我走也.

영역　General Zhao Yun has never betrayed me or run
away from me.

《삼국지연의》에 등장하는 영웅 중 일본에서 가장 인기 있는 인물은
조운이라고 한다. 과묵하면서도 해야 할 일은 확실히 하는 데다 일
을 깨끗이 해치우며 자신의 공을 과시하지 않는 배후 역할을 담당
하고, 주제넘게 나서지 않으며 조심스럽고 숨은 공로자 같은 존재가
바로 조운이었다.

　《삼국지》에서는 '관장마황조'라며 촉 장군 5인, 즉 '오호대장군'을
한데 모아 열전을 기록해 놓았다. 이를 통해 조운의 실력이 거의 동
시대에도 사람들에게 인정받았다는 사실을 알 수 있다.

　조운이 무예가 뛰어난 것은 208년 '장판전투'에서 조조에게 참패
한 유비가 두 부인과 적자 유선을 버리고 도주했을 때, 이들을 적진

속에서 찾아 구출한 이야기로 유명하다. 한의 고조 유방이 팽성(장쑤성 쉬저우시)에서 항우의 공격을 받아 도주하던 도중 마차를 가볍게 하기 위해 딸과 아들을 마차 밖으로 내던졌는데 이를 조참이 주워서 구했다는 옛이야기를 방불케 한다. 만신창이가 된 조운이 품에 적자 유선을 안고 돌아왔을 때 유비는 그 적자를 내던지며 "이런 갓난아이 때문에 소중한 충신을 잃을 뻔했소"라고 말하며 조운을 칭찬하는 장면은 요즘 중국인들도 다 아는 일화다.

20세기에는 화난 척하며 커다란 재떨이를 던지는 중소기업 사장이 있었다는 이야기를 듣고 옛날 사람들은 난폭했나보다 했더니 '사람한테 맞지 않게 던진다'고 해서 충분히 이해한 적이 있다. 유비는 유선을 다치지 않게 땅바닥에 던졌을까? 유선은 이때 머리를 잘못 부딪치는 바람에 평생 바보 취급을 당하며 산 것은 아닐까?

《삼국지》관련 유적에 있는 기념품숍에서 수지제 피규어 '오호대장군' 세트가 잘 팔린다고 한다. 그중에서 명란젓 모양을 한 노란 천으로 둘러싸인 적자를 품에 안은 날렵한 모습의 무장이 있는데 누구나 즉시 조운임을 알 수 있다.

그런데 유비가 버린 부인과 적자를 구하기 위해서 조운이 방향을 바꿔 적진으로 말을 달린 모습을 본 많은 병사 중에는 조운이 배신했다고 착각한 사람이 수두룩했다.

하지만 조운의 인품을 잘 아는 유비는 이 주제의 문장으로 조운의 충성심을 추호도 의심하지 않는다고 분명히 말한다. 이러한 인재를 생각하는 말이나 연출이 사람의 마음을 사로잡는다는 사실을 유비는 잘 알고 있었다. 이런 점이 아무리 궁지에 몰리거나 아슬아슬한 상황에서도 도망쳐서 도움을 받을 수 있었던 비결이 아닐까?

— 자룡子龍, 일신도시첨야一身都是瞻也).

'조운은 온몸이 배짱으로 넘치는 남자다'라며 유비는 조운에 대해 늘 거리낌 없이 칭찬했다고 한다. 조운이 유선의 목숨을 구했을 때가 평소에 칭찬하던 유비의 기대에 부응한 순간이었다.

조운은 '오호대장군' 중에서 가장 오래 살았고 229년에 사망했다.

84 사람을 육성할 때의 보편적인 법칙

불미기담즉성명부족모기. 【촉서 방통전】

아름다운 점을 높이 칭찬해주면 명성을 얻으려고 하고 의욕을 내는 사람은 없다.

한문 不美其譚卽聲名不足慕企.

영역 Members in an organisation do not feel motivated if someone from the top does not praise their merit lavishly.

방통은 스무 살 때 사마의에게 '남주(중원 남부)의 명사 중에서 그대는 최고가 될 수 있을 것이오'라는 평가를 받았고 형주의 유표의 밑에서 이른 나이에 벼슬길에 올라 관리가 되었다. 179년 형주 양양에서 태어난 방통은 서른 살 무렵까지는 실적을 쌓아 세상 사람들에게 인정받았다.

손권이 형주에 주유를 파견하여 남부를 다스렸을 때 방통은 군의 공조로 임명되었다. 관리 채용이나 인사를 담당하는 직무다. 기업으로 말하자면 인사부장이며 방통은 인재 육성에 재능이 있다고 평가를 받았다. 방통이 인물을 채용해도 된다고 추천할 때는 당사자가 가진 능력보다 더 크게 칭찬하는 경향이 있어서 이를 의문스럽게 여긴 사람이 방통에게 묻는다. 그러자 방통은 다음과 같이 말한다.

"현재는 변화가 심한 시대이며 옳은 방향이 어디인지 보이지 않습니다. 착한 사람이 적고 나쁜 사람이 많은 세상을 좋게 만들려고 생각한다면"

그런 다음 이 주제의 문장으로 지적한 후 방통은

"의욕이 생기지 않으면 선을 행하려고 하는 사람은 없을 것이다"라고 말한다. 뒤이어

— 금발십실오今拔十失五, 유득기반猶得其半. (지금 열 명을 뽑아서 다섯 명을 잃어도 그 절반을 얻을 수 있다.)

"선을 행하려는 마음이 생긴 사람 열 명을 발탁해서 그중 절반이라도 조직을 위한 인재가 되면 결과적으로 이득일 것이다"라고 현실주의자다운 생각을 밝혔다.

유명한 알프레드 아들러 심리학에 따르면 '칭찬받는 것이 의존하는 인간을 만들어낸다'고 한다. 그리고

— 칭찬하기, 가르치기, 혼내기.

이 세 가지를 부정한다. 정확하게는 거만한 태도로 이 세 가지를 하면 안 된다는 주장이다. 이 주장은 인재 육성의 '칭찬'이라는 행위에 대해 큰 파문을 일으켰다.

이 서양심리학에 호응한 흐름 중에서 일본의 유토리세대(1987년부터 2004년까지 일본에서 태어나고 자란 세대로 교육 정책으로 피해를 입은 세대를 특정함 — 역주)에게 '칭찬해야 성장한다', '칭찬해도 성장하지 않는다' 등과 같이 탄식하는 의견이 나온 지 오래인데 1800년 전이나 지금이나 사람의 마음은 달라지지 않는다. '칭찬해야 성장한다'는 것이 특별히 '유토리 교육' 때문이 아니라는 것은 방통의 일화를 통

해서도 알 수 있다. 어쨌든 칭찬으로 인사 및 채용을 시행하는 행위가 결코 잘못된 것은 아니다.

— 사람은 칭찬해야 행동한다.

일본에서는 야마모토 이소로쿠山本五十六라는 장군의 이 명언이 유명한데, 확실히 헐뜯어서 사람이 행동하거나 성장한 사례는 들은 바가 없긴 하다.

여담이지만 210년 주유가 자신이 점령하고 있던 파구(후난성 웨양시)에서 병으로 사망했을 때 방통이 주유의 시신을 오의 손권에게 이송하는 역할로 뽑혔다.

▲ 세 의형제상(허베이성 줘저우시)   ▲ 유비의 생가 흔적
(허베이성 줘저우시)

▲ 위연의 사당   ▲ 정군산(산시성 한중시漢中市)
(쓰촨성 더양시德陽市)

▲ 백제성(충칭시 펑제현)　　　　　　　　▲ 유비상(쓰촨성 청두시)

▲ 제갈량의 능묘(산시성 한중시)　　　　　▲ 유비의 능묘(쓰촨성 청두시)

85 구성원의 실력을 주의 깊게 관찰한다

시당전기기족이. 【촉서 방통전】

처음으로 명마도 그 준족을 사용해서 질주할 수 있다.

> 한문 始當展其驥足耳.

> 영역 An excellent horse can run at full speed with a fast rider.

'와룡과 봉추를 얻으면 천하를 얻을 수 있다'라는 말에 큰 기대를 건 유비에게는 일본식 장기로 비유하자면 금은 급의 용맹한 무사는 있어도 비차각 급의 인재가 부족했다.

'비차飛車'는 십자 방향, '각角'은 사선 전방, 사선 후방으로 자유롭게 움직일 수 있으며 각각 다른 성질을 가지면서도 다른 말보다 한 단계 더 뛰어난 수준에 특색이 있다는 사실은 일본 장기를 아는 사람이라면 누구나 알 것이다.

유비의 비차각(전력의 중심)이 된 제갈량과 방통은 둘 다 훌륭한 지략을 가졌으나 풍모와 성격은 서로 완전히 달랐다고 한다. 키가 크고 잘생긴 제갈량과 달리 방통은 용모가 빼어나지 못했다고 한다.

《삼국지》에는 제갈량의 멋진 풍모에 대해 기록되어 있지만 사실 방통의 용모에 관해서는 정확한 기록이 없으며 어디까지나 민간 전승에 지나지 않는다.

유비는 자신의 큰 뜻을 실현하기 위해서 인재 발굴에 오랫동안 주의를 기울였다. '삼고초려'해서 맞아들인 제갈량의 경우 시원스러운 용모에 더해 명석한 두뇌에서 나오는 기분 좋은 말솜씨에도 매료되어 실적을 올리지 못한 상태임에도 즉시 참모로 세웠을 정도다. 그러나 리더는 인물을 외모로 판단하지 말고 늘 훌륭한 인재의 가치를 간파하여 그 재능을 발휘할 자리를 만들어주어야 한다.

한편 방통은 유비에게 직접 찾아갔을 때 제갈량과 노숙의 소개장을 보여주지 않았다. 방통의 외모와 언동이 유비의 마음에는 들지 않았는지 유비는 방통을 우선 현령으로 임명한다. 유비는 방통을 스파이나 자객 부류가 아닌지 의심했을지 모른다. 얼마 지나지 않아 한직에 만족하고 있다는 말을 전해 들은 노숙이 유비에게 편지를 쓴다.

— 작은 곳을 맡길 것이 아니라 큰 조직 운영에 참여시킬 만한 그릇을 가진 인물입니다.

방통을 강력하게 추천하는 내용이었기 때문에 이 주제에 나오는 문장을 썼다.

'활약할 기회나 지위가 있어야 훌륭한 인재는 실력을 발휘할 수 있다'라는 뜻이다. 그래서 유비는 방통을 제갈량과 똑같은 군사중랑군으로 세운다. 나중에 방통의 책략에 따라 우비는 익주를 공략하는 데 성공한다.

방통은 한직을 맡았을 때 일은커녕 낮부터 술독에 빠진 탓에 결재 대기 서류가 산더미처럼 쌓여 있었다고 한다. 조직에서 일을 불성실하게 하며 의욕이 없는 사람이 존재하는 이유는 그 능력을 이끌어낼 지위를 못 가져서일 수도 있다. 즉 적재적소에 배치하지 않았다는 뜻이다.

리더는 조직의 구성원을 평소에 잘 관찰해야 하는 동시에 외모가 좋으냐 나쁘냐, 프레젠테이션을 잘하느냐 못하느냐로 그 사람의 능력을 판단하면 안 된다는 뜻이다. 외부에서 인재를 구하지 않아도 바로 주변에 여러분의 '봉추'가 있을지도 모른다.

86 목표를 명확하게 정해서 달성한다

매여조반, 사내가성이.　　　　　　　　【촉서 방통전 주】

전부 조조와 반대쪽으로 가서 내 목적을 달성했다.

한문　每餘操反, 事乃可成耳.

영역　My Purpose is accomplished by always going against
Cao Cao.

노숙의 편지로 독촉을 받아서 유비는 그제야 노숙과 대화할 기회
를 만들었고 그 즉시 방통의 명석함이 제갈량과 같다는 사실을 깨닫
는다.

— 천하지모지사天下智謀之士, 소견약동이所見略同耳. (천하의 지혜와
모략이 있는 사람은 보는 바가 거의 같다.)

유비는 '세상에서 일류라고 불리는 참모는 비슷한 점에 주목한다'
라며 감탄하여 방통을 제갈량과 똑같은 참모로 임명하고 방통은 유
비에게 계책을 제시한다.

"조조가 습격한 이후 형주는 이미 흥망의 갈림길에 서서 인재도 없
습니다. 동에는 손권, 북에는 조조가 있는데 형주만으로는 대항할 수

없습니다. 풍족한 익주를 빌리면 삼자정립(삼국정립)도 가능합니다."

사실 삼국정립은 제갈량의 전매특허처럼 오해하는데 형주의 명사들 사이에서는 일찍부터 논의되던 주제였다. 옛날에는 유방과 항우가 싸운 초한 시대에 괴통蒯通이 계책을 올렸다. 유방의 대장군인 한신韓信의 참모였던 괴통은 한신이 유방에 의해 제왕으로 봉해졌을 때 제3세력으로 자립하고 유방과 항구가 서로 싸우다 함께 쓰러지기를 기다리며 '어부지리'를 얻으라고 한신에게 권유한다. 한신은 채택하지 않았지만 이후 처형당하기 전에 괴통이 올린 계책을 따르지 않은 것을 후회한다. 물론 이 일화는 삼국시대에도 잘 알려졌다.

솥은 발 세 개가 달린 중국 고대의 그릇인데 매사를 세 발로 지탱한다. 삼파전, 3관왕, 삼합, 삼위일체, 세계 3대 ○○와 같은 말이 지금도 쓰이듯이 세 가지 선택에는 묘하게 안정이 느껴지는 요소가 있다. 우리가 3차원 세계에 살고 있기 때문일까?

이야기가 옆으로 샜는데 방통의 제안에 유비는 다음과 같이 대답한다.

"조조는 나와 불과 기름의 관계에 있다네. 조조가 엄격히 하면 나는 관대하게 하겠네. 조조가 무력에 의지하면 나는 인덕에 의지하지. 조조가 책모를 꾸미면 나는 성실히 임할 것일세."

그런 다음 이 주제에 나온 문장으로 자신의 방침을 설명한다.

— 하찮은 수단으로 나서서 천하의 신의를 잃는 일은 하고 싶지 않네.

유비는 단언했다. 199년 조조와 인연을 끊고 서주로 도망친 이후 방통과 대화하기까지 10년이라는 세월 동안 유비는 명확한 지침을 세워 자신의 경쟁자인 조조와 반대로 행동함으로써 자신의 존재 가치를 찾고 입신을 위해 노력했다.

　유비가 젊은 날 병사를 일으킨 184년 시점의 뜻과 20년이나 지난 후의 뜻에는 큰 괴리가 있었을 테지만 반조조를 중심으로 삼아 결과적으로 유비는 대업을 이뤘다. 이는 마지막에 지금이다 싶을 때 비정하게도 '임기응변'의 결단을 할 수 있었던 점에 있다.

87 기회를 봐서 임기응변으로 승부를 건다

권변지시, 고비일도소능정야. 　　　　　【촉서 방통전 주】

세상이 변화하는 시대에는 고정된 하나의 방식으로는 대응할 수 없다.

[한문] 權變之時, 固非一道所能定也.

[영역] One cannot deal with a changing world in a fixed manner.

이미 결정된 방침을 굽히지 않고 원리 원칙을 꺾지 않는 굳건한 자세는 훌륭한 리더의 자질이다. 하지만 그때의 상황이나 분위기를 늘 파악하고 유연하게 대응해서 자신이 설 자리를 수정해 방향을 바꿀 수 있는 '임기응변'의 센스도 매우 중요하다.

아무리 뛰어난 능력을 갖춘 사람이라도 자신만의 사소한 고집이나 방침을 근시안적으로만 판단하면 리더로 실격이다.

'그 상황에 따라 변화하고 가장 정확하게 대응하는 것', 즉 '임기응변'이란 한마디로 말하자면 애드립의 구사 여부를 의미한다. '임기응변'은 《남사南史》 열전 제41에 출전이 있다. 양의 장군인 소명蕭明이 적을 앞에 두고도 전투를 시작하지 않자 그 모습을 보다 못한 막료

가 뭘 꾸물거리느냐고 재촉했다. 그러자 소명은

— 오자임기제변吾自臨機制變. (내 스스로 기회를 잡아서 변화를 제압하겠다.)

"상황을 파악하고 그 변화를 통제하려고 한다"라고 대답했다.

'임기응변'으로 행동하는 것은 저절로 익힐 수 있는 센스와 감, 아이디어 등에 따른 결과가 아니다. 늘 무엇이 최종 목적인지 확인하고 어떤 수단과 방법으로 마지막 지점에 도달할 수 있는지 합리적으로 판단해서 결정한 결과이며 그러기 위해서는 다음의 두 가지가 중요하다.

· 결과까지 예측할 수 있는 넓은 시야를 길러야 한다.

· 어떠한 상황에 있더라도 움직이지 않을 각오를 해야 한다.

'임기응변'의 재능의 반대는 '표자정규杓子定規(무엇이든지 하나의 표준에 맞추려고 하는 융통성 없는 태도 – 역주)'한 생각이다. 하나의 기준으로 모든 것을 결정하려고 하는 방법이다. 한마디로 말하자면 융통성이 없다는 뜻이다. 복안적이면서도 객관적으로 주위를 봐야 하는 리더에게는 치명적인 결함이다.

유비가 방통과 현재 상황을 타개할 방법에 대해 대화했을 때 유비의 정의를 전면에 지나치게 내세우는 방침을 받아들이면서도 방통은 교묘하게 이 주제의 문장으로 유비를 깨우친다.

"임기응변의 책략을 짜야 하는 시대에는 오로지 정의만으로 끝까지 밀고 나가는 것은 어떻습니까?"

올바른 대의명분은 중요하지만 지금이라고 생각할 때 이를 벗어버리고 그 후에는 확실하게 뒤처리하는 것이 약육강식의 세계에서 필요한 리더의 결단이다.

— 역취순수逆取順守. (거스르는 수단으로 천하를 차지하고 바른 방법으로 지킨다.)

이 말에 문득 깨달은 유비는 다른 나라의 영토를 힘으로 빼앗아도 옳은 방법으로 경영하고 빈틈없이 처우하면 신의를 등지는 일은 없을 것이라고 해석한다. 대의명분과 미사여구만 늘어놓아 그럴듯해 보이는 주장을 버리고 자신의 행위를 정당화해서 익주 정복이라는 승부에 단번에 나서게 된다.

88 최고 경영자는 M&A를 목표로 삼지 마라

벌인지국이이위환, 비인자지병야. 【촉서 방통전】

다른 나라를 정복해서 기뻐하는 것은 훌륭한 리더가 취해야 할 태도가 아니다.

【한문】 伐人之國而以爲歡, 非仁者之兵也.

【영역】 A benevolent leder should not take pleasure in conquering other countries.

오늘날의 비즈니스를 경영 능력과 기술력의 경쟁, 즉 피를 흘리지 않는 전쟁이라고 생각했을 때 '다른 나라를 정복한다'를 'M&A를 실시한다'로 바꿔도 지장이 없을 것이다.

비즈니스 용어인 M&A, 즉 Mergers and Acquisitions를 직역하면 '인수와 합병'이다.

기업 간의 업무 및 자본 제휴, 사업 양도, 회사 분할, 흡수 합병 등은 20세기 초 공업화가 진행된 일본에도 이미 있었다. M&A라는 말은 1980년대 버블 경기에 따른 일본 기업의 해외 진출이 활발해지기 시작했을 때부터 유행했다. M&A는 급격한 엔고와 외환 규제 완화로 잽싸게 해외 시장을 확보하는 수법으로 매우 인기를 얻었다.

한쪽 회사가 다른 회사를 인수하는 경영 통합, 자칫하면 적대적 인수를 가리키는 뉘앙스가 강한 M&A라는 말이 오늘날에는 파산 기업 구제, 신규 사업이나 시장으로의 참여, 기업 경쟁력 강화, 후계자 부재에 따른 사업 승계 문제 해결 등 기업 자원의 효율적인 활용책으로 당연하면서도 적극적으로 실시되었다.

다른 기업을 인수한다는 것은 기업 통합으로 한쪽 회사가 사라지는 것을 의미한다. 자회사로서 회사명이 남기도 하지만 드물며 흡수합병이 되어서 회사의 이름이 사라지는 경우가 훨씬 더 많은 것이 현실이다. 그야말로 정복에 따른 국가 소멸이다.

M&A를 위해서라면 막대한 자금이 투입되므로 투자한 쪽은 투자한 기업을 경영하기 위한 경영 대표를 파견한다. 인수된 기업에서는 권력을 잡은 간부가 싹 사라져서 지금까지와 다른 상식과 규칙, 가치관을 가진 경영 대표자와 간부에게 기대뿐만 아니라 두려움을 느끼는 것은 자연스러운 일이다.

지금까지 적대한 조직의 구성원을 새로운 동료로 삼고 새 전력으로 활용하려면 경영 대표자는 거국적인 입장에서 조직을 운영하고 그 협력과 지지를 최대한으로 얻어야 투자 비용을 회수할 수 있다.

M&A는 경영자로서 훌륭한 리더에게는 수단이기는 해도 절대로 목표는 아니다. M&A의 성공에 미친 듯이 기뻐서 날뛰고 대표가 기고만장해지면 안 된다는 사실은 방통이 말했던 이번 주제의 문장을 통해 알 수 있다. 212년 촉의 요충지인 부수관涪水關을 쳐부순 후 승리의 연회를 열었을 때 만면에 웃음이 가득한 유비를 보고 방통이 강하게 훈계하며 한 말이다. 패전이 많은 유비도 오랜만의 승리에 자신도 모르게 긴장이 풀렸던 걸까?

89 성미가 있는 인재를 받아들이는 도량

수호상부동, 이공의상취. 【촉서 법정전】

성격의 차이가 있지만 조직을 위해서라면 협력한다.

> 雖好尙不同, 以公義相取.

> Despite differences in their personalities, everybody should cooperate on actions that are good for the organisation.

유비에게 익주를 점령하게 하고 황제로 즉위시킨 가장 큰 공로자는 법정이다. 유비의 신뢰도 아주 컸는데 220년 46세의 나이로 출세하지 않았더라면 제갈량이 승상으로 활약하지 못했을 것이다. 법정과 제갈량의 기질이나 수법은 달랐지만 조직을 위해 이 주제의 문장이 말하듯 서로 그 능력을 인정한 것으로 알려져 있다. 훗날 유비가 '이릉대전'에서 패배했다는 소식을 듣고 '법정이 살아 있었다면 승리했을 텐데'라며 제갈량이 탄식한 이야기가 기록되어 있다.

법정은 현재 산시성 바오지시 메이현眉縣의 지방 관리 집안에서 태어나 후한 말 동란 시에 어릴 적 친구인 맹달과 함께 익주로 이주해 유장을 섬겼다. 그러나 유장으로는 난세에서 대업을 이룰 수 없다고 판단한 법정은 친구 장송과 함께 하나의 계획을 생각해냈다. 그것은 한중 장로의 위협을 유장에게 부추겨서 익주의 방위를 구실로 유비를 불러 군주로 삼자는 계획이었다.

214년 익주를 평정하는 데 성공한 유비는 법정을 촉군태수, 양무장군으로 임명하고 그 공에 보답한다. 법정은 요직을 맡자 예전에 신세를 졌던 사람들에게 은혜를 갚는 한편, 사소한 원한에 대해서는 살해해서 복수하는 등 지나치게 행동해서 제갈량에게 그런 점을 호소하는 사람이 있었다. 이때 제갈량은 법정의 공적과 유비의 두터운 신뢰를 고려하면 그의 지나친 행동도 불문으로 할 수밖에 없다고 대답한다. 자신에게 견주는 경쟁자를 쫓아낼 절호의 기회이기도 했지만 조직을 위해서 최선을 선택하는 제갈량의 냉정함과 유연함을 엿볼 수 있다.

익주에서 유비가 갖춘 정치 체제에서 중신의 필두는 제갈량이나 방통이 아니라 법정이 추천한 허정이었다. 후한의 명문가 출신인 허정은 젊었을 때부터 조조, 원소, 유표 등과 교제를 나눴고 조조를 '난세의 간웅'이라고 평가한 허소의 사촌 형이다. 허정은 중앙의 요직을 맡지만 난세가 되자 지방으로 도망쳤고 최종적으로는 익주의 유장이 부름으로 중직을 맡는다. 유비가 성도를 포위했을 때 허정은 유장을 가장 먼저 버리고 도망치려다 붙잡힌다. 이 사실을 안 유비는 허정을 싫어해서 임용하지 않았지만 법정이 다음과 같이 진언한다.

"허정은 천하에서 유명하여 중용하지 않으면 세상 사람들이 명사를 업신여긴다고 볼 것입니다."

허정은 촉의 최고 자리인 사도에 임명되어 훗날 황태자 유선의 후견인으로 얌전히 자리 잡는다.

219년 조조가 한중을 포기하고 촉 정벌을 단념한 것은 '정군산 전투'에서 대장군 하후연이 황충의 칼에 베여 참패했기 때문이다. 유비의 참모로서 지휘한 법정의 이름을 들은 조조는 다음과 같이 놀라움을 금치 못했다고 한다.

"천하의 훌륭한 인재를 전부 끌어모은 줄 알았는데 법정과 같은 남자가 아직 있었구나."

90 과감한 발탁 인사를 실시한다

여고, 가임용지, 비고자난독임야. 【촉서 유파전】

나와 같은 남자라면 그를 잘 써먹을 수 있지만 내가 아니면 그에게 맡길 수 없을 것이다.

한문 如孤, 可任用之, 非孤子難獨任也.

영역 A man who is similar to me should be employed; otherwise he cannot be entrusted with carrying out his duty independently.

창업자나 오너 기업의 대표에게는 고용된 경영인에게서 볼 수 없는 독특한 매력과 함께 카리스마가 있다. 그러한 대표들은 일반인과는 다른 생각으로 인재를 간파하므로 세상의 상식이나 관례에 사로잡히지 않는 발탁 인사를 할 수 있다. 《삼국지》의 영웅 중에서 압도적인 카리스마를 겸비한 매력적인 리더는 조조와 유비뿐일 것이다.

　유비는 중산정왕 유승의 자손이라고 자칭한 만큼 유씨 가문 명사에 대해서는 늘 경의를 표한다. 형주의 유표, 익주의 유장은 진짜로 황족의 자손이었다. 그런데 유비가 오랫동안 막료로 기용하려던 유파는 황족 혈통인지 확실히 알 수 없으나 그의 조부와 부친도 후한에서 태수(지방장관)를 맡아서 당시에는 명사로 존경을 받았다.

형주 영릉군零陵郡 증양현烝陽縣(후난성 사오둥시邵東市) 출신의 유파는 형주목 유표에 부름에도 관직에 오르지 않았고 208년 형주가 조조에게 점령당한 후 조조의 연(부관)으로 세워진다. 조조가 형주 남부의 민심을 달래려고 유파를 파견하지만 '적벽대전' 후에 유비가 형주 남부를 점령하자 유비를 섬기기 싫어한 유파는 교주交州(베트남 북부)까지 도망친다. 그러나 태수 사섭士燮과 싸운 탓에 익주로 이주해 현장을 섬긴다. 그곳에서 유파는 황권黃權과 함께 유장에게 유비의 초빙을 반대한다.

"유비는 영웅입니다. 부르면 반드시 해가 될 것입니다."

우비가 익주를 정복하자 유파는 예전에 저지른 무례를 유비에게 사과하며 은둔하지만 유파의 유능함을 형주 시절부터 알고 있던 제갈량이 다시 한번 유비에게 추천한다. 법정이 죽은 후 상서령(행정장관)의 자리에 오르고 제갈량과 법정 등과 함께 '촉과'라는 법률을 제정한다. 유비가 황제에 즉위하려고 했을 때 유파는 시기상조라며 거리낌 없이 반대한다.

유비가 잘되기를 바라며 하려고 하는 모든 일에 반대하는 유파에 대해 유비는 울화통이 터질 것 같았지만 뛰어난 유파의 재능을 아껴서 이 주제의 문장으로 자신이니까 유파를 쓸 수 있는 것이라며 억지처럼 들리는 말을 했다. 또한 제갈량도 '진영에서 책략을 짜는 것은 유파에게 미치지 못한다'며 높이 평가했다.

장비가 유파의 저택에 머물렀을 때의 일화에서는 이 시절 명사의 기질을 엿볼 수 있다. 유파는 장비를 무시하며 전혀 말을 걸지 않았는데 장비가 격분해서 제갈량에게 그의 무례함을 호소했다. 그때 제갈량이 유파에게 같은 조직의 구성원으로서 배려해 달라고 요청하자 다음과 같이 말했다.

"사대부로서 천하의 영웅들과 교제하기를 바라지만 갑자기 출세한 무인과 대화할 필요는 없소이다."

유파는 쌀쌀맞은 태도로 단호히 거부했다. 222년 유파는 안타깝게도 요절했다.

91 억지를 쓰는 것이 아니라 깨닫게 한다

용병지도, 공심위상, 공성위하. 【촉서 마속전】

인사 관리의 기본 중 좋은 것은, 구성원의 마음에 호소하는 것이고,
나쁜 것은 그들을 꾸짖는 것이다.

한문 用兵之道, 功心爲上, 功成爲下.

영역 It is a good basic human resources management
to appeal to a person's heart, and it is a bad basic
method to scold them.

225년 익주 서남부의 건녕군建寧郡(윈난성 자오퉁시昭通市)에서 맹획
등이 반란을 일으켰을 때였다. 제갈량이 그들을 정벌하러 가는데 그
가 가장 아끼는 제자인 막료 마속이 이 주제의 문장으로 '무력에 의
지하지 말고 반란군을 포섭합시다'라고 진언한다.

전쟁뿐만 아니라 비즈니스에서도 적대하는 상대방을 무참하게
해치워서 섬멸할 수 있으면 문제가 전혀 없다. 하지만 적을 힘으로
없애려면 큰 힘과 금전적 부담이 따른다. 또한 엄하게 꾸짖어서 상대
방의 체면을 잃게 하는 행동은 훗날까지 원한이 남는다.

오히려 상대방의 힘을 잘 이용하면 최소한의 비용으로 최대의 결
과를 얻을 수 있다. 또 상대방이 아무리 강대하고 자신이 약소하더

라도 상대방을 잘 통제해서 문제를 아주 편하게 해결할 수 있다. 이는 상대방의 힘으로 꺾어 누르는 것이 아니라 '마음을 공격'해서 실현하는 것이다.

'마음을 공격한다'는 것은 상대방에게 양심의 가책이나 연민의 정을 느끼게 해서 전의를 잃게 하고 순종시켜 아군으로 끌어들인다는 의미도 있다. 또 상대방의 마음을 잘 유도해서 자신의 목적을 달성하는 점에 있다. 힘을 쓰지 않는다는 말은 지혜를 쓴다는 뜻이다.

'마음을 공격하는' 수법을 단번에 이해하려면 '맹모단기孟母斷機'라는 고사성어를 생각하면 좋다. 공자에 이어 사상가로서 유명한 맹자의 어머니는 어린 아들의 교육 환경을 정비하기 위해서 세 번이나 이사한 교육열이 넘치는 어머니로 잘 알려져 있다.

어느 날 맹자가 학업을 중단하고 집에 돌아왔다. 어머니는 시끄럽게 잔소리하지 않고 슬픈 표정을 짓더니 가계를 책임지기 위해 천을 짜던 베틀의 실을 끊어 버리고는 "네가 한 일은 이와 같다"고 알린다. 정신을 차린 맹자는 마음을 고쳐먹고 다시 학업에 전념해서 성공했다.

일방적으로 명령하거나 계속 잔소리를 하는 것도 아니고 상대방이 깨닫게 하는 것은 조직이 인재를 육성하는 과정에서 매우 효과적인 수법 중 하나다.

최근에는 같은 회사에 정년까지 계속 다니거나 같은 일에 평생 종사하는 것이 발전적이지 않고 자기 계발이 부족하다고 간주하게 되었으나 일개 개인이 이것저것 손을 대서 성공하기란 매우 한정적이다.

계속하기 때문에 익힐 수 있고 아이디어와 깨달음이 있으며 사실

은 보람이나 성취감을 얻을 수 있는 최단의 방법이면 계속 끈기 있게
전하는 것이 오늘날 리더의 책무가 아닐까?

92 리더가 아니라 조직에 힘을 다할 각오

십전필극이무우. 【촉서 위연전】

아무런 걱정도 하지 않고 확실히 이길 수 있을까?

한문 十全必克而無虞.

영역 You can certainly win without worrying about anything.

228년 제갈량의 1차 북벌 때 위연은 정예병 5천 명을 별동대로 삼아 진령산맥을 험준한 자오곡 경로로 넘어서 열흘 안에 장안에 도착해 기습하겠다는 계책을 제안한다.

— 차현위 此縣危 (이것은 위험하다.)

제갈량은 그렇게 단정하고 '평탄한 길을 가면 안전하며 농우隴右를 평정할 수 있다'라고 하며 이번 주제와 같은 문장을 말해 위연의 계책을 그 자리에서 거절한다. 기습에 성공해도 보급을 고려하면 장안을 점령할 수 없는 것은 명백했기 때문에 제갈량은 양주를 먼저 확보하고 촉의 영토 확대를 목표로 했다.

'북벌'이 실패로 끝났을 때 위연은 제갈량을 '겁쟁이'라고 비판한다. 오늘날 한국과 중국의 삼국지 팬 중에도 이때 건곤일척의 내기에 나서는 방법을 써야 했다고 위연에게 동조하는 사람이 많다.

한편 자오곡 경로가 험하다는 사실은 20세기의 일화를 통해서도 알 수 있다. 1936년 국민혁명군 왕요무장군이 시안에서 장쉐량長學良에게 구금된 장제스를 구출하기 위해 자오곡을 넘어서 시안으로 향했다. 하지만 길이 험준한 데다 수원을 확보하지 못한 탓에 진군으로 고생했다고 한다. 그런데 약 열흘 만에 시안 사건이 해결되었기 때문에 제시간에 도착하지 못한 것을 보면 이해할 것이다. 1800년 전 장비를 갖춘 위연군이 열흘 만에 장안에 도착하기란 매우 어려웠고 설령 도달하더라도 지친 병사로는 하후무夏候楙가 머무는 장안을 공략하지 못해서 위의 반격을 받아 위연군은 괴멸했을 것이다.

위연은 형주 의양군義陽郡(허난성 남부) 출신으로 촉으로 입성한 유비를 따라 하사관부터 갖은 고생을 하며 장군으로까지 출세한다. 유비가 219년 한중왕으로 즉위했을 때 위와의 최전선인 한중의 태수로 고참인 장비가 아니라 신입인 위연이 발탁된다. 위연은 무모한 무도인이라고 오해받곤 했지만 그로부터 15년 동안 한중을 훌륭하게 경영해서 역량을 발휘했다.

유비가 사망한 후 위연은 제갈량의 추천으로 정서대장군으로 임명되었기에 제갈량도 위연의 실력을 인정했을 텐데, 밑바닥에서부터 고생해서 출세하여 자존심도 높고 군주에게 심취해 힘을 발휘하는 타입의 위연은 그 대단한 제갈량도 잘 다루지 못했을 것이다.

자신을 인정해서 발탁해준 대표가 없어졌을 때 조직을 위해 힘껏 살아가기로 결심하고 자신을 바꾸는 것은 중요하다. 실제로 유비에게 발탁된 제갈량은 멋지게 자신을 바꿔서 조직에 끝까지 애썼지만 거칠고 무례한 위연은 그렇게 하지 못했다.

콧대가 센 위연은 평소에 동료 장군이나 문관들과 사이가 나빴다고 한다. '일거리를 잡아 오는 사람의 고생을 아느냐'는 느낌이며 실력파 전무, 영업본부장이 관리 부서에 고함을 치듯이 위연은 양의楊儀 등의 문관들에게 늘 화풀이했다. 제갈량이 진영에서 사망한 후 위연은 조직의 동료인 마대馬岱에게 체포되었다.

93 인사에 나타나는 경영 센스

부립왕업자, 소용비일.　　　　　　　　　　【촉서, 비시전】

옛날부터 대업을 이루는 리더는 틀에 박힌 인사는 하지 않는다.

한문 夫立王業者, 所用非一.

영역 Since the old days, the effective leaders accomplished big businesses have achieved their success based on multiple strategies.

비시費詩는 익주 건위군犍爲郡 남안현南安縣(쓰촨성 러산시樂山市)의 인물로 유장을 섬기며 면죽현령(쓰촨성 몐주시綿竹市)을 맡았을 때 침공해온 유비에게 항복하고 솔선해서 따랐다.

219년 유비는 한중왕으로 즉위하며 지금까지의 공신들에게 관직을 수여한다. 이때 관우가 장비, 마초, 황충, 조운과 나란히 '오호대장군'으로 전장군(전군前軍의 사령관, 전 장군의 의미가 아니다)으로 임명되었고, 형주에 있는 관우에게 소식을 알리는 사자로 비시가 뽑힌다.

관우는 의동생 장비, 예전부터 동료인 조운, 신입이라도 조조와 싸운 제후 중 한 명이었던 마초는 차치하고 황충이 후장군으로 같은 대우를 하다니 가소롭다며 노골적으로 불쾌감을 보였고 임관을 거부하려고 한다. 그때 비시는 이 주제의 문장으로 설득했다.

"한의 고조 유방이 소하나 조참과 같은 고참을 제쳐 놓고 한신을 대장군으로 임명했을 때 유방에게 불만을 말한 사람은 없었습니다. 한중왕 유비와 관우 장군은 일심동체가 아닙니까? 대업을 이루는 군주가 부리는 사람은 귀공만 있지 않습니다."

이렇게 말한 후

— 불의계관호지고하不宜計官號之高下, 작록지다소위의야. 爵祿之多少爲意也. (관호의 고하와 작록의 다소를 헤아려야 한다.)

관우 장군이나 되는 분이 관직의 상하와 봉록의 다소에 연연하는 이유가 뭐냐며 타이른다. 관우는 비시의 말에 깊이 감동해서 전장군의 자리에 취임했다. 사자로서 비시의 용기와 기지가 빛났다.

조직에는 관우처럼 인사 처우에 불만을 품는 실력가가 반드시 존재한다. 만족시킬 처우를 계속 받으면 언젠가는 하극상을 부르기도 한다. 충분히 이해시켜서 조직에 충성심을 갖게 하는 것은 매우 어렵지만 비시는 관우의 허영심을 멋지게 자극하는 것에 성공했다.

전략적인 빈말, 아부하는 기술을 구사해서 손해를 보는 일은 전혀 없다. 승인욕구를 만족시키기만 해도 순조롭게 경영을 할 수 있다면 아주 쉬운 일이다. 조직에서 일할 때 승인욕구를 바라는 성가신 인간이 되지 않도록 리더는 명심해야 한다.

오늘날의 기업에서 실력 있는 임원, 중요한 거래처 간부나 발주처의 경영자, 유력 주주, 고객들과의 절충은 귀찮고 성가신 일이 생기기 쉽다. 하물며 협력회사에 대한 가격 인하와 발주 정지, 고객과 가격 인상이나 납품 기한 연기 등의 협상을 하게 되면 큰 어려움이 따른다. 이때 비시처럼 정정당당하게 임하면 좋은 해결책을 찾을 수 있다.

94 최고 경영자와 구성원의 명확한 역할

일국불용이군. 【촉서 황권전】

조직 하나에 리더 두 사람은 필요 없다.

한문 一國不容二君.

영역 An organisation does not need two leaders.

리더십은 조직의 대표와 간부가 발휘해야 한다고 착각하는데 사실 조직의 어떤 장소에서나 직면하는 환경 및 상황의 변화에 자발적으로 즉시 응할 수 있는 구성원에게 필요한 자질이다. 목표를 위해서 각 구성원이 자발적으로 행동할 수 있는 조직이 가장 강력하다.

하지만 조직을 구성하는 모든 구성원에게 솔선수범하는 능력이 있는 것은 중요하지만 최종적인 결정자, 또는 최종적으로 결과를 책임지는 리더, 즉 대표는 혼자로 안 된다.

쌍두마차가 말 한 필이 끄는 마차보다 두 배 더 많은 힘으로 폭주하듯이 투톱 체제가 되면 리더십이 두 배로 늘어나서 성과도 두 배로 오를 것 같지만 한 조직에는 똑같은 유형이나 역할을 담당하는 두

명의 리더가 있으면 안 된다. 지도하는 사람이 여럿이면 조직의 구성원이 누구의 지시를 따라야 하는지 명확히 알 수 없게 된다.

최종 책임을 지는 대표 한 사람이 있고 그 주위에 여러 가지를 제언하는 스태프와 현장의 리더들이 각자의 역할을 각자의 영역에서 수행한다면 강력한 원 톱 팀을 만들 수 있다. 훌륭한 스태프 팀도 우수한 대표 한 명 밑에서 각자의 능력을 최대화해서 대업을 이룰 수 있다.

익주의 현재 상황과 앞날을 걱정하는 장송과 법정과 같은 계략이 출중한 신하는 유비를 불러들여 그 명성과 실력을 이용해 익주를 굳건하게 만들 계책을 주목 유장에게 제안한다. 부친에게 세습으로 지위를 얻은 사람 좋은 유장은 이 묘안을 받아들인다. 그러자 중신 중 황권이 나서서

"유비는 인덕과 용맹스러움으로 유명한 인물인데 어떻게 대우할 생각이십니까?"라고 말한 후 이 주제의 문장으로 이의를 제기한다. 뒤이어

— 약객유태산지안若客有泰山之安, 즉주유누란지위則主有累卵之危. (만약 손님이 태산과 같은 안정을 취하면 주인은 달걀을 쌓은 듯한 위험이 있을 것이다.)

빈객으로 유비를 후대하면 군주가 둘이 되고 그 손님에게 태산처럼 편안히 머무르라고 하면 현재 군주인 유장은 달걀을 쌓아 올린 위에 앉는 것과 같아서 매우 위험한 사태가 될 것이라고 경고한다. 한중 장로의 침략에 고민하는 유장은 눈앞의 문제를 해결하기를 먼저 결정해서 황권의 진언을 거절한 후 그를 좌천하고 만다.

황권은 익주 파서부 낭중현閬中縣(쓰촨성 랑중시) 사람으로 21년 유

장이 성도의 문을 유비에게 열어주며 항복할 때까지 섬긴 호한이며 오히려 유비에게 잘 보여 편장군으로 임명되어 중용된다. 장로의 한중을 병합한 조조와 유비가 한중을 둘러싸고 쟁탈전을 펼쳤을 때 한중을 유비의 영토로 삼는 데 성공한 것은 법정과 이 황권이 대활약한 덕택이다.

95 신뢰 관계 유지의 어려움

고부황권, 권불부고야.　　　　　　　　　　【촉서 황권전】

내가 황권을 배신한 것이지 황권이 나를 배신한 것이 아니다.

한문 孤負黃權, 權不負孤也.

영역 I betrayed Huang Quan, but he did not betray me.

아군을 버리고 적에게 붙는 것은 동서고금에서 '배신'으로 분노를 가장 자아내는 행위다. 약속, 신의, 기대를 등지는 것은 어떤 문화에서든지 인간으로서 가장 부끄러운 행위로 간주한다.

　그러나 믿을 수 있는 사람이 늘 믿을 수 있는지는 아무도 모른다. 상황이나 그때의 감정에 따라 신뢰의 정도는 시시각각 변화한다.

　상대방을 신용할지 말지는 상대방의 인품이 아닌 상대방을 관찰해서 동기를 봐야 알 수 있다. 여러 가지 욕망이 대립해서 싸우는 가운데 인간은 이익이 생기는 쪽으로 움직인다.

　유비는 객관적으로 보면 배신하는 인생을 보냈다. 형님인 공손찬을 버리고 원소에게 붙었고, 좌장군으로 추천해준 조조의 암살 미수

354 ● 삼국지 경영학 수업

사건에 관여하여 도망쳤으며 곤경에 처했을 때 구해준 손권과 주유에게 반기를 들었다. 급기야 자신의 힘을 인정하고 초빙해준 유장에게서 익주를 빼앗았다.

자신의 경험을 통해 유비는 배신당했을 때 상대가 배신한 이유를 순식간에 헤아렸다. 배신에도 이유가 있어서 특히 훌륭한 인물을 배신으로 몰고 가는 것은 배신당한 상대방에게 문제가 있다고 유비는 솔직히 속마음을 털어놓았다.

'그 사람에게 배신당했다'라고 대포라도 쉽게 말할 수 있는데 사람을 배신하는 행위가 나쁜 것이 아니라 어떤 이유가 있든지 배신당한 사람이 나쁘다고 리더는 생각해야 한다.

222년 '이릉대전' 때 위와의 국경을 지킨 황권은 오의 육손에 의해 퇴로를 차단당해 익주로 돌아가지 못해서 위로 망명한다. 그때 촉에서는 배신자 가족은 처형하자는 의견이 드높았는데 유비가 이 주제의 문장을 말하며 가족을 보호하게 했다.

한편 문제 조비가 '진평이나 한신이 유방에게 붙은 옛이야기를 모방했는가?'라고 비꼬듯이 물어봐서

— 패군지장敗軍之將, 면사위행免死爲幸. 하고인지가모야何高人之可慕也. (패배한 장수는 죽음을 면한 것도 다행이라 여기는데 어찌 옛사람을 그리워하겠습니까?)

"단순히 죽고 싶지 않아서 항복했을 뿐입니다"라고 황권은 안색도 바꾸지 않고 대답했고 그 겸손한 인품에 문제 조비가 흡족해했다. 또 황권은 시의심이 강한 사마의에게서도 높은 평가를 얻는다. "그대와 같은 인물은 촉에 몇 명이나 있는가?"라고 사마의가 물었을 때 황권은 자신 정도의 인간은 많으며 높은 평가를 받는다고 생각하

지 않았다며 시치미를 뗐다.

훗날 위에 항복한 촉나라 사람에게서 황권의 가족이 처형당했다는 이야기를 들었을 때 황권은 유비와 제갈량과는 마음이 통하니 엉터리 정보는 결코 믿지 않겠다고 말하며 뿌리쳤다고 한다.

황권처럼 사려 깊고 실력 있으며 태연자약한 인물은 정말로 리더의 본보기로 삼을 만하다.

96 조직의 다양성을 보장한다

인심부동, 각여기면.　　　　　　　　　　　【촉서 장완전】

사람의 마음은 얼굴이 다른 것처럼 모두 다 다르다.

[한문] 人心不同, 各如其面.

[영역] All people's hearts are different and so their faces.

제갈량이 죽은 후 촉을 지탱한 장완은 눈에 띄는 업적이나 일화가
남아 있지 않지만 담담하고 착실하게 일을 처리하는 실력을 갖춰서
조직을 지탱한 은근히 실력 있는 리더다.

　제갈량이 죽었어도 촉한이 즉시 멸망하지 않은 것은 전적으로 장
완의 현실적인 정치 수완 때문이다. 즉 장완은 '카리스마 있는 리더'
의 뒤를 훌륭하게 이어받아 조직을 연명시킨 '카리스마 없는 리더'의
본보기라는 뜻이다.

　그러나 장완이 단순히 평범하고 무기력한 것은 아니다. 형주 영릉
군(후난성 융저우시永州市) 출신의 장완은 스무 살 때 형주 시절 유비
를 섬기며 관직에 오른다. 유비가 촉에 입성한 후에는 광도현의 현장

으로 임명된다. 우연히 유비가 시찰로 방문했을 때 장완은 일을 내팽개치고 술을 많이 마셨다고 한다. 격분한 유비가 엄벌에 처하려고 했을 때 제갈량은

— 장완蔣琬, 사직지기社稷之器.

"장완은 국가를 짊어질 만한 인재입니다."라며 용서를 구했고 그 덕분에 장완은 현장에서 파면되는 것으로 끝났다. 자신의 능력에 어울리지 않는 일을 게을리하는 부분은 방통과 닮았다.

223년 제갈량은 자신의 정청, 즉 '막부'를 열기를 허락받자 장완을 막료로 임명한다. 제갈량의 뒤에서 돕는 일을 혼자 떠맡아서 제갈량이 북벌에 나섰을 때는 군량 공급을 확실히 지원한다. '나와 함께 대업을 지원할 인재'라고 극찬을 받으며 자칫 무슨 일이 생겼을 때는 장완을 후임으로 기용해 달라고 황제 유선에게 몰래 상소를 올릴 정로도 신뢰를 받는다.

234년 제갈량이 죽자 유언에 따라 유선은 장완을 상서령, 익주자사, 대장군, 안양정후로 임명해 촉한의 최고 문관으로 발탁했으며 촉의 경영을 전부 위임한다. 장완은 이 엄청난 발탁에 대해 들뜨거나 기뻐하는 감정을 전혀 드러내지 않았고 태도도 예전 그대로였기 때문에 점점 주위 사람들도 순종하게 되었다고 한다.

어느 날 장완이 양희楊戱라는 문관에게 질문했을 때 양희가 장완의 말을 들리지 않는 척하며 지나쳤기 때문에 양희를 평소에 탐탁지 않게 생각한 사람이 장완에게 무례를 저질렀다고 비난한다. 그러자 장완은 이 주제의 문장을 말하며

"면종복배는 당연하다. 내 의견에 찬성하면 그의 본심과 다르고 내 의견에 반대하면 내 체면이 손상된다. 무시하고 침묵한 것은 그

나름대로의 시원스러운 태도다."라고 상대방에게 참언하지 않았다고 한다. 도량이 있는 리더다. 리더의 갖춰야 할 본연의 태도로서 장완이 가진 그릇의 크기를 보면 다른 사람을 제압할 명성이 없어도 큰 조직을 착실히 지탱할 수 있는 경영의 요령을 배울 수 있을 듯하다.

97 수수하고 견실한 경영의 가치

사부당리, 즉궤궤의. 【촉서 장완전】

매사가 정리되어 있지 않으므로 굼뜨다고 하는 것이다.

한문 事不當理, 則憒憒矣.

영역 I may be a slowcoach if things are not put in order.

제갈량의 임종 시 명령으로 후계자로 지명된 장완의 수완에 기대하는 사람들도 있었다. 그러나 한편으로 장완에 대한 부담감이 커서 그 임무의 무게에 동정을 금치 못하는 사람도 많았다. 어느 정도 시간이 흐른 무렵 장완이 착실하게 일하는 모습을 보고

"일을 규모 있게 잘 처리한다"

그렇게 평가하는 사람이 있는 한편 아무런 성과도 내지 않는다고 헐뜯는 사람도 많았다. 그중 한 명인 양민楊敏이라는 사람이 노골적으로 비판했다.

"무슨 일에나 우왕좌왕하며 행동이 굼뜨다. 전임자에 전혀 미치지 못한다."

그 건방진 언동을 우연히 알게 된 장완의 측근이 양민을 붙잡아 취조하고 싶다며 장완에게 말한다. 그러자 장완은 아무 일도 없었다는 듯 말한다.

"나는 확실히 전임자에 미치지 못하니 취조할 필요는 없소."

그러곤 상대하지도 않았다. 그러자 장완의 측근이 다그친다.

"그러면 행동이 굼뜬 것이 무엇인지 따져봅시다."

그래서 장완은 이번 주제의 문장으로 측근을 달래듯이 대답했다.

그 후 양민이 다른 일로 체포되자 비판을 참아온 장완이 지금이 기회라는 듯이 양민을 사형하지 않을까 모두가 마른 침을 삼켰다. 그러나 장완은 개인적인 감정에 휩쓸리지 않고 담담하게 법에 따라 양형을 내렸다고 한다.

장완과 같은 수수한 업무 스타일을 평가하지 못해서 후배나 젊은 사람들, 신입사원 등에게 늘 부족하다며 무시하거나 바보 취급하는 사람은 오늘날의 조직에서도 존재한다. 대체로 인물을 보는 눈이 없는 사람이나 콤플렉스 덩어리와 같은 사람에 한해서 이러한 평가와 언동을 한다.

기업에서는 카리스마 있는 창업자 혹은 늘 천재적인 아이디어를 내는 경영자가 후계자가 되면 여러 사람이 힘들어진다. 천재는 보기 드물게 탄생하는데 다른 사람과의 차이를 드러낼 수 있어서 그 능력을 발휘시키는 존재다. 천재가 계속 넘쳐나면 그 희소성도 떨어진다. 세계의 역사에서도 천재가 무리를 지어 탄생하는 일은 좀처럼 보기 드물다.

영웅의 대망, 마법사의 출현을 큰소리로 외치며 천재나 강력한 지휘자의 후계 체제에 트집을 잡아서 방해하는 사람, 그것도 발언력이 있는 무리는 언제 어디에나 존재한다.

　'아무리 잘나도 그런 사람이 되고 싶지는 않다'라고 생각할 때는 늘 장완의 태연한 태도를 생각하면 된다. 침묵을 아는 사람이야말로 진정한 리더라고 할 수 있다.

▲ 마초의 무덤(산시성 한중시)　　　　　　▲ 장비묘(충칭시)

▲ 장완의 무덤(쓰촨성 몐양시綿陽市)　　　　▲ 장완상(쓰촨성 몐양시)

▲ 비의상(쓰촨성 광위안시)　　　　▲ 비의의 무덤(쓰촨성 광위안시廣元市)

▲ 강유姜維의 고리비　　　　▲ 가정의 옛 전쟁터(간쑤성 톈수이시)
(간쑤성 톈수이시)

98 일과 생활을 양립한다

매진인지환, 사역불폐.　　　　　　　　　　【촉서 비의전 주】

늘 끊임없이 인생을 즐겼고 경영도 소홀히 하지 않았다.

한문　每盡人之歡, 事亦不廢.

영역　He should not neglect managing organisation, while spending all of his time enjoying life.

비의가 오늘날의 인물이었다면 아마 경영진이 중요하게 기용했을 것이다. 또한 직장 동료나 젊은 사람들에게도 비의는 인기가 많았을 것이다. 이 주제의 문장에 나와 있듯이 비의는 사생활을 가장 중시하는데, 이는 그가 해야 할 일을 똑바로 해서 결과를 낼 수 있는 유형의 구성원이기 때문이다.

　일 중독이었던 제갈량은 사서를 읽어봐도 술을 많이 마셨다거나 농담하고 크게 웃었다는 기술이 전혀 없다. 제갈량은 자신과는 기질이 전혀 다른 비의의 능력을 정당하게 평가하고 자신이 죽은 후에는 장완, 그 뒤는 비의를 후계자로 지명했다.

　비의는 일을 매우 신속하게 처리했고 내정부터 외정까지 모든 업무를 손쉽게 이해했으며 보고서 등은 잠깐 바라보기만 해도 내용을 확실히 파악할 수 있었다고 한다. 즉 일반 사람보다 몇 배나 많은 일을 할 수 있는 인재였다.

　도박이나 바둑을 비롯해 온갖 오락을 즐기면서도 비의는 일을 부실하게 처리하지 않았다고 한다. 비의의 친구이자 좋은 경쟁자였던 동윤은 비의가 맡은 상서령의 후임으로 뽑힌 후 자신도 비의의 업무 방식을 흉내 냈다가 열흘도 지나지 않아 결재 서류가 처리하지 못할 정도로 산더미처럼 쌓였다고 한다. 한숨을 쉬며 동윤은

　ー 인재력상현약차심원人才力相縣若此甚遠. (사람의 재능과 능력에 차이가 나는데 이렇게나 매우 거리가 멀다).

　'인간의 재능, 역량이 이렇게나 차이가 있을 줄은 생각지도 못했다'라며 비의를 평가했다.

　31억 염기대의 DNA로 구성되는 인간의 게놈, 즉 유전정보는 99.9퍼센트가 누구든지 똑같으며 고작 0.1퍼센트의 차이밖에 나지 않는다고 한다. 자신과 남을 구분하는 능력 차이는 DNA의 관점에서 보면 있어도 없다고 할 정도의 오차 범위의 차이밖에 안 된다. 하지만 자라온 환경과 조건, 본인의 노력과 단련으로 큰 차이가 생긴다.

　평범한 사람은 평범한 사람만의 방식으로 착실히 해나가면 된다. 동윤도 결코 평범한 사람은 아니었다. 그가 착실히 일하는 방식은 후세에도 좋은 평가를 받아서 제갈량, 장완, 비의와 함께 촉의 4대 명신 중 한 명으로 이름을 나란히 한다. 동윤의 부친인 동화는 허정의 장례식 때 낡은 마차를 부끄러워해서 타기를 주저하는 아들과는 상관없이 당당하게 낡은 마차를 탄 비의의 모습을 멀리서 바라보며 비의가 자기 아들보다 훨씬 유능한 인재임을 간파했다.

비의는 배짱이 두둑하고 담담하게 포커페이스를 유지할 수 있는 인물이었던 듯하다. 고대나 오늘날에도 중국에서는 감정을 겉으로 드러내지 않는 사람은 대인, 즉 냉정하고 훌륭한 리더의 조건 중 하나가 되었다.

99 조직 단속을 가장 먼저 생각한다

여기공업, 이사능자. 【촉서 강유전 주】

그러한 대규모 프로젝트는 훌륭한 인재가 나타날 때까지 기다려야
한다.

한문 如其功業, 以俟能者.

영역 You should wait for the right person instead of
working hard to achieve greatness.

촉한의 무관인 위연과 문관인 양의는 승상 제갈량의 후계자라고 스
스로 내세웠는데 이 두 사람은 사이가 매우 나빴다. 제갈량이 건재
했을 때부터 위연과 양의가 말싸움할 때는 늘 비의가 상황을 수습했
다고 한다. 그는 기질이 다른 각 부문의 리더를 중재하는 역할을 담
당했다.

동서고금의 어느 조직에서나 위연이나 양의, 그리고 비의의 역할
을 맡는 사람이 존재한다.

이 세 사람은 모두 형주 출신으로 유비를 따라 촉으로 입성했다.
그래서 촉이라는 타지에 있으면 고향 사람끼리 결속할 법한데 제갈
량이 죽자 양의는 마대를 시켜 위연을 참살하게 한다. 하지만 제갈

량의 막료 팀 리더였던 양의는 지위가 낮은 장완이 발탁되자

"오장원에서 위에 항복했으면 이렇게나 비참해지지 않았을 텐데"

라고 불평했다. 보다 못한 비의가 유선에게 이를 보고하자 화가 난 유선은 양의를 서인으로 떨어뜨린다. 그러자 양의는 자신이 수치스러워서 자결하고 말았다.

제갈량이 죽은 후 촉을 위해서 비의는 장완을 지지한다. 그 후 병으로 쓰러진 장완의 후계자로 비의가 상서령, 대장군의 자리에 오른다. 또한 장완이 죽은 후 비의는 성도에서 떨어져 위와의 국경과 가까운 한중에 주둔하며 적과 대치하는 최전선에서 촉한의 국정과 군사를 담당한다.

위의 조진이 대군을 거느리고 한중에 침공했을 때 진영 안에 내민來敏이라는 고향 친구가 찾아와 비의에게 바둑을 두자고 권유한다. 바둑을 좋아하는 비의는 마치 기다렸다는 듯이 평소처럼 바둑에 집중하기 시작하는데 전투에 임하는 긴장된 분위기를 내민이 더는 견디지 못하고 "경을 시험할 속셈으로 바둑을 두자고 권했는데 경은 진정한 실력자요. 반드시 적을 쓰러뜨립시다"라며 평소와 다름없이 담담하게 바둑을 두는 비의를 격려한다. 비의는 기대한 대로 위군을 격퇴했다.

강유는 대장군의 임무를 맡은 비의에 버금가는 지위에 오른 인물로 대담한 비의와 협력해서 촉한을 잘 꾸려나간다. 비의는 강유의 실력을 인정했지만 강유가 '북벌'에 조급해하기에 이번 주제와 같은 문장을 말하며 달랬다.

그 대단한 제갈량도 이루지 못한 '북벌'은 힘이 모자란 자신들만으로는 도저히 무리였다. 따라서 대규모 프로젝트는 그에 걸맞은 유

능한 인재가 나타날 때까지 기다려야 하며 조직의 존속을 고려하여 다음 세대에 물려주는 것이 자신들의 일이라고 깨닫는다.

'수세'의 리더는 확실히 비의를 본보기로 삼아야 할 것이다.

비의는 애석하게도 253년 연회에서 만취했을 때 위에서 망명한 사람의 칼에 찔리고 만다. 그리고 마침내 강유가 대장군으로서 촉한의 전권을 잡게 된다.

100 목숨을 바쳐서 일에 임하라

비사지난, 부사지난야.　　　　　　　【촉서 강유전 주】

죽는 것이 어려운 것이 아니라 죽는 방법이 어렵다.

한문 非死之難, 赴死之難也.

영역 It is not difficult to die but the way to die is difficult.

263년 위의 상국(재상) 사마소의 명령을 받은 종회와 등애가 촉을 정벌하러 간다.

강유는 한중과 성도 사이의 요충지인 검각劍閣을 종회가 거느리는 위군의 맹공격으로부터 지켜낸다.

그러나 우회로를 통해 먼저 성도로 향한 등애가 면죽(쓰촨성 멘주시)에서 제갈첨諸葛瞻(제갈량의 장남, 부인은 유선의 딸)을 물리치고 성도를 포위해서 유선을 항복시킨다. 위군에게 항복하라는 유선의 명령을 받은 강유는 분노에 차서 칼을 바위에 내리쳐 부수고 장병들과 눈물을 흘리며 항복했다. 강유는 나라를 위해 목숨을 버릴 기회를 놓치며 무인으로서의 '유종의 미'를 거두지는 못했다.

일본의 헤이안 시대(8세기~12세기 – 역주) 말기, 기소노 요시나카木曾義仲의 오른팔이자 죽마고우였던 이마이 가네히라今井兼平는 미나모토 요시쓰네源義經가 거느리는 가마쿠라 세력에게 쫓겨 궁지에 몰린 오미코쿠近江国 아와즈粟津(시가현滋賀県 오쓰시大津市)에서 요시나카에게 이렇게 말했다.

— 병사의 기강이라고 하면 마지막 죽음을 말한다.

미련 없는 깨끗한 최후야말로 무인의 최고 궁지라고 여긴 것이다. 요시나카가 베인 후 주군을 쫓았고 가네히라는 말 위에서 검을 입에 물고 뛰어내려 멋지게 자결한다. 그야말로 무인의 본보기다.

위의 종회는 유명한 적장 강유를 빈객의 예로 맞아 후대한다. 위군에 더해 강유의 정예병을 휘하에 거둔 종회는 대군을 거느리며 촉에서 독립하려고 시도한다. 하지만 위의 장병들은 고향을 그리워하는 마음이 강해서 종회의 야심을 알고 반란을 일으켰고 종회와 함께 강유도 피살당했다. 그때 강유의 나이 63세였다.

강유는 훌륭한 무인의 산지인 양주 천수군(간쑤성 톈수이시) 출신으로 지역에서 위의 관리 자리에 오른다. 228년 제갈량이 '북벌'할 때 촉으로 귀순했고 그의 능력을 높이 산 제갈량은 강유를 장군으로 임명했다. 강유는 제갈량의 기대에 부응해 자신을 연마했고 비위의 사후 256년에는 촉의 대장군으로 임명된다. 강유는 제갈량의 유지를 계승해 '북벌'을 수행하였음에도 위에서 항복한 장군이라고 해서 주위 사람들이 늘 그의 배신을 경계했기에 좀처럼 활약하지 못했다.

강유를 동정할 여지는 확실히 있지만 무인으로서 죽을 장소를 얻지 못했다고 지탄받아도 변명할 여지가 없다. 후세 사람들의 관점에서 보면 이 주제의 문장으로 강유를 비판하기는 쉽지만 오늘날의 우리도 과연 자신이 나설 자리와 행동거지를 철저히 각오해서 일상을 살고 있을까?

리더는 경영 능력을 갈고닦는 동시에 목숨이 영원하지 않으므로 겸손한 자세로 '유종의 미'를 장식하도록 항상 유의하고 '사생관'을 갖고 일에 임해야 한다. 리더에게는 '끝이 좋으면 다 좋다'라는 한마디가 살아온 모든 증거가 되기 때문이다.

산양공 유협과 안락공 유선

망국의 군주는 일족과 함께 처형되어 멸문당하는 것이 일반적이었다. 새로운 정권에게 그 전까지의 정권을 떠맡은 사람들이 옛 군주를 추대하며 반격해오는 것을 방지하기 위함이다.

그러나 압도적인 힘으로 멸망 당한 나라의 경우 승자는 그 관대한 태도를 보이기 위해서 패배한 사람의 목숨을 살려주는 일도 있었다.《삼국지》와 관련된 시대에서 후한의 헌제 유협과 촉한의 후주 유선劉禪은 황제의 자리에서 쫓겨났으나 목숨을 구하고 천수를 누렸다.

후한의 헌제는 즉위한 지 31년째에 궁정의 가장 큰 실력자인 위왕 조비에게 혈연에 의하지 않은 훌륭한 인물에게 정치상의 권력을 양보하는 고대의 습관인 '선양'이라는 형태로 나라를 물려주었다. 형식상으로는 '선양'이지만 조비와 그를 지지하는 조정 대신들의 압력에 굴복했다는 것이 실정이다. 이로써 약 180년에 이르는 후한이 멸망하고 위가 건국되었다. 헌제는 그때까지의 황제 칭호와 예우를 유지하는 것을 인정받았으며 낙양에서 가까운 산양현(현 허난성 자오쭤시 산양구)에 영지를 받

▲ 후한의 헌제릉(허난성 슈우현修武縣)　　　▲ 후한의 헌제상(허난성 슈우현)

아 산양공이 되었다.

　헌제는 8세의 나이에 동탁에게 황제로 옹립된 이후 온갖 고생을 겪으며 성장했고 조조의 비호를 받을 때는 언제 살해당해도 이상하지 않은 긴장된 나날을 오랫동안 보낸 끝에 결국 조비에게 황제 자리를 빼앗겼다. 은둔한 산양 지역에서 유협은 지역 사람들에게 동정받는 동시에 존경받았고 십여 년을 보낸 후 54세에 사망했다. 그전에 조조에게 살해당한 황후 견씨와 나란히 도교의 신으로 모셔져서 오늘날에 이르기까지 멋진 능묘와 사당이 남아 있다.

　촉한의 유선은 영웅 유비의 아들인데도 나라를 지키지 못한 암군의 본보기로서 오늘날까지 알려져 있다. 17세에 황제가 된 유선은 40여 년에 걸쳐서 그 지위에 있었고 위의 침공을 받아서 나라가 망하는 쓰라린 경험을 했다. 유주 안락현安樂縣(현 베이징시 순이구順義區)에서 생활비를

▲ 유선상(충청시 백제성 내)

▲ 후한의 헌제릉(허난성 슈우현(修武縣))

받으며 8년 후에 65세의 나이로 사망하고 그 자손은 위의 후계 정권인 서진이 멸망할 때까지 존속했다.

유선의 어리석은 행동을 보여주는 일화는 여러 가지가 전해지는데 과연 그렇게까지 어리석었는지는 의문이다. 아버지가 죽을 때 남긴 명령을 잘 지켜서 제갈량을 신뢰했고 12년에 걸쳐서 전권을 끝까지 위임한 것, 또한 제갈량의 사후에 중상모략하는 사람을 그 자리에서 처형한 점에서 완전히 무능한 리더라고 생각할 수도 없다. 《삼국지》의 저자 진수는 다음과 같이 유선을 평가했다.

— 흰 실은 물드는 대로 아무 색으로나 변한다.

제갈량이 지명한 장완, 비의에게 계속해서 전권을 맡겼지만 그 임무를 감당할 수 있는 후계자가 고갈된 탓에 촉의 정치는 혼란에 빠졌다. 유능한 인재가 유선의 주위에 넘쳐났더라면 멋진 색으로 물든 유선이 훌륭한 신하를 계속 신임한 명군으로서 훗날까지 칭송받았을지 모른다. 아마 사람을 의심하지 않는 솔직한 인물이었음이 분명하다. 유선의 무덤은 뤄양시 교외에 문화대혁명 무렵까지 남아 있었지만 사당은 파괴되고 분묘는 빈터가 되어 현재로는 그 모습도 남아 있지 않다.

마치며

인간이 거듭 쌓아서 만들어온 역사에는 시대와 나라를 초월해서 누구든지 삶에 대해 공부할 수 있는 힌트가 집약되어 있다.

중학생 때 '역사를 공부해봤자 무용지물이다'라는 말을 내뱉었던 친구가 지금은 어떻게 지내는지 생각날 때가 있다.

나는 역사를 좋아했지만 50대 중반이 된 현재 큰 도움을 받았다거나 출세한 것도 아니기에 다른 사람을 비웃을 상황이 아니다. 하지만 '역사를 거울삼는' 것은 겸손하게 선조들의 삶에서 배우고 반성해서 이를 자신의 양식으로 삼아 정신을 성장시킬 수 있다고 믿는 것이므로 이 신념은 조금도 흔들리지 않는다.

중국의 역사서는 인간의 다양한 가치관과 인생의 기록이기도 하다. 그중에서도 《삼국지》와 이를 기초로 한 대중소설인 《삼국지연의》에는 현대와 하나도 다를 바 없는 인간의 갈등과 고뇌의 흔적, 슬기로운 꾀와 계략의 충돌, 위기 시의 행동과 결단, 비운과 행운의 분수령 등 리더십과 경영의 지혜 및 다채로운 가치관이 담겨 있다. 이른바 사례연구의 보물창고인 《삼국지》는 그런 의미에서 수많은 역사서나 역사소설 중에서도 유난히 재미있고 배울 점이 많아서 현대에도 매우 인기가 있는 것이다.

인생을 대개 '여행'에 비유하지만 한편으로는 살아가기 위한 전쟁의 연속이 아닐까? 심지어 현대 비즈니스 세계에서는 무기가 없어도 지혜와 책략을 구사해 생존을 건 경쟁에 뛰어들기도 하니 말이다.

인생에서 자신이 가야 할 방향을 잃었을 때, 궁지에 몰렸을 때, 경기 침체 상태일 때 역사서에는 늘 그 해답이 반드시 있다. 그중에서도 《삼국지》에는 현대인이라도 머릿속에서 쉽게 떠올릴 수 있는 재미난 일화가 가득 담겨 있다.

일본은 조직 운영을 포함해 경영의 중점이 수신修身(자기관리)에 있다는 사실을 약 2천 년에 걸쳐서 중국을 통해 배웠다. 동아시아에서의 경영은 전통적으로 그 내용보다 리더에게 인격에 관해 묻는 것을 첫 번째 요건으로 삼았다. 즉 리더십에는 인덕과 청렴함과 품행이 가장 중요한 사항이다. 또한 그 조직 내에서 유능한 인재에게 힘을 발휘하게 하며 능력이 떨어지는 사람도 조직 내에서 나름대로 활용하는 것이야말로 훌륭한 리더의 진면목이다.

그러나 현대에서는 미국 스타일의 리더십을 본보기로 삼는다. 거기에는 인격자가 첫 번째 조건이 아니라 정력적인 개혁가, 조직을 과감하게 운영해서 성공할 수 있는 사람, 많은 부와 이익을 조직에 속한 사람들과 나눌 수 있는 사람을 강한 리더라고 평가한다.

어느 방법이 옳은지 쉽게 결정할 수는 없지만 《삼국지》의 영웅들에게서 우리는 다양한 리더의 자세를 배울 수 있다.

'《삼국지》는 조조로 시작해서 공명으로 끝난다'라는 요시카와 에

이지吉川英治(삼국지연의 평역본을 저술한 일본의 유명 소설가 — 역주)의 명언이 있다. 이길 수 있는 조직을 만든 리더, 끝까지 패배하지 않는 조직을 만든 리더 등《삼국지》에서 오늘날의 리더들이 배워야 할 경영의 본질은 이 두 사람이 알려주는 경우가 많다.

조조는 가장 강력한 리더로 그 시대를 개척하는 힘과 아이디어에서 동서고금의 어떤 시대, 어떤 장소에서도 통하는 리더십을 갖췄다. 제갈량은 가장 현명한 리더이며 유한한 인재와 자원을 최대한으로 활용해 약소 집단을 존속시키는 리더십을 갖췄다.

둘 다 살아남기 위해 죽을 때까지 싸웠고 자신이 이끄는 조직 집단을 위해서 제 한 몸을 바쳤다. 조직 운영이 인재 활용에 있다고 한다면 조조와 제갈량의 마음, 즉 리더로서의 고독, 고립감, 위기감, 고뇌 등에 대해 현대의 수많은 리더가 공감하지 않을까?

리더의 삶과 가치관은 그 조직 전체에 큰 영향을 미친다. 리더의 일하는 방식의 조직의 활력과 스타일의 토대가 되어 각 조직의 특징과 성격을 형성하는 것은 당연하다. 따라서 리더가 조직의 최고 경영자가 되어야 한다.

인간이라면 누구나 갖고 있는 약점과 단점을 갖춘 리더도《삼국지》에서 많이 묘사된다. 싸움에서 지거나 죽은 사람이 무조건 무능력한 리더라고 할 수 없는 매력이 있으며 그런 부분에서도 우리는 많은 것을 배울 수 있다.

《삼국지》의 저자인 진수는 촉한과 진을 섬겼다.

― 이단취패以短取敗, 이수지상야理數之常也.

'단점 때문에 신세를 망치는 것은 세상의 이치이며 어쩔 수 없는 일이다'라며 관우와 장비에 대해 진수가 한 말이 있다. 두 사람 모두 유비와 의형제의 인연을 맺은 동지이며 함께 '혼자서 1만 병력의 값어치를 한다'라고 칭찬받은 호걸인 것은 누구나 알고 있다. 관우는 자존심이 센 탓에 거만해져서 계략에 걸려 목숨을 잃었고, 장비는 거칠고 난폭한 성격 때문에 부하에게 배신당해 목숨을 잃었다. 인격적 결점이 리더에게 얼마나 치명적인지를 진수의 말을 통해 알 수 있다.

현대를 살아가는 우리도 자신의 단점과 약점을 이해해서 그것이 나쁜 방향으로 작용하지 않게 해야 한다는 교훈이다. 이를 쉽게 할 수 있으면 조직 운영이나 인생 경영에서도 어려움에 직면하거나 고뇌하지 않을 것이다. 하지만 너무나도 밋밋한 인생에 사는 보람을 느낄 수 있는지 물어보면 수긍하기 어려운 부분이 있다. 이 책을 통해 《삼국지》에 자신이 느끼는 인생의 고난을 겹쳐 보며 리더의 힌트를 얻는 계기가 되길 바란다.

조직에 필요한 리더십 요건에는 '선견지명', '신상필벌', '적재적소'가 매우 중요하다는 것에 이의를 제기하는 사람은 없을 것이다. 대업을 이루려면 시대의 앞을 냉정하게 확인해서 예측할 힘이 가장 필요하다. 다시 말해 조직이라는 인간 집단을 최종 목적지로 인도하고 성공으로 이끌려면 리더에게는 올바른 방향을 제시하면서 조직 전체를 가장 알맞게 조절할 수 있는 능력이 요구된다.

또한 여러 가지 의지가 있는 인간을 한데 모아서 그들의 모든 힘을 결집해 큰 힘을 발휘하게 하려면 개개인의 특성과 능력에 딱 맞는 자리에 앉혀서 '신상필벌'을 엄격하게 시행하는 것이 인사 관리의 중점이다. 즉 자신의 호불호나 사리사욕을 배제하고 조직의 힘을 최대한으로 발휘하게 하는 인사를 할 수 있는가를 의미한다. 그것이야말로 리더가 가장 갖춰야 할 자질이라고 확신하기 때문에 '선견지

명', '신상필벌', '적재적소'를 이 책에서는 굵은 글씨로 과감하게 표기
했다.

이 책에서는 원칙적으로 조조나 제갈량이라고 【성+이름】으로만
표기를 통일했다. 조맹덕이나 제갈공명이라고 【성+자】로 표기하지
는 않았다. 조조나 유비 등 역사상의 인물은 전부 【성+이름+자】로
자신의 이름을 말하거나 서명한 일이 없다. 아케치 주베 미쓰히데明
智十兵衛光秀나 기노시타 도키치로 히데요시木下藤吉郎秀吉라고 부르
는 방법에 익숙해지면 자신도 모르게 착각하고 만다. 사소한 부분이
지만 추가로 적어두고 싶다.

존경하는 다케우치 요시오 선생님께 이번에도 무리한 요구를 부
탁드렸다. 진심으로 감사드린다. 무리한 부탁을 드린 것이 이 책으로
네 번째가 되었다. 《삼국지》에 관한 훌륭한 권두 해설은 그 매력을
충분히 알 만하다는 점을 분명히 써 주셨다.

다케우치 선생님의 동문 선배님이라고도 해야 하는 다쓰마 쇼스
케立間祥介 선생님은 《삼국지》의 대가로 유명하며 내게는 다케우치
선생님과 함께 훌륭한 은사시다. 두 선생님과 학창 시절의 친구와
캠퍼스 안팎과 시안西安에서 보낸 30여 년 전의 시간이 바로 얼마
전의 일처럼 느껴진다.

다쓰마 선생님은 《삼국지》에 관한 하찮은 질문, 그야말로 어리석
고 집요한 질문에도 늘 친절하게 미소를 띠며 답해주셨다. 좀 더 물
어보고 싶었던 것들이 한없이 많다. 다쓰마 선생님과의 《삼국지》에
관한 잡담 중에 생각나는 것이 많은데 요시카와 에이지의 소설이 아
니라 요코야마 미쓰테루橫山光輝의 만화로 《삼국지》를 접한 것이 가
장 놀라웠다. 게임으로 《삼국지》 팬이 된 후배들에게 내가 놀라는

것과 마찬가지일 수 있는데 그 형태를 바뀔 수는 있겠지만 《삼국지》
의 인기가 떨어질 일은 앞으로도 없을 것이다.

"오장원 이후는 슬픈 이야기뿐이라 눈물이 나서 글을 쓰지 못하겠
다네"라고 다쓰마 선생님이 하신 말을 학창시절에는 미처 이해하지
못했다.

선생님이 돌아가시기 전 해에는 "사실은 이 나이가 되니 《헤이케
이야기平家物語》를 잘 연구한 후에 《삼국지연의》를 번역했으면 좋았
겠다는 생각이 절실히 들어"라고 말씀하셨다.

"자네는 누구를 좋아하는가?"라고 물었을 때 "제갈공명이요. 하지
만 원소나 마초도 좋습니다"라고 대답했더니, "풍족한 시대에 자란
세대는 원소나 마초 같은 귀공자에게 친근감이 솟는군. 난 역시 조
조라네. 조조의 진정한 매력은 성인이 되어야 이해할 수 있지."라고
웃으며 말씀하셨다. 또 "제갈공명은 《삼국지연의》에서 귀신같은 초
인적인 힘을 발휘해 슈퍼스타로 묘사해 놓아서 그 부분이 아쉽지만
공명도 좋지. 지나칠 정도로 조조를 나쁘게 그리고 유비를 좋게 그
렸다는 사실을 알면 《삼국지》의 진짜 좋은 점을 이해할 수 있을 걸
세."라고 이야기해주셨다. 정말로 선생님이 지적하신 바와 같았기에
다시 한번 그 말씀을 음미하고 있다.

100개 주제의 영문 번역은 미국 뉴저지주립대학교 역사학 교수
인 샤오친 박사Dr. Shao Qin, Professor of History at The College of New
Jersey 가 감수해 주었다. 미국에 거주하면서도 중국 고전과 역사에 정
통한 중국인 학자 덕택에 경쾌하고 담백한 번역이 이루어졌다. 존경
하는 중국 큰 누님의 오랜 벗에게 깊이 감사드린다.

출판 시장이 어려운 가운데 흔쾌히 출판을 허락해준 출판사 분들

의 관대한 배려에 감사드린다. 아울러 편집과 디자인 등에 관여한 분들에게도 진심으로 감사 인사를 전하고 싶다.

이 책에 수록된 사진은 대부분 내 소장품이지만 훌륭한 '삼국지 사적 가이드'로 활동하는 시안의 진차오金橋 국제여행사 니샤오쥔倪小軍 씨의 협조가 없었다면 촬영하기 어려웠을 것이다. 이 지면을 빌려 진심으로 고마움을 표한다.

끝으로 형님으로 모시는 문필가 이시야마 준야石山順也 씨의 탁월한 편집 도움이 없었다면 이번에도 이 책을 완성하지 못했을 것이다. 다시 한번 진심으로 감사 인사를 드린다.

가와사키 아쓰시

삼국지 경영학 수업

하루 10분 삼국지에서 배우는 리더십의 100가지 지혜

초판 발행 | 2024년 2월 9일
펴낸곳 | 현익출판
발행인 | 현호영
지은이 | 다케우치 요시오, 가와사키 아쓰시
옮긴이 | 박재영
주 소 | 서울시 마포구 백범로 35, 서강대학교 곤자가홀 1층
팩 스 | 070.8224.4322

ISBN 979-11-93217-35-1

- 현익출판은 유엑스리뷰의 교양 및 실용 분야 단행본 브랜드입니다.
- 잘못 만든 책은 구입하신 서점에서 바꿔 드립니다.

좋은 아이디어와 제안이 있으시면 출판을 통해 가치를 나누시길 바랍니다.
투고 및 제안: uxreview@doowonart.com